本书为教育部人文社会科学重点研究基地重大项目
"传媒智能化背景下中国传媒和广告产业竞争力研究"（项目编号：16JJD860002）的
阶段性成果

廖秉宜 等 / 著

智能营销传播新论

The Frontier Research on
Intelligent Marketing Communication

社会科学文献出版社
SOCIAL SCIENCES ACADEMIC PRESS (CHINA)

前　言

目前智能技术正处在蓬勃发展期，但也存在泡沫化风险，为确保智能技术健康、可持续发展以造福于民，需要从多学科角度系统全面地研究其对人类社会的影响，优化应用现状并解决存在的问题。智能技术与营销传播业态的各部分相互交融，加之需求侧技术的发展和消费者购买决策流程的演进，智能营销传播新业态应运而生。智能营销传播新论正是面对新的营销传播格局和营销传播产业发展态势，在调研、分析、梳理、反思的基础上，沟通学术智慧，探析智能营销生态的可持续发展路径。

智能营销传播新论围绕一个总体性问题展开研究，即如何基于智能技术的发展，建立强智能、强智慧的健康、可持续的营销传播生态。思考这一问题的逻辑起点在于人工智能正成为推动人类社会进入智能时代的决定性力量，新技术对营销传播的变革与重构也正在发生。数据赋能跨场景、跨平台的消费者洞察、机器代替广告创意与个性化物料生产、全链路贯通数据让营销智达于心、智能化审核追踪透视营销效果等，使智能技术在广告传播、数字营销、媒介运营、品牌传播等领域联动各方资源，释放出全平台、全行业的巨大能量。因此，实践与研究应该转向智能营销传播与营销传播理论的变迁、智能营销传播与营销传播产业发展状况的梳理、人机共生的关系思考以及智能营销传播模式与路径的解读及反思等这些在新技术的发展语境下亟待解答的重大课题。

基于此，本书从六个维度形成对智能营销传播的整体性研究。第一，产业篇，该维度聚焦智能营销传播产业现状与发展趋势，对智能营销公司的发展状况进行梳理与分析，以提供一幅宏观全面反映中国智能营销传播产业现状和发展趋势的概览图；第二，方法篇，该维度重点关注智能营销传播研究方法和理论模型构建，促进研究方法论的创新、反思与升级；第三，广告篇，该维度关注用户社交媒体及其广告接触特征的地域分异、网民参与广告行为及其广告素养影响因素；第四，品牌篇，该维度重点关注智能时代的品牌塑造、品牌传播和营销策略；第五，媒体篇，该维度主要关注智能技术与共同体、媒体公共性的关系及对媒体实践的影响；第六，伦理篇，该维度聚焦智能营销传播领域的伦理问题剖析与优化路径反思，继而探讨实现伦理约束的智能营销传播生态的可能。这六个维度从不同视角回应总体问题，展现出特色鲜明的问题导向，建立起智能营销传播研究的基本主体框架。

本书的研究主要有以下特色：第一，视角较为新颖，关注智能营销传播领域研究方法的科学性、适用性和创新性问题，关注智能技术对智能营销传播细分领域的重构与颠覆及伴生的社会问题、伦理问题；第二，深度调研类研究居多，包括案例研究、问卷调查、内容分析等，强调实证研究的科学性；第三，实践指导性较强，对智能营销传播产业发展状况的系统观察与思考，智能广告传播、智能品牌传播和智能媒体传播等重要议题的研究，以及实践层面必须要解决的价值问题和基本问题即伦理困境和应对策略都进行了学术探索，给业界的未来实践提供多层面的学理支撑与路径灵感。本书作者云集国内中青年学者专家与业界人士，集纳学术智慧与业界经验，为智能营销传播产业发展提供理论资源与实践依据。

人工智能技术正在延伸至所有产业领域，全球产业界也已充分认识到人工智能技术引领新一轮产业变革的重大意义，纷纷转型发展，抢滩布局人工智能创新生态，智能营销传播产业也是如此。本书旨在贴近实际的应用场景进行观察与调研，获得数据资料进行分析和研究，厘清智能技术和智能营销传播在交织与潜进进程中的困惑，进而制定可行性路径以规避风险和未来隐患。

本书是智能营销传播领域的学术著作，诸多朋友和同事为本书的出版做了大量工作，在此致以诚挚的谢意！我们特别感谢各位作者，他们贡献了前沿深入的研究成果；感谢教育部人文社会科学重点研究基地武汉大学媒体发展研究中心对本书的资助；感谢武汉大学新闻与传播学院领导和同事的支持与帮助；还要感谢社会科学文献出版社的编辑团队，他们为本书的编辑与出版提出了诸多专业建议。我们真切地希望《智能营销传播新论》成为中国智能营销传播发展与创新的交流平台，能够丰富和发展营销传播理论，促进营销传播产业在新时代的新发展。

廖秉宜

2019 年 5 月于珞珈山

目　录

媒体篇

伦理篇

产业篇

中国智能营销传播产业的现状与发展趋势[*]

廖秉宜　胡　杰　刘诗韵[**]

摘　要：　本文基于艾瑞咨询、《互联网周刊》、《数字营销》、《现代广告》、《中国广告》、F-marketing 等国内知名营销传播咨询机构和媒体发布的行业报告和获奖公司名单，根据公司出现的频次、开展智能营销传播业务情况以及行业影响力等指标，选取了100家具有代表性的智能营销传播公司，从智能营销传播产业关键词频，主体总体概况，智能技术应用情况，业务发展情况，产业合作、投资与服务客户情况，技术研发团队情况，融资状况七大方面，具体剖析中国智能营销传播产业的现状与发展趋势。研究发现，目前中国智能营销传播产业已初具规模，

* 本文为国家社会科学基金一般项目"中国互联网广告监管制度研究"（16BXW087）、教育部人文社会科学重点研究基地重大项目 "传媒智能化背景下中国传媒和广告产业竞争力研究"（16JJD860002）的阶段性成果。
** 廖秉宜，博士，武汉大学媒体发展研究中心研究员，武汉大学新闻与传播学院副教授，武汉大学珞珈青年学者；胡杰，武汉大学新闻与传播学院硕士研究生；刘诗韵，武汉大学新闻与传播学院硕士研究生。

智能技术、大数据、云平台等是促进智能营销传播产业快速发展的重要因素，并推进营销传播向智能、高效、精准纵深发展。中国智能营销传播产业未来将呈现服务领域专门化、专业化，产业布局规模化、集约化，参与主体媒体化、数据化、技术化，外部市场国际化、网络化等发展趋势。但数据使用与隐私保护的矛盾、效果监测与数据欺诈的矛盾仍然存在，需进一步完善智能营销传播产业法律规制。

一　引言

（一）研究背景

1. 智能营销传播产业概念

目前国内外学界对于"智能营销传播"尚无标准定义，相关理论甚少。但从近几年营销传播动向可以看出，智能营销传播是在芯片、大数据及云计算等信息技术革新与发展，以及人工智能技术加持下，数字营销传播纵深发展的产物。智能技术将营销与广告领域的效果在互联网时代发挥到了极致。[①] 在此阶段，智能营销传播公司、媒体组织、广告主、媒介资源集团、第三方监测方、智能技术公司等主体纷纷参与其中，从用户洞察、策略制定，到创意生成、智能投放、效果分析等环节，推进营销传播智能化、高效化、精准化。当前以智能化的内容管理和生产技术为标志，广告业开始全面进入智能化阶段。[②]

"智能营销传播产业"即智能营销传播技术公司、智能营销传播媒体、智能营销传播监测公司、智能营销传播数据管理公司、智能营销传播交易平台等在内的智能营销传播参与主体在同一市场上相互联系的集合组织。人工智能技术逐步运用到营销传播领域各个环节中，原有营销传播产业组织结

[①] 丁俊杰：《智能营销，新物种？》，《中国广告》2018 年第 11 期。

[②] 陈刚：《跟上数字技术的步伐》，《广告大观》（理论版）2017 年第 2 期。

构、运作机制、产业主体被重塑,建立起新的组织架构与商业模式,形成智能营销传播产业。

2. 智能营销传播产业发展演进过程

人工智能技术落地应用、传统媒体与数字媒体智能化转向、资本市场青睐等因素促使智能广告产业快速成长,推进智能营销传播产业规模扩大。[1]

(1)人工智能技术发展夯实智能营销传播产业基础层。

1956 年,"人工智能"被首次提出。[2] 人工智能技术经过 60 多年的发展,已逐步落地应用到各行各业,并上升至各国国家战略。2016 年 1 月,日本政府颁布的《第五期科学技术基本计划》提出了超智能社会 5.0 战略[3];2016 年 10 月,美国发布《规划未来,迎接人工智能时代》[4];2017 年 7 月,中华人民共和国国务院发布《新一代人工智能发展规划》,提出要提升基础研究的能力、技术创新的能力、转化应用的能力,重点部署高端、高效的智能经济。[5] 智能技术产业获得国家层面的政策支持。

目前 LBS 技术、智能识别技术、机器深度学习技术等均已应用到智能营销传播产业,形成智能广告投放平台、算法推荐广告、智能客户数据管理等产品,推动原有营销传播产业快速迭代升级。

(2)媒体智能化转向拓宽智能营销传播产业应用层。

在传统媒体与新媒体融合的过程中,中国智能传播技术在基础层、架构层、应用层得到了大幅度的创新发展,推进媒体快速智能化融合[6]。户外数字媒体实现了智能化搜集用户信息,推动户外广告向互动性、参与性、精准性

---

① 廖秉宜:《优化与重构:中国智能广告产业发展研究》,《当代传播》2017 年第 4 期。

② 〔美〕尼克:《人工智能简史》,人民邮电出版社,2017,第 6~14 页。

③ 华义:《日本人工智能应用强于研究》,《经济参考报》2019 年 3 月 4 日,第 6 版。

④ "Preparing for the future of artificial intelligence preparing for the future of artificial intelligence," https//www. whitehouse. gov/sites/default/files/whitehouse_ files/microsites/ostp/NSTC/preparing _ for_ the_ future_ of_ ai. pdf, 最后访问日期:2019 年 5 月 10 日。

⑤ 《国务院关于印发新一代人工智能发展规划的通知》,http://www. gov. cn/zhengce/content/2017-07/20/content_ 5211996. htm,最后访问日期:2019 年 5 月 10 日。

⑥ 吕尚彬、黄荣:《中国传播技术创新研究——以技术进化机制为视角探究 2017 年~2018 年创新特点》,《当代传播》2018 年第 6 期。

的智能投放发展；网络媒体对用户浏览的信息进行记录，对用户的行为进行标记，从而建立媒体用户信息库，实现对智能化、实时化广告投放效果的监测；移动媒体对用户地理位置进行标记，推动 LBS 技术落地，在本区域实现定向广告投放。因此，媒体智能化转向全面拓宽了智能营销传播的应用场景。

（3）资本市场青睐推进智能营销传播产业合作与兼并。

智能营销传播公司兴起并形成产业，必然吸引大批资本进入该市场。在智能技术应用领域、媒体资源富集方，智能营销传播公司往往吸引一轮又一轮注资，引发投资热潮。资本进入会加快智能技术应用，扩充整体产业资金，推进产业规模扩大，促进参与主体间的合作与兼并。

3. 智能营销传播产业发展格局

目前智能营销传播产业沿袭数字营销传播产业布局路径，形成四种产业形态。

（1）依托大型互联网企业建立的智能营销传播公司。

由于拥有海量优质数据资源、用户资源、媒介资源，互联网平台自建或并购智能营销传播平台，为自身流量与资源进行变现。由于规模大、数据全、资源丰富，这类公司最受广告主青睐。依托于互联网母公司，这类智能营销传播公司往往拥有大量资金，并将其用于研发、应用、推广智能技术，逐渐在行业内占据主导地位。

（2）依托大型营销传播集团建立的智能营销传播公司。

大型营销传播集团基于多年业务服务经验与优质客户资源，能够在短时间内扶植智能营销传播公司。这类智能营销传播公司拥有成熟的代理服务模式和经验，客源量较大，资金较为充裕，作为智能技术使用先锋，能够给营销传播集团带来新的增长点，提升集团的行业竞争力，但规模远不及互联网公司建立的智能营销传播公司。

（3）依托大型广告主建立的智能营销传播公司。

大型广告主拥有客户资源、资金资源和第一方数据资源，其成立的智能营销传播公司有稳定的客户资源，且对母公司的企业战略和营销策略比较熟悉。相较于其他类型公司，依托大型广告主建立的智能营销传播公司使用数据风险低、便捷度较高。但由于过度依赖母公司，其市场竞争力有限。

（4）独立型智能营销传播公司。

独立型智能营销传播公司没有自带的数据资源、技术与资金支持、优质媒介，完全独立发展、自负盈亏。相较于其他类型公司，这类公司整体呈现分布杂、数量多、规模小等特点。但其具有极强的市场适应能力，是智能技术快速转化与应用的核心力量。

（二）研究意义与价值

1. 理论价值

随着数字技术的广泛应用，虚拟经济迅速发展，数字营销也越来越成为最主要的营销手段。[①] 本文研究智能营销传播产业的现状并对其发展趋势进行预判，试图丰富智能营销传播学的理论内涵与外延，同时希望推进广告产业经济学的研究。智能营销传播产业作为广告产业纵深发展的新业态，亟须从学理层面展开深入研究。

2. 实践价值

本文基于 100 家中国智能营销传播公司的数据，深度分析行业最新发展动向，洞察中国智能营销传播产业发展趋势，为行业提供发展风向标，助力行业及时调整公司战略，抢占市场风口，开发行业潜在红利。比如，基于智能营销公司人才培养机制与引进标准，帮助行业调整本公司人才梯队，适应市场环境变化；基于目前资本进入市场的整体趋势，分析并预判未来智能营销传播公司发展方向，促进智能营销传播产业结构调整，吸引更多资本进入。

基于中国智能营销传播产业实际发展情况，本文一方面发现行业发展有利形势，预判今后发展增长点与潜在机遇，为国家制定产业政策提供决策咨询；另一方面洞察行业发展难题，发现行业乱象，并提供建设性解决方案，推进产业健康发展。

---

① 姚曦、秦雪冰：《技术与生存：数字营销的本质》，《新闻大学》2013 年第 6 期。

（三）研究问题与思路

目前中国智能营销传播产业尚处于起步阶段，智能技术逐步落地应用，产业模式还未成型，学界与业界对整个行业发展情况的研究相对缺乏，如智能技术对产业链的影响程度如何，资金问题、数据壁垒、人才缺口如何解决，资本进入智能营销传播领域规模如何，智能营销业务开展情况如何，等等。

鉴于独立型智能营销传播公司和依托大型营销传播集团建立的智能营销传播公司数量多、业务类型丰富、智能技术应用能力强，是智能营销传播产业技术创新和产业发展的主导力量，本文选取了这两类100家具有代表性的智能营销传播公司，研究探讨中国智能营销传播产业的现状与发展趋势。

（四）研究方法

本文基于艾瑞咨询、《互联网周刊》、《数字营销》、《现代广告》、《中国广告》、F-marketing等国内知名营销传播咨询机构和媒体发布的行业报告和获奖公司名单，根据公司出现的频次、开展智能营销传播业务情况以及行业影响力等指标，选取了100家具有代表性的独立型和依托大型营销传播集团建立的智能营销传播公司，[①] 并查阅了这100家公司的官网、年度财报、新闻资讯、相关文献及行业报告，全面收集公司的具体情况。具体收集维度如表1所示。

---

① 艾瑞咨询：《2018年中国AI+营销市场研究报告》，http：//report. iresearch. cn/report/ 201812/3310. shtml，最后访问时间：2019年5月10日；阳冰：《数字营销企业100强》，《互联网周刊》2018年第12期；《数字营销》杂志发布的"虎啸奖获奖名单"，http：// www. hooxiao. com/，最后访问时间：2019年5月10日；《现代广告》杂志社发布的"中国广告长城奖获奖名单"，http：//www. maad. com. cn/index. php？anu＝news/detail&id＝6605，最后访问时间：2019年5月10日；《中国广告》杂志社发布的"中国广告年度数字大奖获奖榜单"，http：//www. ad-cn. net/read/8584. html，最后访问时间：2019年5月10日；F-marketing：《2018中国TOP100数字营销公司调研报告》，https：//mp. weixin. qq. com/s/ rzdA7nsKpFnjWFKheC9FKA，最后访问时间：2019年5月10日。

表 1 100 家智能营销传播公司信息收集维度

序号	维度	具体内容
1	基本信息	成立时间、员工规模
2	智能技术应用	智能技术、智能技术产品、研发团队
3	业务开展情况	重点掌握资源、业务类型、服务品牌情况（国内、国际）
4	年度财报	对外投资与合作项目、融资项目、融资情况

本报告采用统计分析法，根据不同维度归类分析，并统计关键词频，从智能营销传播产业关键词频，主体总体概况，智能技术应用情况，业务发展情况，产业合作、投资与服务客户情况，技术研发团队情况，融资状况七大方面，具体剖析中国智能营销传播产业现状与发展趋势。

二　研究与发现

（一）关键词频

1. 智能营销传播产业四大关键词：平台、技术、数据、云

经统计 100 家智能营销传播公司智能技术应用与智能技术产品关键词频，前四位热词分别为平台（94 次）、技术（90 次）、数据（73 次）、云（45 次），其次为广告（40 次）、智能（37 次）、数据分析（32 次）、投放（32 次）、精准（30 次）、程序化（28 次）等（见表 2）。

表 2 100 家智能营销传播公司业务关键词频统计

序号	词语	词频（次）	序号	词语	词频（次）
1	平台	94	7	数据分析	32
2	技术	90	8	投放	32
3	数据	73	9	精准	30
4	云	45	10	程序化	28
5	广告	40	11	数据管理	26
6	智能	37	12	购买	25

序号	词语	词频（次）	序号	词语	词频（次）
13	客户	22	17	人群	12
14	系统	22	18	标签	12
15	媒体	18	19	画像	11
16	挖掘	15	20	识别	10

（1）平台：资源、技术、参与主体的聚集场。

智能营销传播产业需基于一定平台开展业务，用来聚集海量流量资源、媒介资源、客户资源等资源场，嵌套各类智能技术，打通客户信息、媒体数据、营销传播公司三方，形成智能营销传播产业生态。

（2）技术：精准、高效，智能营销传播的底层保障。

在智能营销传播产业中，人工智能技术深度介入营销传播的用户洞察、策略制定、数据管理、创意生成、智能投放、效果分析等各个环节，推动其向精准化、高效化、智慧化、个性化发展。

（3）数据：信息流通与产业运作的关键资源。

智能营销传播产业中数据应用包含数据平台搭建、数据储存、数据挖掘、数据分析、数据输出等。目前智能营销传播公司对数据资源的争夺，将决定其在未来智能营销传播领域的地位。同时，基于数据资源的重要性，各类数据造假现象层出不穷，破坏了产业生态。

（4）云：海量数据、共享平台、技术赋能的承载体。

随着云计算的发展，基于媒介数据、客户数据、用户数据等海量信息的不断积累，原有公司私有储存系统已经满足不了智能产业的发展进度，在智能技术加持下，"云"开始应用于营销领域，出现"阿里云""百度云""腾讯云"等企业级产品，智能营销传播公司或借用互联网巨头的云平台，或加大私有"云"开发，全面推进产业链云上作业，促进信息贯通、数据共享。

2. 互联网公司成为平台、技术、数据、云四大维度开发引领者

当前互联网巨头均在平台、技术、数据、云四大维度提升智能营销

传播能力。阿里妈妈 2018 年针对性发布了全新的营销优化平台 TMOP，加入品牌广告的技术内容，披露自研算法 XSHALE 的进展，推出自研的分布式深度学习框架 XDL，让 AI 技术在超大规模的工业级数据上产生效益。

腾讯 2017 年推出了腾讯智能营销云，利用腾讯云成熟先进的基础设施服务、大数据分析能力以及人工智能技术为企业提供全方位的"智能+"营销服务。

今日头条的巨量引擎商业营销平台采用智能技术在智能策略、智能洞察、智能创作、智能分发、智能评估、智能投放等方面发挥动能，全面整合构建营销闭环，用智能广告与智能内容提升营销效率，打造创新商业产品与模式。

（二）主体总体概况

1. 智能营销传播产业成长情况

从 100 家智能营销传播公司成立时间可以看出：1996~2014 年智能营销传播公司成立数量总体呈增长态势，其中 2010~2014 年达到 49 家，占比 49%，说明智能营销传播公司正成为智能技术运用的主体，并成为智能营销传播产业的重要主体。2009 年及之前成立公司 38 家，说明部分传统广告公司成功转型成为智能营销传播公司，形成新的增长极。2015~2017 年，成立公司仅 13 家，增长态势有所放缓，说明新型智能营销传播公司还未完全崛起（见图 1）。

（1）2010~2014 年智能营销传播公司成立数量增长原因分析。

2010~2014 年，新媒体技术兴起，用户开始从 PC 端转向移动端，移动端逐渐富集大量用户，营销传播需求旺盛。同时，传统广告公司未能在短时间内完成转型，借助新媒体平台成立的智能营销传播公司迅速成长起来，开始利用移动营销传播市场红利实现快速增长。

（2）2015~2017 年智能营销传播公司成立数量增长原因分析。

2015~2017 年，早几年成立的智能营销传播公司已占领绝大部分市场，

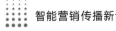

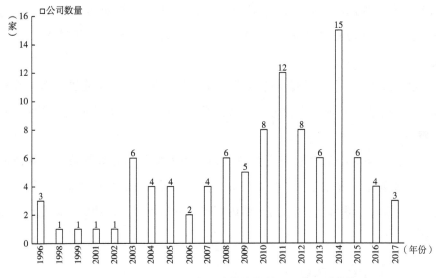

图1　1996~2017年100家智能营销传播公司成立时间统计

市场竞争激烈。互联网巨头均充分利用自身媒体资源,成立智能营销传播公司或平台,形成行业巨头,挤占了不少市场份额。同时,由于智能技术应用尚处于起步阶段,其市场红利还未显现。

2. 智能营销传播产业区域布局情况

100家智能营销传播公司城市布局情况为:北京44家、上海25家、杭州8家、深圳6家、广州4家、厦门3家,一线城市北京、上海、深圳、广州共有79家,占比79%(见图2)。

总部设在北京的智能营销传播公司数量最多,其次为上海。这两地是国内众多主流互联网平台聚集地,为流量资源富集区;互联网企业数量庞大,腾讯(媒体板块)、百度、今日头条等企业聚集于此。

总部设在深圳、广州的智能营销传播公司较少,深圳、广州两地主要为智能营销传播公司的分部。

杭州、厦门有11家智能营销传播公司。阿里巴巴总部设在杭州,其延伸产业链条,聚集部分智能营销传播公司。厦门作为最早一批广告产业兴盛

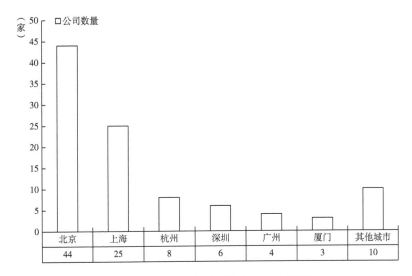

图 2　100 家智能营销传播公司城市布局情况

地之一，已有一定产业基础，又因其毗邻台湾，部分智能营销传播公司聚集在此地。

（三）智能技术应用情况

100 家智能营销传播公司的智能技术应用情况见表 3。

表 3　100 家智能营销传播公司的智能技术应用情况

序号	智能技术	公司数量（家）	领域
1	大数据技术	46	数据应用
2	营销云平台	28	
3	数据管理（客户数据、媒介数据、用户数据等）	28	
4	数据分析与挖掘	28	
5	程序化购买	26	广告投放

序号	智能技术	公司数量（家）	领域
6	智能监测（舆情、流量、广告效果）	16	技术研发
7	LBS 定向技术	13	
8	用户画像与人群标签	12	
9	机器深度学习	8	
10	智能广告优化	7	
11	算法推荐	6	
12	智能识别（语音、图像、文字、人脸识别）	6	
13	智能搜索	6	

从表 3 可看出，在数据应用方面，公司采用技术分别为大数据技术 46
家、营销云平台 28 家、数据管理 28 家、数据分析与挖掘 28 家；在广告投
放方面，采用程序化购买的公司有 26 家；在技术研发方面，公司采用技术
普遍偏少，分别为智能监测（舆情、流量、广告效果）16 家、LBS 定向技
术 13 家、用户画像与人群标签 12 家、机器深度学习 8 家、智能广告优化 7
家、算法推荐 6 家、智能识别（语音、图像、文字、人脸识别）6 家、智能
搜索 6 家。

1. 智能营销传播产业在数据应用方面较为成熟

智能营销传播公司基于前期业务开发情况，已积累众多业务数据，在智
能技术的推动下，众多公司建立了客户数据管理体系。同时，加强与头部媒
体合作，获取众多用户数据与媒介数据。基于数据管理体系搭建，营销云平
台应运而生，开展数据分析与数据挖掘。

2. 程序化购买纵深发展，完善广告投放各个环节

程序化广告购买技术在智能技术的推动下逐步完善，广告自助投放、广
告投放优化、一站式投放、广告效果监测、广告流量监测等环节均越来越智
能，广告投放精准性与有效性得到提升。

3. 各类智能技术研发尚处于起步阶段,规模较小

艾瑞咨询发布的《2018 年中国 AI+营销应用落地研究报告》认为,AI 营销尚处于初级的、非标准化阶段。目前虽有 LBS 定向技术、机器深度学习、智能识别等技术应用,但是能够应用这些技术的公司数量普遍较少。智能营销传播公司技术研发能力还比较薄弱,人工智能技术红利还未到来,需进一步加快推进人工智能技术应用落地。

(四)业务发展情况

100 家智能营销传播公司的业务类型情况如下。公司数量最多的均是主流营销领域:社交/社会化营销(26 家)、电商营销(16 家)、整合营销(16 家)、数字营销(13 家)。其次是垂直营销领域:游戏类营销(12 家)、汽车类营销(8 家)、KOL 营销(8 家)、短视频营销(5 家)。同时也出现了新型营销领域:出海营销(12 家)、互动式广告营销(12 家)、大数据营销(9 家)、营销 SaaS(8 家)(见图 3)。

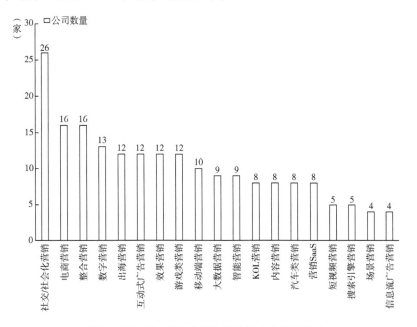

图 3 100 家智能营销传播公司的业务类型情况

1. 主流营销领域：以社交/社会化营销、电商营销为首，加强整合营销与数字营销

随着微信、今日头条等社会化媒体的发展，社交/社会化营销逐步发展起来。以微信为例，朋友圈广告、公众号广告、小程序广告成为众多商家争夺流量的入口。近年来企业小程序发力，众多智能营销传播公司开展小程序开发、H5 制作、LBS 定向投放、人群标签统计等业务，推动社交/社会化营销进一步发展。

以阿里巴巴、京东为首的电商平台催生了相应电商营销。在电商营销领域，智能搜索、智能识别、用户画像、人群标签、客户数据管理等技术应用广泛，加快了智能技术的落地。

2. 垂直营销领域：激发垂直类产品活力，变革产业生态链

随着游戏人群增多，网易游戏、腾讯游戏等平台迅速发展，斗鱼、虎牙等游戏直播爆红，游戏类营销出现红利期。广告植入游戏画面，嵌入游戏场景等智能投放方式，激发了游戏类营销的活力。

汽车类营销应用智能技术促使行业产业链变革与升级。如近年来二手车网兴起，VR 看车技术应用，线下线上试驾联合互动，均激发了汽车类营销的活力。

近年来短视频兴起，短视频营销风潮袭来。如何提升视频点赞量，如何植入短视频广告，如何运用特效拍摄短视频，如何美白、瘦腿等，均需要智能技术加持，降低用户进入门槛，增强营销传播效果。

KOL（Key Opinion Leader，关键意见领袖）作为微博、抖音短视频、小红书、知乎等垂直领域的关键人物，对营销传播起着重要作用。在此领域，KOL账号智能运营、个人形象智能分析、负面舆情预警、观众好感度预判、KOL 培育模式搭建与运营，需智能技术加持，提升 KOL 营销的高效化、精准化。

3. 新型营销领域：智能技术拓宽营销市场广度与深度

目前中国企业逐步面向全球发展，智能营销传播公司出海营销业务占比也逐步提升，在国际商业环境预判、营销传播手段运用等方面促使智能技术落地应用，客户数据库进一步扩大，广告投放需进一步精准，用户画像与人

群标签比之前更加复杂，以及更大量级的智能分析库产生。

营销 SaaS（Software-as-a-Service，软件即服务）给营销云平台市场发展带来更多可能。加快软件开发、硬件搭建、配套产品生成，简化客户营销流程，均推动智能营销传播向云服务发展。

（五）产业合作、投资与服务客户情况

从 100 家智能营销传播公司合作、投资与服务客户情况可以看出，目前智能营销传播公司合作客户主要集中在腾讯（28 家）、阿里（17 家）、百度（16 家）、今日头条（10 家）、360（10 家）、网易（10 家）、京东（9 家）等互联网公司。同时也加强了与科技类（或技术类）公司（10 家）的合作，但整体数量偏少。智能营销传播公司也与垂直领域类公司如华为（7 家）、携程（5 家）、小米（4 家）加强了合作。也有公司与国外互联网公司进行合作，如谷歌（4 家）、Facebook（3 家）（见表 4）。

表 4　100 家智能营销传播公司合作、投资与服务客户情况

序号	合作、投资与服务客户	公司数量（家）	序号	合作、投资与服务客户	公司数量（家）
1	腾讯	28	13	谷歌	4
2	阿里	17	14	小米	4
3	百度	16	15	Facebook	3
4	今日头条	10	16	搜狐	3
5	360	10	17	美团	1
6	网易	10	18	金山	1
7	科技类（或技术类）公司	10	19	58	1
8	京东	9	20	2345 网络公司	1
9	华为	7	21	美图	1
10	新浪	5	22	汽车之家	1
11	携程	5	23	网宿	0
12	苏宁	5			

注：表中选取的国内互联网公司来自由中国互联网协会、工业和信息化信息中心联合发布的《2018 年中国互联网企业 100 强榜单》。

1. 与互联网公司合作，获取优质、海量用户资源、媒介资源

智能营销传播公司与互联网公司合作的第一梯队为腾讯、阿里、百度，这三家互联网公司掌握绝大部分用户资源、媒介资源；第二梯队为今日头条、360、网易、京东，它们分别在信息资讯、网络安全、游戏领域、电商领域拥有众多媒体及客户资源。这7家互联网公司成为智能营销传播产业数据的重要来源与合作对象。

2. 与科技公司合作，解决智能技术短板问题

基于前文分析可以看出，目前智能营销传播产业对智能技术落地应用尚处于起步阶段，为克服短板，部分智能营销传播公司开始与技术类公司展开合作。一是资金实力雄厚的公司进行战略投资。例如，麦达数字战略入股投资奇异果互动、六度人和、赢销通、富数科技、舜飞科技等多家互联网和营销SaaS公司。二是加强技术交流与合作。例如，宣亚国际联合链极智能科技（上海）设立宣亚国际区块链实验室。

3. 与国外互联网公司合作，但基本处于代理级别合作

例如，维卓网络目前为谷歌顶级代理，蓝标传媒为Facebook一级代理，双方处于媒体资源售卖阶段，并未进行深度合作。但在出海营销中，与国外互联网企业合作为智能营销传播公司了解国外媒体资源情况、拓宽海外市场提供了契机。

（六）技术研发团队情况

经统计，100家智能营销传播公司中，目前拥有技术研发团队的公司共计14家，占比14%（见表5）。可以看出，智能营销传播公司目前正在投入资金与人力加强技术研发与应用，但比例整体偏低。

表5 智能营销传播公司技术研发团队情况统计

序号	公司	研发团队
1	多赞互动	公司设立技术部，配置5名技术人员，主要负责品牌营销需求的开发，比如小程序、H5、SCRM等

序号	公司	研发团队
2	浩丰科技	加大技术研发投入，积极布局云计算、信息安全、大数据、酒店多媒体等技术领域
3	华院分析	拥有100多位模型工程师、软件工程师、大数据算法和架构师及资深顾问
4	开创集团	建立了完善的技术研发体系，拥有超过300人的技术开发团队，目前已获得100余项研发知识产权、20余项发明专利
5	亿玛在线	技术与产品研发人员占比30%左右
6	酷云互动	技术研发人员占比50%
7	微梦传媒	公司近50%是技术员工，负责技术研发
8	新数网络	一直专注于程序化购买领域的技术研究，共拥有24项知识产权
9	探迹科技	研发人员占比70%
10	非凡互联	核心技术团队均来自BAT，技术平台均来自公司自研
11	瓦力科技	拥有具备开发能力的技术团队
12	量江湖	技术团队占比将近60%
13	一景网络	有技术团队，成立航伴数字研究院
14	聚告广告	拥有专业的产品、运营、技术专家

1. 研发团队建设重视研发人员组建、智能技术开发、专项技术知识产权、专业人才素质维度

从各公司研发团队建设来看，目前技术人员占比较高，为公司核心竞争资源。研发技术涉及云计算、大数据算法、数字信息安全、小程序开发等领域。公司逐步拥有自研平台和多项知识产权，突出技术板块的重要性。

2. 研发类人才成为智能营销传播领域重点资源

随着智能营销传播产业的深度发展，研发团队将在顶尖技术专利抢夺、技术应用创新、行业风口把控等方面起到举足轻重的作用。

而在人才引进方面，也有一定转向，即由原来的创意性人才、专项全能人才转向技术类人才。从BAT和今日头条的智能营销传播公司最新人才招聘信息来看，4家互联网公司均设置技术研发、程序开发、数据分析等与智能技术相关类岗位，比重也在不断增大。智能营销传播公司也成立相关部门，对智能技术人才需求持续增加。

（七）融资状况

1. 获得融资轮数情况

经统计，在 100 家智能营销传播公司中，获得融资公司共计 62 家，占比 62%，整体偏高。

在 62 家公司中，主要获得融资为天使轮（12 家）、A 轮（31 家）、B 轮（17 家），获得 A 轮融资公司占比最高，C 轮、D 轮融资相对较少（见图 4）。

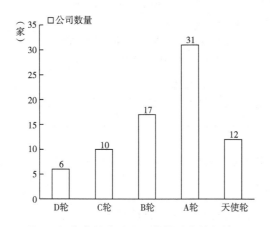

图 4　智能营销传播公司获得融资轮数情况

2. 每年获得融资情况

在 62 家公司中，2010 年及以前基本没有公司获得融资（见图 5）。从图 1 可以看出，2009 年及以前公司数量较少，仅 38 家，且均是传统广告公司，很难获得资本支持。2010 年以前资本力量还未进入广告领域，基本没有融资情况。

2010~2017 年，融资公司数量总体上呈增长趋势；其中 2015~2017 年增长速度较快，2017 年达到最高点，获得融资的公司达到 38 家。从图 1 可以看出，2010~2014 年智能营销传播公司成立较多，达到 49 家，占比 49%。经过几年的发展，这些公司渐趋发展壮大，被资本青睐的概率较大，因而

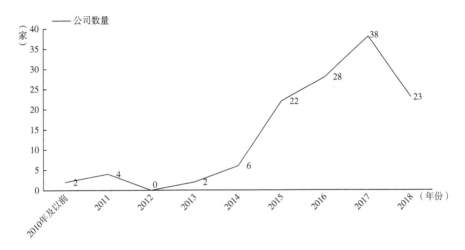

图 5　智能营销传播公司每年获得融资情况

2015~2017 年融资数量达到高峰。2018 年，获得融资的公司数量下滑，仅有 23 家企业。这是由于其间整体经济环境不佳，资本市场受挫，在智能营销传播行业获得融资的公司较少。从图 1 可以看出，2015~2017 年，成立公司仅 13 家，新型智能营销传播公司还未完全崛起，原有公司已得到注资，获得融资的公司相对较少。

三　结论与讨论

（一）智能营销传播产业营销云平台建设

智能营销传播产业现已由原来的单一、零散布局，逐渐朝平台化方向发展，成为资源、技术、参与主体的聚集场。其中云计算发展实现了海量数据共享、各类信息贯通、优质资源链接，产业云平台应运而生，推动线下产业运作模式转移至线上发展，并朝集约化、规模化方向发展。

（二）智能营销传播产业数据资源获取

数据是智能营销传播行业制胜的核心资源，消费者洞察、客户数据管理、大数据分析均离不开海量数据的支撑，拥有精准客户数据、优质媒介数据、海量用户数据是行业竞争力的重要指标，受到众多广告主青睐。

目前依托大型互联网企业建立的智能营销传播公司拥有数据资源优势，独立型智能营销传播公司在此方面力量较为薄弱，因此其向互联网公司合作获取数据资源，同时向垂直领域收集数据，壮大其在该领域的数据实力。

（三）智能营销传播产业智能技术应用

在智能营销传播产业中，用户洞察、策略制定、数据管理、创意生成、智能投放、效果分析等均离不开智能技术。现在已有技术如智能监测、LBS定向技术、用户画像与人群标签、机器深度学习、智能广告优化、算法推荐、智能识别、智能搜索等逐一应用到相应领域，但尚处于起步阶段，智能技术研发与应用还是一片蓝海。

目前智能营销传播产业参与主体加大技术研发力度，引入资本力量，与智能技术公司开展合作与建立战略联盟，以期突破技术壁垒，提升行业竞争力。

（四）智能营销传播产业业务领域布局

目前智能营销传播产业业务主要分为三块：主流营销领域、垂直营销领域与新型营销领域。

主流营销领域中，智能营销传播公司与社交/社会化媒体、电商平台抱团开展业务，在互联网企业产品端提供服务，如小程序开发、H5制作、LBS定向投放、电商产品智能推荐等，行业竞争激烈，业务同质化严重。

垂直营销领域中，智能营销传播公司积极发挥业务的专业性优势，汇集该领域媒体资源、客户资源，其他参与者难以与之竞争。

新型营销领域中，智能营销传播公司在出海营销、SaaS等领域布局，抢占行业先机，在市场初期形成竞争优势。但市场成熟后，可能会受到竞争者的挑战。

四 趋势与挑战

在智能营销传播产业中，独立型智能营销传播公司具有专业的技术研发能力和技术优势，是智能营销传播产业技术创新的主要力量，但同时也面临一些挑战，如随着智能技术应用逐渐成熟，公司同质化竞争会加剧；由于数据和流量资源被垄断，公司获取数据的难度加大以及获取优质流量困难等。为提升中国智能营销传播产业的竞争力，独立型智能营销传播公司可从服务领域、产业布局、参与主体、外部市场、产业挑战等方面探寻新路径。

（一）服务领域：专门化、专业化

智能营销传播产业中，原有一站式全案服务业务范围铺陈过大，人员及公司实力有限，难以与大型传媒集团竞争。部分企业可在业务内容上趋向专门化，在业务类型上趋向专业化，形成差异化竞争优势。

业务内容专门化是指公司分割智能营销传播产业链，在客户数据管理、智能广告投放、广告效果智能监测、广告软件开发等某一领域进行深耕，形成行业竞争优势。业务类型专业化是指公司的经营范围不再是大而全，仅对汽车营销、OTT营销、户外广告营销等某一垂直领域进行深耕，成为该行业智能营销传播领头人，直接避开与大型营销传播集团正面竞争。

（二）产业布局：规模化、集约化

智能营销传播公司数量庞大、布局分散，部分企业通过合作、投资、联盟等方式，实现规模化、集约化发展。

一方面，随着产业模式越来越成熟，经营状况好的公司会兼并其他企业，壮大自身实力，规模逐步扩大；另一方面，强强企业在竞争过程中会进一步加强合作、联盟，互相利用对方资源优势，补足产业链短板，逐步向集约化发展，挤占小公司市场份额，行业壁垒逐渐提高，最终形成由几家超强智能营销传播公司引领行业发展，其余公司站队发展的格局。

（三）参与主体：媒体化、数据化、技术化

技术、数据、媒体资源一直是独立型智能营销传播公司经营业务的薄弱环节，却是行业立足关键资源。目前很多公司为获取资源，已与阿里巴巴、腾讯、百度、今日头条等互联网媒体达成战略合作，获取优质媒体资源与庞大用户数据。同时，由智能营销传播公司牵头，整合垂直领域的优质流量资源或长尾流量资源，组建供应方平台（SSP）、广告交易平台（AdX）等，成为拥有流量资源和数据资源的媒体公司。另外，为打破技术壁垒，智能营销传播公司加强与技术公司合作，呈现技术化发展趋势。

媒体化、数据化、技术化发展趋势丰富了行业服务的内容，部分公司由提供智能营销传播服务，转向提供智能营销传播产品，如客户数据管理平台、媒体资源平台、小程序自主开发平台等，革新了原有商业变现模式。

（四）外部市场：国际化、网络化

随着中国企业跨国业务发展、"一带一路"倡议的推进、东南亚及非洲市场的开拓，国际化营销传播服务成为新的发展机遇，但目前智能营销传播公司在此领域业务开展不多，少部分企业已开展出海营销，拓展国际营销传播业务，规模甚小。中国智能营销传播公司应充分利用政策红利，调整公司服务战略，积极为跨国经营的中国企业提供智能营销传播代理服务，走向国际化。

同时，出海智能营销传播服务不是单一的服务，需要与不同领域企业形成合力，在海外数据收集、海外广告投放、海外广告效果监测等领域全面为海外企业提供服务，形成网络化联合发展格局。

（五）产业挑战：数据使用与行业规制

智能营销传播在为整个营销传播产业带来新的发展契机的同时，在发展过程中也面临挑战。

1. 数据使用

（1）数据使用与隐私保护的矛盾。获取数据的便捷性引发了公众对个人隐私保护意识的提升，各类数据隐私保护纠葛不断，导致公众不愿让渡数据、媒介不敢共享数据、公司不能使用数据等情况发生。许多数据需要购买，经营成本不断增加，一定程度上限制了智能营销传播产业的发展，尤其限制了小规模智能营销传播公司的发展。

（2）效果监测与数据欺诈的矛盾。数据监测机制不健全，数据欺诈现象频现，影响智能营销传播效果监测，降低整个行业信誉，不利于产业长远发展。如何避免数据欺诈，获取真实效果监测数据，成为行业发展亟须解决的重大课题。

2. 行业规制

智能营销传播产业刚刚兴起，相关法律规制与行业规范尚不完善，目前已有的《互联网广告管理暂行办法》《电信和互联网用户个人信息保护规定》等法规远不能涵盖产业发展面临的新问题。数据隐私保护、数据"孤岛"破解、虚假流量欺诈、智能技术知识产权保护、行业准入规则等方面存在诸多问题。当前，亟须尽快研究制定中国智能营销传播产业的法律法规与行业自律规范，推动智能营销传播产业健康可持续发展。

附录：100 家智能营销传播公司基本情况

序号	公司	成立时间	智能技术	智能技术产品
1	上海欣兆阳信息科技有限公司（Convertlab）	2015	营销云，大数据技术，数据采集，画像引擎，客户数据管理	一体化营销云平台，DM Hub
2	北京天下秀科技股份有限公司（IMS）	2009	程序化购买，营销云，大数据分析，智能流量监测	WEQI 新媒体营销云平台：自媒体广告交易，营销云平台 SMART：社会化创意营销 克劳瑞：自媒体版权及价值排行

序号	公司	成立时间	智能技术	智能技术产品
3	爱创营销与传播（Itrax）	2004	区域营销平台，内容精准推广平台	云播 WeBox：基于云计算的新媒体传播与粉丝运营利器，舆情管理系统
4	上海弋关网络科技有限公司（Marketin）	2014	开放式营销云，营销自动化，Trading Desk，智能分配预算，程序化购买，广告智能优化，对接集成 API 技术标准制定	MarketinOS：一站式跨平台营销自动化管理系统，Marketin Trading Desk：大规模跨广告平台自动优化系统，Marketin Marketing Automator：跨触点个性化营销自动化系统
5	耐特康赛（Netconcepts）	2008	搜索引擎优化技术，搜索数据管理	拥有核心算法的 ASO 团队：全搜索智能管理系统 Web Insights、舆情监测 Brand Insights
6	深圳市一体传媒有限公司（ONEMOB）	2014	大数据技术；机器学习；用户画像；精准投放，数据分析整合	文件传输软件，移动广告服务平台
7	Serviceplan 中国	2014	大数据技术，整合营销	—
8	易点天下网络科技股份有限公司（Yeahmobi）	2011	程序化购买，大数据分析技术，自动化投放平台，机器学习	YeahTargeter（自动化智能再营销平台，Facebook 辅助投放平台
9	爱酷游	2009	大数据技术	—
10	爱用宝	2012	软件技术，数据管理与分析	SaaS 电商管理软件，"外贸通宝"外贸社交媒体，整合营销系统
11	百泰集团	2016	大数据技术，程序化购买，营销云，数据标签	来推互动，百泰 DSP、DMP 平台
12	宝尊电商	2003	数据管理	—

序号	公司	成立时间	智能技术	智能技术产品
13	碧虎科技	2015	大数据技术，精准投放，云计算、短焦微投技术，LBS定位技术，媒体数据管理	户外流动云播新媒体与TBA大数据管理系统——聚骄车屏
14	变现猫	2016	数据挖掘技术	—
15	车讯互联		大数据技术	互联网服务平台"EV知道"
16	创略科技	2011	客户数据管理，营销云，大数据分析与挖掘，区块链技术	智能客户数据平台（CDP），企业级人工智能应用模块IQ，区块链驱动的B2C生命周期管理平台APEX
17	大颜色科技	2017	大数据技术，数据分析，效果监测，客户数据管理	智能投放平台
18	道森媒体	2009	大数据技术，营销云，程序化购买，广告效果监测，精准广告	SaaS智能云平台，智能投放发布平台，全民广告投放监测平台，SaaS智能云供需交易系统
19	点开科技	2014	程序化购买，大数据分析，营销平台（营销云），人群标签体系	定向人群包，广告诊断工具，聚汇推（SSP）
20	订货宝	2005	软件技术，数据管理与分析，用户画像	SaaS分销管埋系统"订货宝"，"客勤伙伴"，"比邻小店"，以及"订货宝"平台版
21	东信时代	2004	程序化购买：DSP、ATD，营销大数据标签算法，标签管理、标签校正，智能出价算法，广告智能投放技术	"智慧雷达技术"：融合线上线下数据
22	豆盟科技	2012	大数据技术，大数据挖掘，定位目标人群画像，精准匹配广告主，程序化广告平台	豆盟广告平台，豆盟广告可视化系统，豆盟广告数据挖掘系统，互动式营销系统

序号	公司	成立时间	智能技术	智能技术产品
23	兑吧集团	2014	程序化购买，营销云，大数据技术分析与挖掘	互动广告平台
24	多麦股份	2010	数据管理	—
25	多想互动	2006	大数据技术，用户画像，精准投放，数据分析与挖掘，智能流量监测，机器学习，人群标签，程序化购买	品牌第一方DMP，个灯营销云
26	多赞互动	2015	数据挖掘技术，媒体资源数据化管理	—
27	飞博共创	2010	媒介资源管理，客户数据管理	—
28	飞天经纬	2005	移动技术，通信技术	移动智能应用服务平台，云通信平台，微企赢：专注于为中小企业客户提供基于微信生态链的商业产品及一体化解决方案
29	非凡互联	2014	大数据技术	自研大数据系统（DMP），完善了反作弊体系，作弊流量识别率达到80%以上
30	个灯	2014	程序化广告购买，大数据分析技术，数据服务体系，营销云，数据资产整合，精准人群定向，媒体策略优化，智能流量监测	品牌第一方DMP，数据中心搭建、数据资产可视化、人群分析定向 个灯营销云：简易工具，能快速进行人群画像分析、相似人群拓展、精准定向
31	浩丰科技	2005	营销云，客户关系管理，云计算	公司的营销信息化解决方案

序号	公司	成立时间	智能技术	智能技术产品
32	恒益股份	2007	大数据技术，数据分析与挖掘，营销云，客户数据管理	DMP 数据分析系统，智能化数据分析与统计系统，自动化营销 SaaS 服务云平台
33	胡杨网络	2005	大数据技术，程序化广告购买，精准投放	—
34	虎巴股份	2013	大数据技术	—
35	华晋传媒	2004	大数据技术，数据分析与挖掘，精准投放，舆情监测	—
36	华院分析	2002	数据分析，数据挖掘，智能识别（语音识别、人脸识别、文字识别、图像识别），数据智能，机器学习，广告自动投放，营销云平台	TOB：汇智算 DMP 平台，汇智知标签超市，汇智策决策平台，汇智投 DSP 平台，汇智达触点平台 B2B2C：U 享平台（C 端新零售交易平台）
37	汇牛营销	2015	大数据技术，精准投放，多维定向技术，媒体画面，广告投放数据管理与监测	—
38	九九互娱	2007	大数据技术	—
39	九星互动	2016	大数据技术	—
40	久其数字传播	2017	用户画像标签技术，自媒体广告投放平台自媒通，海外新媒体营销综合服务平台 PandaCompass，AMO 智能投放系统，社交媒体大数据营销管理平台，DMP 大数据管理平台	—
41	聚告广告	2013	程序化购买，精准投放，流量实时监测，数据分析管理，机器学习，效果监测优化	广告流量交易平台，广告效果联盟，内容聚合平台

序号	公司	成立时间	智能技术	智能技术产品
42	开创集团	2003	营销云，云计算技术	开创云
43	凯诘电商	2010	大数据技术	—
44	铠甲网络	2003	数据分析与挖掘，客户数据管理，精准分发技术，算法推荐	铠甲大数据广告平台，铠甲互动移动端整合15类主流媒体频道，Armor Cloud系统
45	酷炫网络	2014	大数据技术，开源的信息共享平台，数据分析与挖掘	自主研发的智能化技术平台
46	酷云互动	2013	大数据分析与挖掘，营销云，LBS定位	自动内容识别技术，系列大数据产品矩
47	蓝标传媒	2014	用户画像标签技术，程序化购买，广告智能投放技术，客户数据管理技术，智能代理技术，客制化数据挖掘模型	—
48	蓝梦广告	1996	大数据技术，精准投放，客户数据管理	—
49	乐享互动	2008	数据管理	—
50	量江湖	2012	大数据技术，客户数据管理，精准投放，图像识别，数据清理与过滤，机器学习，数字信息指纹	家装家居网销获客大数据分析平台量江湖CIM，装修风水集客平台
51	灵思云途	1999	大数据技术，数据管理与挖掘	大数据平台产品——云途DMP，社会化营销平台产品——赢联
52	领跑传媒	2008	大数据技术，精准投放，营销云	SCADP智能云广告平台，领跑新媒体平台，领跑网吧联盟平台

序号	公司	成立时间	智能技术	智能技术产品
53	麦达数字	1998	智能营销"雷达"平台（营销 SaaS 产品），营销自动化，会员忠诚度，CRM、SCRM、DMP、DSP，数据挖掘	小程序应用，微信客服系统，AI 智能营销
54	麦广互娱	2011	大数据技术，LBS 定向技术，广告效果监测，广告自动投放	移动广告平台 MaiAd，移动支付平台 MaiPay
55	美数科技	2014	云计算，大数据技术，广告自助投放，程序化广告购买，数据管理与挖掘，数据标签匹配，营销云，LBS 定位技术	全链数字营销平台：智能广告投放系统，智能数据管理系统，智能流量管理系统，智能广告优化系统，小程序广告平台
56	盘石网络	2003	LBS 技术，精准人群画像，客户数据管理，大数据技术	盘石网盟 海外业务：RockyMobi 诚信网站，中国批发市场 CPS 广告联盟 "盘石云"：内容云、SaaS 云、营销云、安全认证云、电商云、金融云、教育云
57	蓬景数字	2014	程序化购买，数据挖掘技术	Power Data：数据分析与处理 Power Ad：一站式精准营销 Power Agency：媒介代理全案，ROBO 平台（程序化广告采买平台）
58	品众互动	2008	效果监测，关键词搜索，程序化购买	AXIS 智能搜索营销平台
59	七麦科技	2013	大数据技术，机器学习，数据分析与挖掘，广告投放平台，关键词搜索	App store 大数据分析平台

序号	公司	成立时间	智能技术	智能技术产品
60	氢互动	2010	用户画像标签技术，精准人群定位分析，数据来源技术，客户数据管理技术，流量供应方平台，人脸识别技术，语音识别技术，ARVR技术	—
61	榕智股份	2001	大数据技术，广告效果监测，营销云	iLab 电商营销业务，Smartdata：通过大数据技术性产品"MAX链动营销体系"监测
62	瑞凯股份	1996	大数据技术	—
63	商会网络	2009	大数据技术，营销云，客户数据管理	云技术平台——商会圈，行行圈
64	上海龙韵广告传播股份有限公司	2003	大数据平台 DMP	用 OBM-IMC（龙韵整合营销管理）工具，OBM-CCM（龙韵股份策划管理）工具，OBM-NIM（龙韵新媒互动营销）工具
65	时趣互动	2011	客户数据管理，营销云	"AI + Creativity""创意 + 技术"，数据服务云，管理赋能云，业务赋能云，客户赋能云
66	试玩互动	2017	大数据技术，数据分析	广告投放平台，试玩广告
67	钛铂新媒体	2011	大数据技术，精准投放，数据监测	—
68	探迹科技	2016	大数据技术，AI技术，机器学习，数据分析，数据监测	销售线索搜索平台，智能销售助手，电话机器人
69	探索传媒	2012	程序化购买，人群画像标签，数据分析与挖掘	TV Smart：智能电视厂商定制的多功能广告发布投放平台V+MATCH：提供创新的 OTT广告互动技术、智能广告位识别投放与营销解决方案ADCONNECT：中小企业量身打造的智能化广告投放平台，EC 电商平台运营

序号	公司	成立时间	智能技术	智能技术产品
70	天擎天拓	2006	营销云，客户关系管理	Sky-Click 系统：实现跨搜索引擎平台账户管理、自动优化和效果评估 CRM 客户关系管理系统：通过系统监测为客户提供专业、高效、便捷的服务 移动互联网整合营销平台 TopMobi：汇聚全球一线的移动信息流平台、移动社交平台、移动搜索平台、App 联盟平台、移动 DSP 平台、移动海外平台
71	天与空	2013	大数据技术	—
72	拓美传媒	2011	大数据分析	TM Cloud 平台：提供整合营销的推广服务
73	哇棒传媒	2009	大数据技术，程序化广告购买	—
74	瓦力科技	2012	信息技术，大数据技术，软件技术，广告效果监测，数据分析与挖掘，算法推荐，客户数据管理	生活工具软件，娱乐平台，软件下载平台，网址导航
75	万咖壹联	2014	营销云，数据挖掘与管理	人工智能技术的 DAPG 平台：凭借先进的算法，平台精准定位手机用户，进行内容投放 两大联盟：硬核联盟、快应用联盟
76	微传播	2003	程序化平台	—
77	微盟	2013	大数据技术，云软件开发，营销云	软件（SaaS 软件即服务产品）+ 营销（精准营销服务）+ 平台（微盟云）

续表

序号	公司	成立时间	智能技术	智能技术产品
78	微梦传媒	2011	程序化购买,营销云	自媒体广告平台:领库 KolStore 自媒体大数据服务平台:领库排行榜 KolRank 微信编辑器:365editor 自媒体加粉:集客 自媒体投资和孵化:微梦加速器
79	维卓网络	2014	广告智能投放技术,客户数据管理平台	—
80	蔚蓝集团	1996	大数据分析	—
81	我搜	2008	大数据技术,程序化广告购买	海外应用推广平台
82	五五海淘	2011	大数据技术,精准投放	跨境电子商务导购平台,精准营销
83	希尔传媒	2010	大数据技术	—
84	销售易	2011	营销云,客户关系管理	Engage Suite 产品应用套件:销售易营销云、销售云、伙伴云、客户服务云、现场服务云、智能分析云和 IoT 云 7 大云解决方案,以及底层的 PaaS 平台
85	小棉袄		大数据技术	—
86	新数网络	2011	程序化购买 DSP、DMP,大数据处理,LBS	WiseDSP:一站式精准营销 WiseRemarketing:定向综合决策引擎 WiseOTV+:智能视频分析投放平台 WiseOTT:智能电视广告平台 WiseDMP:客户数据管理平台 WisePMP:为广告主提供全面的私有广告资产解决方案 WiseSSP:为媒体方提供全面的流量资产变现解决方案 旺铺雷达:专业提供一站式线下数据搜集、分析、管理、应用解决方案 新数灯塔:数字营销解决方案

序号	公司	成立时间	智能技术	智能技术产品
87	熊猫传媒	2014	数据管理与分析	熊猫罗盘，就看 App
88	宣亚国际	2007	区块链技术	—
89	遥望网络	2010	大数据技术	—
90	一景网络	2012	营销云	航伴数字研究院，精准数据营销系统，多维数据营销推演模型
91	亿玛在线	2004	ABCD（人工智能、区块链、云计算和大数据），OCPA 优化系统，移动智能优化系统，智能化一站式投放平台	—
92	易企秀	2014	大数据技术，营销云，精准投放，客户数据管理	H5 工具，轻设计，秀站，秀推，长页，易表单，互动，视频
93	驿氪	2015	大数据技术，数据分析，精准投放，客户数据管理	CRM 管理平台，门店 App，管理 App，SaaS 系统（数据库）
94	银橙传媒	2010	程序化购买，大数据分析技术，深度学习模型	ADPush、Ycloud 大数据分析系统，智橙 DSP 程序化购买平台，百橙 SSP 广告供应平台
95	悠易互通	2007	DSP 程序化购买，人群数据库，广告智能投放技术，流量供应方平台，跨屏技术，LBS 技术	—
96	志合传媒	2011	大数据技术	—
97	智者品牌	2011	数据分析与挖掘，程序化购买	社交媒体意见领袖精准广告平台
98	注意力	2015	大数据技术，移动互联技术	—

序号	公司	成立时间	智能技术	智能技术产品
99	自在传媒	2010	大数据技术	—
100	纵思网络	2012	数据分析与挖掘，关键词搜索，算法分析	"纵玩平台"及"纵搜平台"

注：（1）此排名不分先后。

（2）"—"表示该公司的相关文献中尚未提及智能技术产品。

方法篇

大数据研究方法存在吗？

赵曙光　吴　璇　周原野*

摘　要：　通过对国内外大数据研究文献进行编码分析，本文发现国内
学术界对大数据方法的界定可以分为五种类型，所指代的含
义复杂多样。而国际学术界并未将大数据作为一种研究方法
进行运用，大数据方法是具有"中国特色"的概念。无论是
把大数据方法理解为具体的技术手段或定量方法还是数据挖
掘、搜集和分析的行为，都没有体现出其在本质上的突破性
的创新，将大数据方法作为一种创新性的研究方法来看待也
缺乏严谨的科学依据。

近年来，大数据成为学术界广泛关注的热点。2018 年"中国知网"收
录的中文论文中，题目包含"大数据"的论文数量相较于前一年增长了

---

* 赵曙光，博士，南京大学新闻传播学院教授、博士生导师，南京大学紫金传媒研究院（北
京）副院长；吴璇，南京大学紫金传媒研究院（北京）研究员；周原野，南京大学紫金传
媒研究院（北京）研究员。

20%。然而，鉴于大数据概念在学术研究中日益扩大的影响力，厘清这些问题的必要性日益凸显：什么是"大数据方法"，如何理解所谓"大数据方法"，存不存在所谓"大数据方法"。只有明确"大数据方法"的本质和"大数据方法"在传播学领域所指代的含义，了解国内外对"大数据方法"在内涵和使用上的异同，才能避免因概念内涵和外延模糊所造成的误用。本研究围绕"大数据方法"梳理国内外传播学领域的相关文献，编码分析"大数据方法"在国内学术研究的诸多含义，并通过与国外学术研究的比较，探讨"大数据方法"是否存在。

一　文献综述

虽然学界对大数据这一概念的最早起源时间说法不一（如 1890 年[①]，20 世纪 80 年代[②]或 90 年代初[③]），但绝大多数学者接受和认可"大数据"是在 2011 年前后开始获得大范围关注这一观点。[④] 国外学术界对"大数据"的概念展开了广泛讨论，高德纳（Gartner）用规模性（Volume）、高速性（Velocity）和多样性（Variety）定义大数据。[⑤] 规模性是指这些数据的存储容量远超过去，达到太字节（Terabytes）甚至拍字节（Petabytes）级别的数据已经较为常见；高速性是指数据产生和更新的速度非常快，早期，人们所能接触到的最新信息可能来源于昨日的报纸新闻，而在数据不间断超高速产生的今天，几秒钟之前产生的信息可能已经不算最新；多样性是指数据产生和存储的形式多种多样，它可以文本形式存在，亦可以图片、视频或短信等

---

① Hilbert, M., "Big data for development: A review of promises and challenges," *Development Policy Review*, 34 (2016): 135-174.

② 喻国明、王斌、李彪、杨雅：《传播学研究：大数据时代的新范式》，《新闻记者》2013 年第 6 期。

③ Gandomi, A. & Haider, M., "Beyond the hype: Big data concepts, methods, and analytics," *International Journal of Information Management*, 35 (2015): 137-144.

④ Gandomi, A. & Haider, M., "Beyond the hype: Big data concepts, methods, and analytics," *International Journal of Information Management*, 35 (2015): 137-144.

⑤ Gartner, "Big data," Retrieved July 9, 2012, http://www.gartner.com/it-glossary/big-data/.

多种多样的形式存在。总体上看，高德纳将大数据定义为一种大规模的高速产生的多样化的信息集合，且需要有效的和创新性的形式进行处理，以获得更强的洞察力、决策力和过程的自动化。在此基础之上，又有学者和机构不断进行补充，加入了更多的维度，如价值性（Value）[1] 和精确性（Veracity）[2]：价值性是指大数据携带的海量信息，而这些信息可以产生巨大的经济和社会价值；精确性是指大数据的质量和可信度，虽然很难人为地确认这些业已产生的数据的质量和可信度，但目前快速发展的数据分析技术正在逐步解决这些问题。除了上述定义以外，还有一些定义也广为接受，如马尼卡（Manyika）等人认为，大数据是一种难以被普通数据处理软件捕获、储存、管理和分析的大规模数据集；[3] 而博伊德（Boyd）和克劳福德（Crawford）则将大数据定义为一种文化、科技和学术现象，这种现象植根于越来越强大的运算能力、分析能力和对大数据价值的充分信任之上。[4] 针对这些定义，也有学者对大数据定义进行分类。德毛罗（De Mauro）等人认为大数据通常从四个不同的角度被定义，分别是信息（Information）、科技（Technologies）、方法（Methods）和影响（Impact）。[5] 埃克比亚（Ekbia）等人将过往文献中对大数据的定义分为三类：第一类定义以产品为导向（Product-oriented），注重强调数据的大小、速度、结构或者构成；第

---

[1] Oracle, "Big data for the enterprise," 2012, http://www.oracle.com/us/products/database/big-data-for-enterprise-519135.pdf; Forrester, "The big deal about big data for customer engagement business: Leaders must lead big data initiative sto derive value," 2012, http://www.forrester.com/The+Big+Deal+About+Big+Data+For+Customer+Engagement/fulltext/-/E-RES72241.

[2] White, M., "Digital workplaces: Vision and reality," *Business Information Review*, 29 (2012): 205-214.

[3] Manyika, J., Chui, M., Brown, B., Bughin, J., Dobbs, R., Roxburgh, C. & Byers, A.H., "Big data: The next frontier for innovation, competition and productivity," 2011, https://bigdatawg.nist.gov/pdf/MGI_big_data_full_report.pdf.

[4] Boyd, D. & Crawford, K., "Critical questions for big data: Provocations for a cultural, technological, and scholarly phenomenon," *Information Communication and Society*, 15 (2012): 662-679.

[5] De Mauro, A., Greco, M. & Grimaldi, M., "What is big data? A consensual definition and a review of key research topics," AIP Conference Proceedings, February, 2015, pp.97-104.

二类定义以过程为导向（Process-oriented），更加关注数据收集、监管和使用的过程；第三类定义以认知为导向（Cognition-oriented），侧重强调具有认知能力的人与数据的关系。① 对大数据的广泛研究和讨论佐证了其价值和影响力，马尼卡等人将大数据称为"创新、竞争和生产力的下一个前沿"。②

在国内传播学研究领域，"大数据方法"的概念在不少文献中出现，有研究指出当下我们应该具备大数据思维：大数据思维只关注相关性而非因果关系，是一种"思维的革命"；此外，大数据使样本转变成"总体"和"全部"，从而避免了传统随机采样方法中的不精确，"大数据技术为总体分析提供了技术支持，所得到的研究结论将更加完善和严整"；大数据时代的来临使得科学研究的关注点从"鸡零狗碎"式的小问题上升到对整个学科发展的宏观趋势的判断，而且"更好的数据算法和有效的数据处理法则"的重要性将会超过理论。③

二　研究问题

持续增长的大数据研究热度带火了与其相关的一系列词语和概念，如前文所言，"大数据方法"就是其中之一。然而，什么是"大数据方法"？它与"大数据"这一概念有着怎样的联系？它是不是一种全新的研究方法？如果是，与其他研究方法相比，它又具有哪些独特的属性？为了明晰这些问题，本研究将全面梳理和揭示"大数据方法"在国内传播学界的使用现状，并对大数据方法在国内外研究的应用进行对比，同时就"大数据方法"这

---

① Ekbia, Hamid, Michael Mattioli, Inna Kouper, Gary Arave, Ali Ghazinejad, Timothy Bowman, Venkata Ratandeep Suri, Andrew Tsou, Scott Weingart and Cassidy R. Sugimoto, "Big data, bigger dilemmas: A critical review," *Journal of the Association for Information Science and Technology*, 66 (2015): 1523–1545.

② Manyika, J., Chui, M., Brown, B., Bughin, J., Dobbs, R., Roxburgh, C. & Byers, A. H., "Big data: The next frontier for innovation, competition and productivity," 2011, https://bigdatawg.nist.gov/pdf/MGI_big_data_full_report.pdf.

③ 喻国明：《大数据方法：新闻传播理论与实践的范式创新》，《新闻与写作》2014年第12期。

一概念的合理性进行探讨，促进对大数据方法的科学理解，减少对此概念的误用和随之带来的理论及实际操作中的分歧。

因此，本文主要探讨以下三个问题：

第一，"大数据方法"这一概念的内涵和外延是什么？

第二，"大数据方法"作为一种研究方法是否成立？

第三，"大数据方法"是否具有研究方法层面的创新性？

三　研究方法

本文基于知网收录的北京大学核心期刊、CSSCI 及中国社科院中国人文社会科学核心期刊的新闻传播类论文，以"大数据方法"和"大数据的方法"为关键词，选取了所有时间段内全文包含任意一关键词的文章，共计93 篇，其中关键词仅出现在参考文献中的共有 7 篇，此外还有 7 篇因为与本文的研究问题联系极弱（如"大数据"和"方法"分别与其前后连接的词语构成了其他含义），未纳入分析范围。

研究将剩余 79 篇论文基于扎根理论（Grounded Theory）结合上下文对相关内容进行开放式编码，以此确认"大数据方法"一词含义的分类。为确保分析结论的效度，共有两名编码员参与数据分析。编码员首先进行了预编码，随机抽取样本量的 30% 共 24 篇论文，由两名编码员各自独立编码，并将编码结果进行比对，显示共识度（Level of Agreement）为 64%。基于两份数据分析结果，编码员就有分歧的编码进行解释、讨论、协商，最终形成统一的意见。此后，两名编码员分别对剩余论文进行编码，在此期间编码员采取了持续比较（Constant Comparison）的方法，即在编码过程中不断与之前的内容及其对应的编码进行比较，并在有必要时对编码进行适当的调整和修改，确保编码准确、意义一致。同时，两名编码员定期进行交流讨论，及时发现并解决分歧，从而保障了编码标准在编码员之间的一致性。最终结果显示 Kappa 系数为 0.81，共识度为 89.69%，支持了数据结论的信度（具体数据搜集和分析过程参见图 1）。

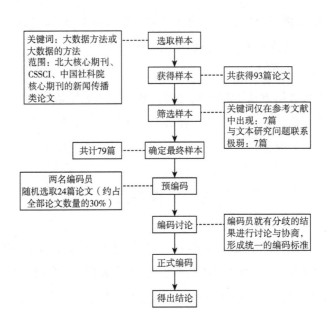

关键词：大数据方法或大数据的方法
范围：北大核心期刊、CSSCI、中国社科院核心期刊的新闻传播类论文 ----- 选取样本

获得样本 ----- 共获得93篇论文

筛选样本 ----- 关键词仅在参考文献中出现：7篇
与文本研究问题联系极弱：7篇

共计79篇 ----- 确定最终样本

两名编码员
随机选取24篇论文（约占全部论文数量的30%） ----- 预编码

编码讨论 ----- 编码员就有分歧的结果进行讨论与协商，形成统一的编码标准

正式编码

得出结论

图 1　数据收集及分析流程

同时，本文也对国外关于大数据的研究进行考察，以了解"大数据方法"在国外学术界的应用情况。本文基于 Web of Science，不分专业，以"Big Data"为关键词进行检索。结果显示，2009 年之前，大数据研究论文数量非常有限，但此后明显持续增长，因此，本文将检索时间范围确定在2009 年至 2018 年，共计 21347 篇。为了进一步了解这些大数据论文的主题，笔者使用数据分析软件 Matlab 抓取了论文的关键词并分析它们出现的频率以及和其他关键词之间的共现矩阵（Co-occurrence Matrix，即关键词两两同时出现的频率）。考虑到关键词的代表性和呈现的便利性，本文选取了出现频率排名前 20 的词语，并使用 NetDraw 软件将词语的出现频率和共现矩阵在图 2 中呈现出来。其中圆圈大小代表出现频率的多寡，圆圈之间连线的粗细代表两个词同时出现的频率。此外，为了进一步确认图 2 中呈现的信息，本文还选取了引用率在 200 以上（以 2019 年 4 月 1 日搜索结果为准）的论文进行深入的全文分析。

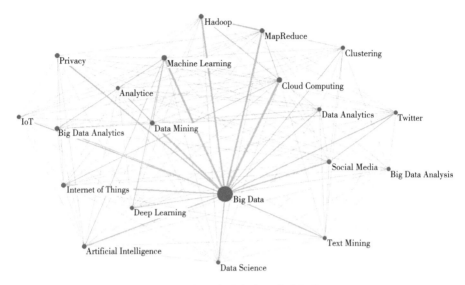

图 2　关键词出现频率和共现矩阵

四　"大数据方法" 概念的五种理解

经过对所选取国内传播学领域论文的内容分析，我们发现，学者们对"大数据方法"一词有五种不同的理解，其概念的内涵和外延较为模糊，并未形成统一的界定和共识。大数据方法在不同的研究中分别指代：大数据、大数据技术、定量研究方法、全新的研究范式和数据挖掘及分析。

（一）将"大数据方法"等同于大数据

孙晓敏认为，"大数据作为一种方法论已经在选题策划的诸多环节得到应用，信息采集、选题设计成型和组稿等环节都因为大数据方法的应用而出现了许多创新"。① 王霞也谈道："在传播学研究中，大数据还是一种研究方

---

① 孙晓敏：《浅谈大数据在图书出版中的应用》，《中国编辑》2017 年第 5 期。

法。将大数据方法运用于社会舆情分析，用大数据挖掘与分析技术，分析当下中国社会舆情的结构性特征。"[1] 然而，值得注意的是，上述研究在后续的讨论中又赋予"大数据方法"另外一种含义。孙晓敏在将大数据定义为一种方法后，紧接着谈到大数据方法在实际工作中的具体运用时，指出"在信息采集方面，基于选题方向发挥大数据挖掘等技术优势，全面、快速、准确地采集选题关键信息……在选题设计成型方面，舆情分析中数据挖掘的技术手段，可以对选题的社会影响等做适当的预估；语义网络图的技术手段，可以对选题与同类选题做优劣势比较……"[2] 在这段描述中，作者又将"大数据方法"理解成大数据的技术手段。同样的，在《国内新闻传播学大数据研究综述》中，作者王霞谈到将大数据方法用来分析中国社会舆情，并以此作为"大数据还是一种研究方法"的佐证，[3] 然而，这一例子中"大数据方法"显然不是大数据本身，而是一种分析方法。所以，无论是因为措辞的不准确还是对概念的模糊理解，尽管这类文章在文字上明确地将"大数据方法"与"大数据"画等号，但总体上全文还是呈现出指代多样的特点。

（二）将"大数据方法"理解为一种具体的技术手段

张涛甫认为，"……报道的精确性可从美联社的专业报道中得到充分体现。提及新闻报道的精确性，如今不少媒体开始用大数据方法处理海量信息，让有价值的新闻资讯通过非人工的技术手段予以呈现，甚至用机器人替代职业记者进行新闻写作"。[4] 在这里，"大数据方法"主要是指处理各种信息，呈现资讯甚至是进行新闻写作的技术，作者想要表达的"大数据方法"更侧重于技术手段。《情感消费视域下网络文学 IP 热现象研究》一文提到

---

① 王霞：《国内新闻传播学大数据研究综述》，《新闻战线》2017 年第 10 期。
② 孙晓敏：《浅谈大数据在图书出版中的应用》，《中国编辑》2017 年第 5 期。
③ 王霞：《国内新闻传播学大数据研究综述》，《新闻战线》2017 年第 10 期。
④ 张涛甫：《处变守常：美联社的坚守——评杰里·施瓦茨的〈美联社新闻报道手册〉》，《新闻记者》2016 年第 12 期。

大数据方法为网络文学营销提供了"新的手段和技术模式"，并且详细地描述了大数据在这个过程中所起的作用，例如"'数据路径'就能够将用户与其需求完美匹配，网络文学网站可以先记录用户的行为数据，然后再基于性别、年龄、职业、地域等指标建立用户兴趣图谱，进而利用推荐算法进行个性化的内容推荐、广告投放和商品推送"。① 同样的，《两会报道大数据运用的趋势与类型》一文谈到大数据技术被广泛运用到新华社的两会报道中，并举例说某一篇报道方式主要就是"针对大数据方法从社交媒体中提取的关键词，军队人大代表、政协委员就中国军费增长进行解读"。② 此处"大数据方法"与前文的大数据技术相呼应，表明作者将"大数据方法"视为一种具体的技术手段。

（三）将"大数据方法"定义为一种定量研究方法

李文清将大数据方法与文献分析法、归纳总结法、演绎分析法和个案分析法等定性研究方法进行比较，认为大数据方法的出现能够改变定性研究方法主导政府公众形象研究的现状，"增加定量研究方法的比重"且能使得该类研究"更具可靠性和可信度，有助于提高研究成果的科学性"。③ 刘冰明确地将大数据方法与传统定量调查方法并列，并详细地比较了二者在数据搜集方面的异同，从侧面表明了作者认同"大数据方法"属于定量研究方法这一观点。但是令人疑惑的是，该研究认为大数据方法是两种技术，即网络爬虫技术和大数据技术的融合，而且"采用大数据方法获取网络数据是一种先进的方法"，因而我们需要"密切关注、高度重视和积极利用大数据技术"④，但网络爬虫技术作为大数据方法的一个部分却没有被提及。在同一篇文章中，前后文不禁让人产生等式"大数据方法＝调查方法＝大数据技术"是否成立的疑问。

---

① 陈维超：《情感消费视域下网络文学 IP 热现象研究》，《中国编辑》2019 年第 1 期。
② 贺俊浩、林沛：《两会报道大数据运用的趋势与类型》，《中国记者》2014 年第 4 期。
③ 李文清：《大数据在政府公众形象建设中的应用》，《新闻与写作》2017 年第 7 期。
④ 刘冰：《大数据背景下舆论调查方法反思》，《中国出版》2018 年第 22 期。

（四）将"大数据方法"提升到抽象化的范式层次

这一类研究认为"大数据方法"是一种全新的、开创性的、值得推崇的研究范式。付玉辉认为，"大数据方法"可被称为"继实验科学、理论科学和计算科学之后的第四种科学研究模式"，并且它作为一个"从复杂现象中透视本质"的有用工具，不仅适用于科学研究，也将被广泛应用于各行各业。① 周勇、赵璇认为"大数据方法代表了一种新经验主义范式"，因为它"打破了过去基于理性主义的传统方法，即通过少量样本数据的观察归纳出模型"。② 在此类研究中，"大数据方法"既不指代数据本身，也不指代大数据相关的技术，更不是某一种研究调查方法，而是偏向定义为一个笼统的、高度抽象化的概念，即"研究范式"。在这个定义下，"大数据方法"不涉及具体层面上的数据挖掘和分析活动及其相关的技术手段，而是作为一个与大数据相关的各种研究行为的集合存在。

（五）将"大数据方法"指代数据挖掘、搜集或（和）分析的行为

与前面几类研究不同，这类研究并没有强调"大数据方法"的技术手段，"大数据方法"也没有被特意地划分为某一类研究方法，更没有被提高到"研究范式"这样的高度。学者更多的是将"大数据方法"界定为对处理大数据各种行为的一个概括。例如，戴海波、杨惠谈道："像百度、腾讯、新浪、阿里巴巴等互联网公司通过网上服务累积了巨量的用户信息，并利用大数据方法分析这些信息，建立用户需求数据库……提供个性化的信息内容和精细化的服务……随着智能手机、移动数据终端等自媒体的普及，'大数据方法'也有了更好的用武之地。"③ 这里"大数据方法"指代的就

① 付玉辉：《2014 年中国新媒体传播研究综述》，《国际新闻界》2015 年第 37 期。
② 周勇、赵璇：《融媒体环境下视听传播效果评估的指标体系建构——基于 VAR 模型的大数据计算及分析》，《国际新闻界》2017 年第 39 期。
③ 戴海波、杨惠：《媒介与媒介化的互动机制》，《编辑之友》2018 年第 3 期。

是一种数据分析方法,而在一些研究中,"大数据方法"更偏向于一种数据挖掘的方法。比如,吴飞、田野认为,大数据方法在新闻传播时间中的初级应用,是借助类似百度指数等各类数据采集和分析工具去挖掘散落在社会文本碎片中具有新闻价值的资讯描述和意义表达……大数据方法为媒体工作者提供了一个全新的专业工具,帮助大家去挖掘新闻。① 相对于其他几类研究,此类研究在选取的论文中占比较高,着重强调"大数据方法"作为一种特定行为的本质。

五 "中国特色"的"大数据方法"概念

通过分析国际大数据研究成果,本文发现出现频率最高的 20 个关键词集中在以下研究议题:①算法层面的分析方式,如机器学习(Machine Learning)、数据挖掘(Data Mining)、人工智能(Artificial Intelligence)、深度学习(Deep Learning)、聚类分析(Clustering)和文本挖掘(Text Mining);②大数据分布式系统基础架构,如云计算(Cloud Computing)、分布式系统(Hadoop);③对大数据分析的泛指,如数据分析(Data Analytics)、大数据分析(Big Data Analytics、Big Data Analysis)或分析(Analytics);④除上述三种以外的其他零散研究,如数据科学(Data Science)、社交媒体(Social Media)、推特(Twitter)、物联网(IoT)和隐私(Privacy)。这些研究的关键词或具体或抽象,但可以明确的是它们都指代明确、表述清晰,将大数据作为研究对象,而不是将大数据界定为研究方法,或者说并不存在一个模糊的"大数据方法"即"Big Data Method"的概念。"大数据方法"只是一个"中国特色"的概念,其核心的定义与要素在国内传播学研究中还没有得到明确界定,传播学研究对"大数据方法"复杂多样的五种解读也印证了这一观点。

值得关注的是,通过对关键词和高引用率论文的梳理,我们发现,虽然

① 吴飞、田野:《新闻专业主义 2.0:理念重构》,《国际新闻界》2015 年第 37 期。

国际学术界关于大数据的研究并未明确提及"大数据方法"的概念，但是围绕"针对大数据的分析方法"及其相关技术的讨论较为深入。Web of Science 中全文包含"Big Data"且引用率在 200 以上的论文共计 50 篇，其中有 8 篇主要关于算法层面的分析方式，1 篇关于大数据分布式系统基础架构，23 篇围绕泛指的大数据分析，另有 3 篇既涉及大数据分布式系统基础架构又谈到了泛指的大数据分析。对这 35 篇高引用率论文进行逐一梳理，我们发现，这些研究更多的是涉及分析大数据的概念与方式，其中包括极限学习机（Extreme Learning Machine）、深度学习（Deep Learning）、最邻近算法（Nearest Neighbor Algorithm）、块坐标下降法（Block Coordinate Descent Method）、张量分解（Tensor Decomposition）、网络理论（Network Theory）以及卷积网络（Convolutional Networks）。

极限学习机由黄广斌教授等人于 2006 年提出，[1] 其设计思路为通过随机选取单隐藏层前馈神经网络的隐藏层输出矩阵，并利用输出矩阵的广义逆来寻找满足误差最小的隐藏层输出权重。由于输出矩阵是随机给出的，对于极限学习机，求解输出矩阵的广义逆是其算法核心，而对于矩阵的广义逆计算，摩尔（Moore）在 1920 年就给出了其数学表达式。[2] 深度学习由辛顿（Hinton）等人于 2006 年提出。[3] 2015 年勒丘恩（LeCun）等人在 *Nature* 上发表了介绍深度学习的文章，[4] 文中讲到深度学习也是一种神经网络，其包含多个隐藏层，通过反向传播算法（BP 算法）来优化每个隐藏层的参数。其中反向传播算法以损失函数为目标函数，计算目标函数的梯度，按照梯度最大的方向来调整隐藏层参数，以此来加快神经网络的训练速度。深度学习的核心是计算损失函数的梯度，即计算损失函数的偏导数。对于偏导数的计

---

[1] Huang, G. B., Zhu, Q. Y. & Siew, C. K., "Extreme learning machine: Theory and applications," *Neurocomputing*, 70 (2006): 489-501.

[2] Moore, E. H., "On the reciprocal of the general algebraic matrix," *Bulletin of the American Mathematical Society*, 26 (1920): 394-395.

[3] Hinton, G. E., Osindero, S. & Teh, Y. W., "A fast learning algorithm for deep belief nets," *Neural Computation*, 18 (2006): 1527-1554.

[4] LeCun, Y., Bengio, Y. & Hinton, G., "Deep learning," *Nature*, 521 (2015): 436.

算，是基础的数学知识，其起源可以追溯到 17 世纪牛顿建立微积分的时代。最邻近算法由希布逊（Sibson）于 1973 年提出，其基本思想是利用空间距离的远近来对数据进行分类，同一类别的数据可以用这个类别具有代表性的数据来表示。[1] 最邻近算法的核心在于对空间距离的计算，其使用的是欧式距离。欧式距离的计算方法也是基础的数学知识，其起源可以追溯到公元前 200 多年的欧几里得的《几何原本》。块坐标下降法是由伯恩哈特（Barnhart）等人于 1995 年提出的一种优化算法，[2] 和反向传播算法不同，块坐标下降法是一种非梯度的优化方法，其基本思路为利用可微凸函数的全局最小值也是凸函数在各个坐标方向上的最小值，通过迭代搜索每一个坐标方向上的最小值来逐渐接近全局最小值。曾保罗于 2001 年证明不可微凸函数也可以利用块坐标下降法来寻找最小值[3]。张量分解由道尔（Doyle）于 1941 年提出。[4] 张量分解是矩阵分解的一种高维延伸，其基本思路为将一个高维空间的张量表示为多个正交向量的线性变换组合。张量分解的核心知识为多重线性代数，相关知识可以追溯到 19 世纪对齐次多项式的研究，主要贡献者有高斯（Gauss）、克罗内克（Kronecker）和希尔伯特（Hilbert）等人。[5] 网络理论是一个逐渐形成的理论。早期的研究有基尔霍夫（Kirchhoff）于 1845 年对复杂电路网的分析[6]和 20 世纪 70 年代对于社交网

---

[1] Sibson, R., "Slink: An optimally efficient algorithm for the single-link cluster method," *The Computer Journal*, 16 (1973): 30-34.

[2] Barnhart, C. M., Wieselthier, J. E. & Ephremidis, A., "Admission-control policies for multihop wireless networks," *Wireless Networks*, 1 (1995): 373-389.

[3] Tseng, P., "Convergence of a block coordinate descent method for nondifferentiable minimization," *Journal of Optimization Theory and Applications*, 109 (2001): 475-494.

[4] Doyle, T. C., "Tensor decomposition with applications to the contact and complex groups," *Annals of Mathematics*, 42 (1941): 698-722.

[5] Cichocki, A., Mandic, D., De Lathauwer, L., Zhou, G., Zhao, Q., Caiafa, C. & Phan, H. A., "Tensor decompositions for signal processing applications: From two-way to multiway component analysis," *IEEE Signal Processing Magazine*, 32 (2015): 145-163.

[6] Oldham, Kalil T. Swain., "The doctrine of description: Gustav Kirchhoff, classical physics, and the 'purpose of all science' in 19th-century Germany," Ph. D. diss, University of California, Berkeley, 2008, p. 52.

络的分析①。网络理论和神经网络有区别，其本质是利用图论的知识来分析网络结构，而图论的起源可以追溯到 18 世纪被欧拉解决的柯尼斯堡七桥问题。② 卷积网络又名卷积神经网络，由勒丘恩等人于 1990 年提出，③ 卷积网络通过卷积运算对输入数据进行加工，再输送到全连通网络结构中进行运算。在核心数学技巧上，卷积网络采用卷积运算和反向传播算法。尽管卷积运算的起源由于文献的缺失已经无从考究，④ 但可以肯定的是这是一种基础的数学知识。对于反向传播算法，前文已经说明其核心是偏导数，可以追溯到 17 世纪牛顿建立微积分的时代。

大数据分析的原理、起源及核心数学概念见表 1。

表 1　大数据分析的原理、起源及核心数学概念

数据分析原理	起源	核心数学概念
极限学习机	2006 年，黄广斌等人	矩阵广义逆
深度学习	2006 年，辛顿等人	偏导数
最邻近算法	1973 年，希布逊	欧式距离
块坐标下降法	1995 年，伯恩哈特等人	凸函数全局最小值
张量分解	1941 年，道尔	多重线性代数
网络理论	1845 年，基尔霍夫	图论
卷积网络	1990 年，勒丘恩等人	卷积和偏导数

对高引用率的国际大数据研究进行分析，可以发现，大数据研究常用的上述方法并非近几年来所产生的新方法。极限学习机和深度学习的概念早在

① Newman, M. E. J., *Networks: An introduction*, Oxford University Press, 2010.
② Biggs, N., Lloyd, E., Wilson, R., *Graph Theory, 1736 – 1936*, Oxford University Press, 1986.
③ Lecun, Y., Boser, B., Denker, J.S., Henderson, D., Howard, R.E., Hubbard, W. & Jackel, L.D., "Handwritten digit recognition with a back-propagation network," Paper Represented at Advances in Neural Information Processing Systems Convention, Denver, Morgan Kaufmann, November, 1989, pp. 396-404.
④ Dominguez-Torres, J. A., "A history of the convolution operation," *IEEE Pulse*, 6 (2015): 38-42.

2006 年就已经提出，至今已经发展了十余年，而其他概念如张量分解则早在 20 世纪 40 年代就已经存在。因此，把这些当作一种全新的研究方法，并定义成"大数据方法"是难以成立的。换句话说，无论是把"大数据方法"理解为具体的技术手段或定量方法还是理解为数据挖掘、搜集和分析的行为，都没有体现出其在本质上的突破性的创新，将"大数据方法"作为一种创新性的研究方法来看待也缺乏严谨的科学依据。

网络效应与 App 市场结构：
一个简单模型

史学军*

摘　要： 随着在线市场的迅猛发展，其"一家独大"甚至"赢家通吃"的市场结构特征日益明显，并开始受到学者的关注，本文基于经典的霍特林线形城市模型，通过网络效应及其加强与对冲因素解释了这种市场结构的形成条件，并在此基础上探讨了在线市场的竞争行为，特别是创业企业的竞争特点。模型结果显示，网络效应越强，赢家通吃的局面越容易出现，而企业提供的产品或服务的差异性越大，越容易遏制这一局面的出现；与传统经济显著不同的是，市场规模越大，反而在线市场结构越容易集中，"赢家通吃"的局面更容易出现，而对于传统产业来说，市场规模越大，能够容纳的企业越多，市场结构越分散。就对竞争行为的影响来说，本模型解释了为什么在线创业企业更容易发生"烧钱"大战，并总结探讨了各类竞争企业加强利用或弱化规避网络效应的主要举措，在这一分析框架下，本文特别考察了互联网平台"生态化"发展趋势。

一　引言

随着智能手机的普及，移动互联网迅猛发展，人们的社会生活方式、生

---

* 史学军，博士，北京大学新闻与传播学院广告学系副教授、硕士生导师。

产方式都发生了巨大的改变。一方面，从购物、交通出行、娱乐、信息获取
乃至到人际交流等，通过手机客户端各种应用软件，即 App，人们迅速实现
了"线上化"辅助完成；另一方面，各种产品或服务的供应商，通过这些
安装在用户手机中的客户端应用软件 App，也可快捷便利地完成交易的全部
或部分流程。这一重要改变，带来了诸多传统商业模式的转型，其中显而易
见的变化是，手机或者说是线上平台，取代了传统的信息与商品的配送终端
（如报纸、电视等各种传统媒体、各类零售门店等），成为更为前端的"门
户"，用于信息发布、社交、娱乐、交通、订餐外卖、电商、支付等的各种
客户端应用软件如雨后春笋般涌现，如百度、新浪微博、今日头条、微信、
爱奇艺、斗鱼、滴滴、美团、淘宝、天猫、京东、拼多多、支付宝、微信支
付等。因此，在移动互联网时代，传统商业（获取用户）的竞争，形式上
转化为 App 的竞争，或者说，转化为在线平台之间（获得用户或流量）的
竞争。

　　由于互联网技术应用于其中，这一形式转变也带来了实质性的变化，对
竞争方式与竞争结果产生了重要影响。一方面，在线竞争导致许多细分产品
或服务领域出现，并且在线平台或 App 的竞争结果常常是"一家独大"，甚
至形成"赢家通吃"的局面，这一现象引起学者们广泛关注，带来许多新
的现实问题：为什么在线市场会高度细分化并且细分领域又常常"一家独
大"？相较于传统行业的创业企业，互联网行业中初创企业为什么容易出现
大量"烧钱"抢用户的竞争行为，比如中国打车平台市场的"补贴大战"？
其中，网络效应发挥怎样的作用？互联网企业竞争是否必然会造成"赢家
通吃"局面？什么情况下才能避免这一局面出现？传统产业中，市场规模
的扩大常常带来集中度的下降，[①] 但是，在线产业中，市场规模越大，反而

---

① Sutton 区分了两种情况：当企业用于开发市场的投入（即"沉没成本"，主要是指广告、研
　发等成本）外生时，市场集中度随着市场规模扩大而降低；当这些投入作为竞争策略内生
　化时，市场集中度随着市场规模的扩大出现先下降后上升，但是不会无限制上升，而是收
　敛于一个集中度水平。参见 Sutton, J., *Sunk cost and market structure：Price competition,*
　advertising, and the evolution of concentration, The MIT Press, 1991。

越容易出现"一家独大"甚至近乎垄断的局面。Haucap 和 Heimeshoff 重点关注搜索引擎、电子商务与社交平台市场,发现虽然市场规模巨大,但是不论是美国还是全球市场,包括中国市场,都出现了一家独大甚至近乎垄断的市场格局。[①] 为什么会有这种反常现象?这是否也和网络效应有关?

Jones 和 Mendelson 区分了信息产品与工业产品的区别,并从成本特点角度来解释市场结构的高度集中;[②] Haucap 和 Heimeshoff 指出了线上产品市场(Online Markets)的特点及其与线下产品市场(Conventional "Brick or Mortar" or Offline Markets)的重要区别,并且在面对产业发展的现实时指出,目前线上市场的竞争所带来的理论问题,已经不是"在线竞争是否会导致一家独大"而是"为什么在线竞争的结局常常是一家独大"。Haucap 和 Heimeshoff 以 Google、eBay、Amazon 和 Facebook 为主要例子,重点分析了搜索引擎、电商与社交平台三类市场的特点,并指出直接网络效应与间接网络效应在高度集中甚至是近乎垄断的市场结构中所发挥的重要作用。

所谓直接网络效应,是指用户从消费某一服务中得到的效用,随着该服务的消费者数量的增多而增加,换句话说,一个平台的用户规模越大,消费者使用该平台的效用就越大[③]。Haucap 和 Heimeshoff 以 eBay 为例说明拍卖平台上卖方数量的增加使平台增加了对买家的吸引力,买家增多,又增加了平台对卖家的吸引力,他们借此阐述了间接网络效应的含义,这一效应一般发生在多边市场中,是指市场的一边消费者数量的增加,将增加另一边市场的吸引力,从而间接地导致其市场消费者数量增加,换句话说,该市场的消费者因为另一边市场消费者数量增加而间接地获益。虽然在移动

---

① Haucap, Justus and Ulrich Heimeshoff, "Google, Facebook, Amazon, eBay: Is the Internet driving competition or market monopolization?" *International Economics and Economic Policy*, 11, 1-2 (2014): 49-61.

② Jones, Roy and Haim Mendelson, "Information goods vs. industrial goods: Cost structure and competition," *Management Science*, 57, 1 (2011): 164-176.

③ Katz, Michael L. and Carl Shapiro, "Network externalities, competition and compatibility," *American Economic Review*, 75, 3 (1985): 424-440.

互联网平台或 App 竞争中，网络效应普遍存在并发挥重要作用，但是，在传统媒体甚至其他领域中，这一效应也是广泛存在的，有时候也会导致行业的高度集中。比如，电话与电信行业就是典型的直接效应非常显著的产业，而信用卡、报纸等行业都是典型的间接网络效应显著的双边市场。[①] 就间接网络效应对市场结构的影响来看，在报纸行业，间接网络效应实际上被称为"螺旋效应"，并被认为是导致报纸市场高度集中的一个主要因素。[②]

Lee 等人引入社交网络中"本地偏好"（Local Bias）现象并通过模拟模型表明，本地偏好会促使消费者使用熟人比较集中的网络平台，即使该网络平台处于相对劣势，而这将阻止"赢家通吃"局面的发生。[③] 而 Huotari 等人在接受 Lee 等人引入的"本地偏好"这一影响因素的基础上，进一步引入由消费者不具备完全理性而带来的"选择性关注"这一因素，来讨论网络效应是否会导致"赢家通吃"，由于消费者不完全理性，并不能完全准确预测每一家平台将来的规模（从而更值得依赖）并做出相应抉择，所以常常会更关注"新鲜事物"，从而给后来者带来机会，使后来者克服网络效应带来的劣势。Huotari 等人通过案例和实证分析表明这两个因素有效地减弱了网络效应的影响，并可以阻止"赢家通吃"局面发生。[④] Evans 和 Schmalensee 罗列了五种影响在线市场结构的因素。首先是网络效应；其次是规模经济，规模经济越大，市场集中度越高，这是一般产业经济学理论中的标准结论，仍然适用于在线市场；另外三个因素是平台的差异化程度、平

---

① Rochet, J. C. & Tirole, J., "Platform competition in two-sided markets," *Journal of the European Economic Association*, 1, 4（2003）: 990-1029.

② Baker, C. Edwin, *Advertising and a democratic press*, Princeton University Press, 1995; Gabszewicz, Jean, J., Paolo G. Garella, and Nathalie Sonnac, "'Newspapers' market shares and the theory of the circulation spiral," *Information Economics and Policy*, 19, 3-4（2007）: 405-413.

③ Lee, Eocman, Jeho Lee and Jongseok Lee, "Reconsideration of the winner-take-all hypothesis: Complex networks and local bias," *Management Science*, 52, 12（2006）: 1838-1848.

④ Huotari, Pontus, et al., "Winner does not take all: Selective attention and local bias in platform-based markets," *Technological Forecasting and Social Change*, 114（2017）: 313-326.

台能力约束（拥挤）、多重归属（Multi-homing Opportunities），它们将减弱市场集中的趋势。[1] Adi 等人从产业政策和法律管制角度探讨了由网络效应带来的一家独大的市场结构是否适宜的问题，[2] McIntyre 等人则从管理的角度讨论了市场竞争者如何根据自己具体地位来利用或规避网络效应的问题。[3]

在关于网络效应对市场结构的影响，以及何种因素可以缓解这种影响的讨论中，正式的理论模型并不多。其中，Resende 以消费者前瞻性预测市场的方式讨论了以报纸为例的双边市场的间接网络效应，或者说发行量与广告投放水平相互加强的"交叉网络效应"即报业中的"螺旋效应"对市场结构的影响。[4] Griva 和 Vettas[5] 基于著名的"霍特林线形城市模型"[6]，也以类似方法，即以消费者预测市场规模，进而做出消费抉择的方式讨论了直接网络效应对市场结构的影响，这一建模精神来自 Katz 和 Shapiro 早前关于直接网络效应的经典研究，[7] 由于霍特林线形城市模型自身具有刻画横向差异化产品竞争的优点，所以 Griva 和 Vettas 的模型也包含了横向差异化水平带来的影响。不仅如此，作者还通过设定两家竞争企业初始状态产品品质的差异，考察了纵向差异化的后果。因此，这是一个内容比较丰富的模型。但是，该模型的缺点是，由于要求消费者先行进行市场"预测"，因此，博弈结果显然就是消费者"预测"的函数，这会导致多均衡的出现，也带来模

① 〔美〕戴维·S. 埃文斯：《平台经济学：多边平台产业论文集》，周勤等译，经济科学出版社，2016。

② Ayal, Adi, "Monopolization via voluntary network effects," *Antitrust LJ*, 76 (2009): 799-822.

③ McIntyre, David, P. & Asda, Chintakananda, "Competing in network markets: Can the winner take all?" *Business Horizons*, 57, 1 (2014): 117-125.

④ Resende, Joana, "The economic advantage of being the 'voice of the majority'," *Journal of Media Economics*, 21, 3 (2008): 158-190.

⑤ Griva, Krina and Nikolaos Vettas, "Price competition in a differentiated products duopoly under network effects," *Information Economics and Policy*, 23, 1 (2011): 85-97.

⑥ Working, Holbrook and Harold Hotelling, "Applications of the theory of error to the interpretation of trends," *Journal of the American Statistical Association*, 24, 165A (1929): 73-85.

⑦ Katz & Shapiro, "Network externalities, competition and compatibility," *American Economic Review*, 75, 3 (1985): 424-440.

型预测的困难，即必须依赖"合理"的信念设定才能筛选出"合理"的均衡。实际上，如 Huotari 等人所批评的那样，消费者实际上很难在初期就做出理性的"预测"，并依赖这一预测得到最终的均衡。[1] 避免这种情况发生的一个方法就是采取历史观察法建模，即消费者根据上一期的市场现状，做出这一期抉择，如此往复。Lee 等人的试验模拟模型就是采取这一做法，但这不是一个正式的理论模型，[2] 而 Gabszewicz 等人采用这种思路建立一个正式理论模型，该模型主要是检验以报纸为分析对象的双边平台是否会因为间接网络效应，即报业中的"螺旋效应"，而出现垄断局面，该模型简明地刻画了每一期发行量和广告不断累积及相互加强的过程。[3] 但是，正如Resende 指出，这里没有考虑报纸的定价等策略性行为。从对现实问题的回应来看现有模型，仍有一些问题没有得到关注并有待于进一步澄清。比如，在线竞争中为什么出现细分市场的膨胀以及一家独大局面？互联网初创企业为什么容易"烧钱"亏本抢用户？为什么在线产业中，市场规模对市场结构的影响与传统产业不一样？这和网络效应是否有关系？诸如现实提出的这些问题，在现有理论模型中并没有得到讨论。

因此，本文试图在 Lee 等人、Gabszewicz 等人采用的"历史观察法"基础上，建立一个简单的理论模型，考察直接网络效应和间接网络效应对市场结构的影响，并尝试回答现实提出的有关问题。Huotari 等人认为这种根据历史多期建模的方式，不仅对消费者理性预测要求放宽，避免多均衡情形出现，而且，这是允许某一个时期或阶段，因为平台"新颖内容"出现而吸引消费者注意力，从而延缓甚至逆转网络效应情形的发生，因而更具有灵活

① Huotari, Pontus, et al., "Winner does not take all: Selective attention and local bias in platform-based markets," *Technological Forecasting and Social Change*, 114 (2017): 313-326.

② Lee, Eocman, Jeho Lee and Jongseok Lee, "Reconsideration of the winner-take-all hypothesis: Complex networks and local bias," *Management Science*, 52, 12 (2006): 1838-1848.

③ Gabszewicz, Jean, J., Paolo, G. Garella and Nathalie Sonnac, "'Newspapers' market shares and the theory of the circulation spiral," *Information Economics and Policy*, 19, 3-4 (2007): 405-413.

性和解释力。① 另外，本文和 Griva 等人②的做法相同之处在于，也是基于经典的"霍特林线形城市模型"③来建立多期模型，这样不仅可以很方便地考虑平台或 App 的横向差异化和纵向差异化带来的影响，在讨论双边市场的交叉网络效应影响时，还可以考虑价格竞争策略，并观察市场规模对市场结构的影响，这也是此前研究没有关注的地方。进一步，本文在以历史观察法获得相关结果之后，也有利于与消费者预测方法所得到的结果进行对比分析。本文的主要发现是直接网络效应和间接网络效应都具有对企业初始优势放大的功能，导致企业间初始差距扩大，在一定条件下，将会出现"赢家通吃"垄断局面，这印证了此前诸多研究的发现。进一步，本文还发现，在线市场的规模扩大不仅不会导致市场集中度降低，反而会加速市场的集中，这与传统市场显著不同。此外，本文利用模型结果对在线市场的垂直化发展以及细分领域一家独大或"独角兽"现象进行了解释，并从平台内容吸引力提升的角度，讨论了在线市场竞争的生态化趋势及其对垂直市场的再整合。本文主要不足在于，在对双边市场进行分析时，主要考察了以价格、质量等策略手段对消费者的竞争，对于广告市场的竞争没有考虑，只是一般性地将广告费率外生化处理，这需要在以后的研究中通盘考虑。

本文第一部分为引言；第二部分在霍特林线形城市模型基础上，用历史观察法建立了分析在线市场竞争的多期模型；第三部分对模型结论的含义进行了讨论，特别是讨论网络效应对市场结构的影响，同时，结合模型结果，讨论了"先动优势"的作用，以及在线市场的市场规模对市场结构的影响；第四部分结合模型结果，讨论了平台产品差异化、内容开发等带来的影响，并对互联网产业出现的有关问题或现象，在理论模型的框架之下给予了讨论；第五部分是全文小结。

---

① P. Huotari, Järvi, Korteleinen & Huhtamäki, "Winner does not take all: Selective attention and local bias in platform-based markets," *Technological Forecasting & Social Change*, 114 (2017): 313-326.

② Griva & Vettas, "Price competition in a differentiated products duopoly under network effects," *Information Economics and Policy*, 23 (2011): 85-97.

③ Tirole, Jean, *The theory of industrial organization*, the MIT Press, 1988.

二　模型建立

简要介绍经典的霍特林线形城市模型及其均衡结果，是本文模型的出发点，或者说是基准模型。在这一基础上，我们首先用历史观察法建立一个多期模型，以讨论双边市场下间接网络效应的交叉增强效果及其对市场结构的影响，这里存在价格策略的竞争，当然，霍特林模型的特点保证了我们可以考察产品差异化带来的市场影响；然后，我们建立一个类似的多期模型讨论直接网络效应的累积效果，并观察其对市场结构的影响。在这一部分，我们省略价格策略，换句话说，我们考虑现实中经常出现消费者"免费"下载 App 或者说免费使用互联网平台，而平台依赖另外一边市场收入（这里设定为广告）补贴的情形，这在中国市场常常被称为"羊毛出在猪身上"，并且在这里考察平台（内容等增加吸引力的）固定成本投入带来的影响，我们采用消费者预测方法，观察模型会得到什么与历史观察法不一样的结果。

（一）出发点：霍特林线形城市模型

我们模型的出发点，与 Griva 和 Vettas（2011）基本一致，也是霍特林线形城市模型，只是初始参数设置有所不同。考虑两家竞争性企业 $i = 1$，2（可以是传统媒体，比如报纸，也可以是互联网企业或 App 等），企业供应各自产品或服务的固定成本为 $F > 0$，单位成本分别为 c_1，c_2，设定 $c_1 > c_2 > 0$，产品或服务带给消费者的基本效用为 $U_1 > 0$，$U_2 > 0$；消费者对两家企业的产品或服务的偏好均匀分布在区间 $[0, 1]$，当消费者选择的产品或服务与自己的偏好不一致时，存在心理"落差"成本，这在霍特林线形城市模型中被称为"交通成本"，这一成本大小和"距离"成正比，比例系数为 $t > 0$，消费者总人数为 $N > 0$；进一步，与 Griva 和 Vettas（2011）做法一样，假定企业 1 坐落在区间 $[0, 1]$ 的最左端，即 0 点，而企业 2 坐落在最右端，即 1 点，这一假定意味着我们双方提供的产品或服务具有最大的横向差异化程度。

在霍特林经典模型中，企业双方将就价格策略博弈，争夺消费者，谋求利润最大化。这一模型的均衡结果将因为初始参数的设定可能出现"边角点解"（Corner Solutions）现象，这时候，有部分消费者退出市场（放弃消费任意一家企业的产品或服务），Griva 和 Vettas（2011）的模型就出现了这种情况，为避免这种情况发生，一种简洁而常用的做法是，假定两家企业的产品或服务提供给消费者的基本效用足够大，从而引起消费者的兴趣，消费者不会退出市场（Cabral，2000）。[①] 本文将采取这种常用的做法，假定所有消费者都进入市场，从两家企业提供的产品或服务中至少选择一种并且只选择一种消费，以专门考察企业竞争的结果。在这样一种简化条件下，经典霍特林模型的博弈过程如下。

首先，双方企业分别设定自己价格为 p_1，p_2；

其次，位于 x 处的边际读者在消费两种产品或服务之间没有差别。

$U_1 - tx - p_1 = U_2 - t(1-x) - p_2$，由此得到：

第一家企业市场需求 $d_1(p_1, p_2) = xN = \dfrac{U_1 - U_2 + p_2 - p_1 + t}{2t}N$，

$$d_2(p_1, p_2) = (1-x)N = \dfrac{U_2 - U_1 + p_1 - p_2 + t}{2t}N；$$

这样，第一家企业的利润函数为：

$$\pi_1(p_1, p_2) = (p_1 - c_1)xN - F = (p_1 - c_1)\dfrac{U_1 - U_2 + p_2 - p_1 + t}{2t}N - F，$$

给定对手价格 p_2，求取关于 p_1 的一阶导数，并令其等于零，得到：

$$\dfrac{d\pi_1}{dp_1} = \dfrac{U_1 - U_2 + p_2 - p_1 + t}{2t}N + (p_1 - c_1)\left(-\dfrac{1}{2t}\right)N = 0，$$

整理得到 $p_1 = \dfrac{U_1 - U_2 + p_2 + t + c_1}{2}$；

[①] 关于初始条件和不同均衡结果之间关系的详细讨论，可以参见 Andreu Mas-Colell et al., *Microeconomic theory*, Oxford University Press, 1995。

类似地，第二家企业的利润函数为：

$$\pi_2(p_1, p_2) = (p_2 - c_2)(1 - x)N - F =$$

$$(p_2 - c_2)\frac{U_2 - U_1 + p_1 - p_2 + t}{2t}N - F,$$

给定对手价格 p_1，求取关于 p_2 的一阶导数，并令其等于零，得到：

$$\frac{d\pi_2}{dp_2} = \frac{U_2 - U_1 + p_1 - p_2 + t}{2t}N + (p_2 - c_2)\left(-\frac{1}{2t}\right)N = 0,$$

整理得到 $p_2 = \dfrac{U_2 - U_1 + p_1 + t + c_2}{2}$ ；

联立 $p_1 = \dfrac{\Delta U + p_2 + t + c_1}{2}$, $p_2 = \dfrac{-\Delta U + p_1 + t + c_2}{2}$ 两个式子，

其中 $\Delta U = U_1 - U_2$ ，这样，得到双方均衡价格、均衡市场规模：

$$p_1^* = t + \frac{\Delta U + 2c_1 + c_2}{3}, \quad p_2^* = t + \frac{-\Delta U + c_1 + 2c_2}{3}。$$

$$d_1^* = xN = \frac{\Delta U + p_2^* - p_1^* + t}{2t}N = \left(\frac{1}{2} + \frac{\Delta U}{6t} - \frac{c_1 - c_2}{6t}\right)N,$$

$$d_2^* = \frac{p_1^* - p_2^* + t}{2t}N = \left(\frac{1}{2} - \frac{\Delta U}{6t} + \frac{c_1 - c_2}{6t}\right)N。$$

显然，$\Delta c = c_1 - c_2 > 0$，并且，成本差距越大，双方市场份额差距越大；$\Delta U = U_1 - U_2$ 差距越大，双方占有市场份额也越大，这些都与直觉吻合。

（二）模型扩展 I：双边平台市场的间接网络效应

下面考察霍特林模型的多期网络效应。在这里，竞争企业或平台除了以一定的价格提供产品或服务（比如报纸的发行价格或付费 App 的使用费率）之外，还依据消费者规模（比如报纸发行量或平台的流量等）收取广告费（或收费项目），企业将这些广告费用以提升下一期自身提供的产品或服务的质量，增加对消费者的吸引力，因此，消费者在多阶段的消费决策中，每一期面对不一样的平台质量，从而调整自己的消费选择，以前阶段没有消费的产品或服务，可能这次就因为其吸引力的提升而购买

了，因此，每一阶段，相对于企业质量的对比变化，市场规模也会出现相应调整，使得双方市场占有率变动；这将使下一个阶段企业承揽的广告额发生调整，而这又将影响到企业用以改进自身产品或服务竞争力的资金规模，如此往复，这种情况在报业中被称为发行量与广告相互加强的"螺旋效应"。

考虑时间因素之后，为清晰地区分不同时期（阶段）的发行量，根据基准模型，没有广告投放的初始阶段（时期 $k = 0$）不是一般性，设定双方企业的产品或服务提供给消费者的基本效用相等，即 $\Delta U = U_1 - U_2 = 0$，那么，初始阶段的博弈结果就是前面得到的均衡，此时双方占有的市场份额分别是：

$$d_{1,0}^* = \left(\frac{1}{2} - \frac{c_1 - c_2}{6t}\right) N = \left(\frac{1}{2} - \frac{\Delta c}{6t}\right) N, \ d_{2,0}^* = \left(\frac{1}{2} + \frac{c_1 - c_2}{6t}\right) N = \left(\frac{1}{2} + \frac{\Delta c}{6t}\right) N;$$

其中 $\Delta c = c_1 - c_2 > 0$。

这一阶段得到的市场份额（比如，报纸发行量或 App 流量）将是企业获得广告费的基础，企业得到广告费之后将其用于自身质量改进，以提升对消费者的吸引力，并且，我们假设质量提升效果是广告收入的递增函数，特别地，为简便起见，我们将其设定为线性关系，即：

$V_k(A_{i,k}) = vA_{i,k}$，其中 $i = 1, 2$ 分别代表两家企业，$k = 1, 2, \cdots\cdots, n$ 代表第 k 期（或阶段），而 $V_k(A_{i,k})$ 是指由 k 期广告收入决定的质量水平，$A_{i,k} = ad_{i,k-1}^*$ 则代表企业 k 期广告收入与自己的上一期，即（$k-1$）期的市场规模（发行量或流量）是成正比的，其中 $a > 0$ 是广告费率，$v > 0$ 是广告被投入用以提升产品或服务品质的效率，即质量提升系数，这样，在第 k 期，平台质量水平 $V_k(A_{i,k}) = vA_{i,k} = vad_{i,k-1}^*$，其中 v，a，$d_{i,k-1}^*$ 分别是质量提升系数、基于市场规模（发行量或流量）的广告费率，以及上一期，即（$k-1$）期的市场规模。

如果将前面的基准模型的博弈看作第一期博弈，根据博弈之后双方的均衡结果 $d_{1,0}^*$、$d_{2,0}^*$，就得到相应的结果：

$$V_{1,1}(A_{1,1}) = vA_{1,1} = vad_{1,0}^* = va\left(\frac{1}{2} - \frac{\Delta c}{6t}\right)N, \quad V_{2,1}(A_{2,1}) = vA_{2,1} = va\left(\frac{1}{2} + \frac{\Delta c}{6t}\right)N;$$

则有 $\Delta V_1 = V(A_{2,1}) - V(A_{1,1}) = vA_{2,1} - vA_{1,1} = vad_{2,0}^* - vad_{1,0}^* =$

$$va(d_{2,0}^* - d_{1,0}^*) = va\left[\left(\frac{1}{2} + \frac{\Delta c}{6t}\right)N - \left(\frac{1}{2} - \frac{\Delta c}{6t}\right)N\right] = vaN\frac{\Delta c}{3t} = \Delta c\frac{vaN}{3t};$$

根据这一结果，在第二期（ $k = 1$ ），双方重新展开博弈，博弈的过程如前面的基准模型过程一样，这里双方因为第一期，即初始阶段的市场规模差距，出现了质量差距，或者说，对消费者吸引力产生了相对变化，重复基准模型的过程，得到如下新的博弈结果：

$$d_{1,1}^* = \left(\frac{1}{2} - \frac{\Delta c}{6t} - \frac{\Delta V_1}{6t}\right)N, \quad d_{2,1}^* = \left(\frac{1}{2} + \frac{\Delta c}{6t} + \frac{\Delta V_1}{6t}\right)N;$$

……

如此反复，更一般性地，可以将 $\Delta V_n = V_{2,n}(A_{2,n}) - V_{1,n}(A_{1,n}) = va(d_{2,n-1}^* - d_{1,n-1}^*)$ 代入基准模型的博弈中，得到关于 $d_{2,n}^*$ 与 $d_{1,n}^*$ 的表达式：

$$d_{1,n}^* = \left(\frac{1}{2} - \frac{\Delta c}{6t} - \frac{\Delta V_n}{6t}\right)N = \left[\frac{1}{2} - \frac{\Delta c}{6t} - \frac{va}{6t}(d_{2,n-i}^* - d_{1,n-1}^*)\right]N;$$

$$d_{2,n}^* = \left[\frac{1}{2} + \frac{\Delta c}{6t} + \frac{va}{6t}(d_{2,n-i}^* - d_{1,n-1}^*)\right]N.$$

进一步，对上面两个式了，左右两边分别相减，得到：

$$\Delta d_n^* = d_{2,n}^* - d_{1,n}^* = \left[\frac{1}{2} + \frac{\Delta c}{6t} + \frac{va}{6t}(d_{2,n-i}^* - d_{1,n-1}^*)\right]N -$$

$$\left[\frac{1}{2} - \frac{\Delta c}{6t} - \frac{va}{6t}(d_{2,n-i}^* - d_{1,n-1}^*)\right]N = \left(\frac{\Delta c}{3t} + \frac{va}{3t}\Delta d_{n-i}^*\right)N,$$

对于上面这个数列，根据第一阶段结果，其初始条件为 $\Delta d_0^* = d_{2,0}^* - d_{1,0}^* = \frac{\Delta cN}{3t}$ 。

为了得到该数列的解析式，首先求出 $\Delta d_1^* = \left(\frac{\Delta c}{3t} + \frac{va}{3t}\Delta d_0^*\right)N =$

$$\left(\frac{\Delta c}{3t} + \frac{\Delta c}{3t}\frac{vaN}{3t}\right) N \; ;$$

进一步，令 $b_0 = \Delta d_1^* - \Delta d_0^* = \left(\frac{\Delta c}{3t} + \frac{\Delta c}{3t}\frac{vaN}{3t}\right) N - \frac{\Delta cN}{3t} = \frac{\Delta cN}{3t}\frac{vaN}{3t}$ ；

然后，由数列表达式 $\Delta d_n^* = \left(\frac{\Delta c}{3t} + \frac{va}{3t}\Delta d_{n-i}^*\right) N$ 得到：

$$\Delta d_{n+1}^* = \left(\frac{\Delta c}{3t} + \frac{va}{3t}\Delta d_n^*\right) N \, ,$$

联立这两个表达式，两边分别相减：

$$b_n = \Delta d_{n+1}^* - \Delta d_n^* = \left(\frac{\Delta c}{3t} + \frac{va}{3t}\Delta d_n^*\right) N - \left(\frac{\Delta c}{3t} + \frac{va}{3t}\Delta d_{n-i}^*\right) N = \frac{vaN}{3t}b_{n-1} \; ;$$

注意，这是一个等比数列，容易得到 b_n 的解析表达式：

$$b_n = \left(\frac{vaN}{3t}\right)^n b_0 = \left(\frac{vaN}{3t}\right)^{n+1} \frac{\Delta cN}{3t} \, ,$$

代入原来的数列：$b_n = \Delta d_{n+1}^* - \Delta d_n^* = \left(\frac{vaN}{3t}\right)^{n+1} \frac{\Delta cN}{3t}$ ，由此得到：

$$\Delta d_1^* - \Delta d_0^* = \left(\frac{vaN}{3t}\right)^1 \frac{\Delta cN}{3t} \, ,$$

$$\Delta d_2^* - \Delta d_1^* = \left(\frac{vaN}{3t}\right)^2 \frac{\Delta cN}{3t} \, ,$$

$$\Delta d_3^* - \Delta d_2^* = \left(\frac{vaN}{3t}\right)^3 \frac{\Delta cN}{3t} \, ,$$

$$\cdots\cdots$$

$$\Delta d_n^* - \Delta d_{n-1}^* = \left(\frac{vaN}{3t}\right)^n \frac{\Delta cN}{3t} \, ,$$

将上面这 n 个式子的两边分别相加，得到：

$$\Delta d_n^* - \Delta d_0^* = \left(\frac{vaN}{3t}\right)^1 \frac{\Delta cN}{3t} + \left(\frac{vaN}{3t}\right)^2 \frac{\Delta cN}{3t} + \left(\frac{vaN}{3t}\right)^3 \frac{\Delta cN}{3t} + \cdots\cdots + \left(\frac{vaN}{3t}\right)^n \frac{\Delta cN}{3t} \, ,$$

如果 $\frac{vaN}{3t} = 1$，则得到：$\Delta d_n^* - \Delta d_0^* = n\left(\frac{vaN}{3t}\right)\frac{\Delta cN}{3t}$ ；

如果 $\dfrac{vaN}{3t} \neq 1$，由于 $\Delta d_0^* = d_{2,0}^* - d_{1,0}^* = \dfrac{\Delta cN}{3t}$，所以有：

$$\Delta d_n^* = \frac{\Delta cN}{3t} + \left(\frac{vaN}{3t}\right)^1 \frac{\Delta cN}{3t} + \left(\frac{vaN}{3t}\right)^2 \frac{\Delta cN}{3t} +$$

$$\left(\frac{vaN}{3t}\right)^3 \frac{\Delta cN}{3t} + \cdots\cdots + \left(\frac{vaN}{3t}\right)^n \frac{\Delta cN}{3t}$$

将该式两边同乘以 $\left(\dfrac{vaN}{3t}\right)$，得到：

$$\left(\frac{vaN}{3t}\right)\Delta d_n^* = \left(\frac{vaN}{3t}\right)\frac{\Delta cN}{3t} + \left(\frac{vaN}{3t}\right)^2 \frac{\Delta cN}{3t} +$$

$$\left(\frac{vaN}{3t}\right)^3 \frac{\Delta cN}{3t} + \cdots\cdots + \left(\frac{vaN}{3t}\right)^{n+1} \frac{\Delta cN}{3t},$$

用前面的等式对这一等式，两边同时相减得到：

$$\Delta d_n^* - \left(\frac{vaN}{3t}\right)\Delta d_n^* = \frac{\Delta cN}{3t} - \left(\frac{vaN}{3t}\right)^{n+1} \frac{\Delta cN}{3t},$$

整理得到：$\Delta d_n^* = \left(\dfrac{\Delta cN}{3t}\right)\dfrac{1 - \left(\dfrac{vaN}{3t}\right)^{n+1}}{1 - \dfrac{vaN}{3t}}$；

显然，如果 $\dfrac{vaN}{3t} \geqslant 1$，若 $n \to \infty$ 时，则有：

$$\lim(\Delta d_n^*) = \lim\left[n\left(\frac{vaN}{3t}\right)\frac{\Delta cN}{3t} + \Delta d_0^*\right] = \infty,$$

$$\lim(\Delta d_n^*) = \lim\left[\left(\frac{\Delta cN}{3t}\right)\frac{1 - \left(\dfrac{vaN}{3t}\right)^{n+1}}{1 - \dfrac{vaN}{3t}}\right] = \infty;$$

如果 $\dfrac{vaN}{3t} < 1$，若 $n \to \infty$ 时，则有：

$$\lim(\Delta d_n^*) = \left(\frac{\Delta cN}{3t}\right)\frac{1}{1 - \dfrac{vaN}{3t}} = \frac{\Delta cN}{3t - vaN}\,。$$

这样，综合前面过程，得到论断一（Proposition I）：

在基于霍特林线形城市模型的 n 轮双边平台竞争中，企业双方在每一期就价格展开竞争，并通过基于消费者规模获得的广告收入来改进自身产品或服务质量，以增加对消费者的吸引力，扩大消费者规模；这种相互加强的间接网络效应，多期累积的均衡结果是：如果 $\dfrac{vaN}{3t} \geqslant 1$，则初始处于劣势的企业最终被淘汰出局，而初始占有优势的企业赢得整个市场；如果 $\dfrac{vaN}{3t} < 1$，初始占有优势的企业并不能依赖网络效应将对手淘汰，双方市场规模的差距将收敛于 $\dfrac{\Delta cN}{3t - vaN}$，其中，$\Delta c = c_1 - c_2 > 0$，$t$，$N$，$a$，$v$ 分别为距离成本系数（或横向差异化程度系数）、市场总体规模、广告费率、质量提升系数。

（三）模型扩展Ⅱ：双边平台市场的直接网络效应

下面，在前面基准模型的环境中，我们假设在双边平台市场中，存在一边对消费者免费的情形，此时两家企业都对消费者下载 App 或使用平台免费，企业通过收取广告费（或其他收费项目）获得收入，广告费依据平台另一边获得的消费者数目（或流量）决定，企业之间就平台产品或服务的质量展开竞争，即 App 或平台"吸引力"的 U，但是 U 的提升是需要付出代价的，并且成本递增更快（凸函数），假设每一期企业为平台服务质量付出的成本为 $f(U) = kU^2$，其中 $k > 0$ 为成本增长系数。注意，不是 $f(U) = D_i kU^2$；$i = 1$，2，这表明，内容成本并不是可变成本，不管用户规模多大，这一成本是确定的，而企业为获得消费者付出的单位成本 $c_1 > c_2 > 0$ 则是一种可变成本。因此，这一设定表明，内容或平台吸引力的"生产"具有规模经济性，用户数量越大，内容成本的分摊就更为有利，这是媒体产业一个非常重要的经济特征。

这里，直接网络效应表现在，上一期 App 的用户规模越大，消费者下载使用该 App 或加入该平台，得到的效用就越高，而消费者是通过观察上一期的企业用户规模来考虑当期企业平台内容本身的质量的，在衡量其用户规模之后，消费者衡量选择综合效用最大的平台。

第一阶段，此时没有可见的"历史"使用量，没有由此产生的网络效应，消费者根据两家平台的产品或服务的"吸引力"（质量），以及个人偏好（即"交通成本"）进行决策，除了免费之外，这一过程和基准模型基本一致。

首先，位于 x 处的消费者的抉择是：

如使用企业 1 的产品或服务，得到效用 $U_1(x) = U_{1,0} - tx$；若使用企业 2 的产品或服务，则得到效用 $U_2(x) = U_{2,0} - t(1-x)$，当消费者认为两家 App 无差异时，有 $U_2(x) = U_1(x)$，即：

$$U_{2,0} - t(1-x) = U_{1,0} - tx，$$

$$x = \frac{1}{2} + \frac{U_{1,0} - U_{2,0}}{2t} = \frac{1}{2} + \frac{\Delta U_0}{2t}，$$

其中 $\Delta U_0 = U_{1,0} - U_{2,0}$，

$$D_{1,0} = xN = \left(\frac{1}{2} + \frac{\Delta U_0}{2t}\right)N；D_{2,0} = (1-x)N = \left(\frac{1}{2} - \frac{\Delta U_0}{2t}\right)N。$$

企业 1 的决策是利润 $\Pi_{1,0} = (a - c_1)D_{1,0} - f(U_{1,0}) = (a - c_1)$ $\left(\frac{1}{2} + \frac{\Delta U_0}{2t}\right)N - kU_{1,0}^2$ 的最大化，其中决策变量是内容质量水平 $U_{1,0}$；

令 $\frac{\partial \Pi_{1,0}}{\partial U_{1,0}} = 0$，得到：$U_{1,0}^* = \frac{(a - c_1)N}{4kt}$，

同理得到 $U_{2,0}^* = \frac{(a - c_2)N}{4kt} > U_{1,0}^* = \frac{(a - c_1)N}{4kt}$，在 $c_1 > c_2 > 0$ 条件下，

为方便，记"基准质量或价值差"$u = U_{2,0}^* - U_{1,0}^* = \frac{(c_1 - c_2)N}{4kt} = \frac{\Delta cN}{4kt}$，

那么有：

$$D_{1,0} = xN = \left(\frac{1}{2} + \frac{\Delta U_0}{2t} \right) N,$$

$$= \left(\frac{1}{2} - \frac{1}{2t} \frac{(c_1 - c_2)N}{4kt} \right) N = \left(\frac{1}{2} - \frac{1}{2t} \frac{\Delta cN}{4kt} \right) N = \left(\frac{1}{2} - \frac{u}{2t} \right) N;$$

$$D_{2,0} = (1 - x)N = \left(\frac{1}{2} + \frac{1}{2t} \frac{\Delta cN}{4kt} \right) N = \left(\frac{1}{2} + \frac{u}{2t} \right) N_{\circ}$$

两家企业市场规模差距 $\Delta D_0 = D_{2,0} - D_{1,0} = \left(\frac{1}{2} + \frac{u}{2t} \right) N - \left(\frac{1}{2} - \frac{u}{2t} \right) N = \frac{uN}{t}$。

在第二阶段，消费者观察到企业上一期的"历史"成就，由此形成直接网络效应，成为当期消费者做决策的重要影响因素，设 $\rho > 0$ 是直接网络效应系数，用以衡量一款特定 App 或一个平台给其下载使用者带来的需求效应或社交性程度。

此时，位于 x 处的消费者的抉择是：

$U_1(x) = U_{1,1} + \rho D_{1,0} - tx$；$U_2(x) = U_{2,0} + \rho D_{2,0} - t(1 - x)$，这里，上一期 App 或平台的使用者规模开始影响这一期消费者的使用体验，既有用户越多，当下使用该款 App 或平台的效用就越大。

当消费者认为两家 App 无差异时，有 $U_{1,1} + \rho D_{1,0} - tx = U_{2,0} + \rho D_{2,0} - t(1 - x)$，

上式整理之后得到：$x = \frac{1}{2} + \frac{U_{1,1} - U_{2,1}}{2t} + \frac{\rho(D_{1,0} - D_{2,0})}{2t}$；

代入 $\Delta D_0 = D_{2,0} - D_{1,0} = \frac{uN}{t}$，

$x = \frac{1}{2} + \frac{U_{1,1} - U_{2,1}}{2t} - \frac{\rho}{2t}\Delta D_0$；这样，得到 $1 - x = \frac{1}{2} - \frac{U_{1,1} - U_{2,1}}{2t} + \frac{\rho}{2t}\Delta D_0$，

进一步，$D_{1,1} = xN = \left(\frac{1}{2} + \frac{U_{1,1} - U_{2,1}}{2t} - \frac{\rho}{2t}\Delta D_0 \right) N$，

$$D_{2,1} = (1-x)N = \left(\frac{1}{2} - \frac{U_{1,1} - U_{2,1}}{2t} + \frac{\rho}{2t}\Delta D_0 \right)N ;$$

接下来看 App 或平台的决策：

由 $\Pi_{1,1} = (a-c_1)D_{1,1} - f(U_{1,1}) = (a-c_1)\left(\frac{1}{2} + \frac{U_{1,1} - U_{2,1}}{2t} - \frac{\rho}{2t}\Delta D_0 \right)N - kU_{1,1}^2$,

令 $\frac{\partial \Pi_{1,1}}{\partial U_{1,1}} = 0$，得到 $U_{1,1}^* = \frac{(a-c_1)N}{4kt}$，同理得到 $U_{2,1}^* = \frac{(a-c_2)N}{4kt}$，

则 $U_{2,1}^* - U_{1,1}^* = \frac{(c_1-c_2)N}{4kt} = \frac{\Delta cN}{4kt} = u$;

这样，$D_{1,1} = xN = \left(\frac{1}{2} + \frac{U_{1,1} - U_{2,1}}{2t} - \frac{\rho}{2t}\Delta D_0 \right)N = \left(\frac{1}{2} - \frac{1}{2t}u - \frac{\rho}{2t}\Delta D_0 \right)N$,

同理得到 $D_{2,1} = (1-x)N == \left(\frac{1}{2} + \frac{1}{2t}u + \frac{\rho}{2t}\Delta D_0 \right)N$;

$\Delta D_1 = D_{2,1} - D_{1,1} = \left(\frac{1}{2t}2u + \frac{2\rho}{2t}\Delta D_0 \right)N$，其中 $\Delta D_0 = D_{2,0} - D_{1,0} = \frac{uN}{t}$;

以上是第二阶段均衡结果。

……

如此反复，利用前面论断 1 类似的推理过程，对 n 阶段的受众、媒体决策进行观察，可以得到如下结论：

$\Delta D_n = D_{2,n} - D_{1,n} = \left(\frac{1}{2t}2u + \frac{\rho}{t}\Delta D_{n-1} \right)N$，其中 $n = 1, 2, 3, \cdots$

利用前面论断 1 类似求解方法，可以得到：

$\Delta D_{n+1} = D_{2,n+1} - D_{1,n+1} = \left(\frac{1}{2t}2u + \frac{\rho}{t}\Delta D_n \right)N$，这个等式两边同时减去上面两个等式 $\Delta D_{n+1} - \Delta D_n = \frac{\rho}{t}(\Delta D_n - \Delta D_{n-1})N$;

令 $\alpha_n = \Delta D_{n+1} - \Delta D_n$，上式可以写成 $\alpha_n = \frac{\rho N}{t}\alpha_{n-1}$，因此有：

$$\alpha_n = \left(\frac{\rho N}{t}\right)^n \alpha_0,\ 其中\ \alpha_0 = \Delta D_1 - \Delta D_0;$$

由于 $\Delta D_1 = D_{2,1} - D_{1,1} = \left(\frac{1}{2t}2u + \frac{\rho}{t}\Delta D_0\right)N$，$\Delta D_0 = D_{2,0} - D_{1,0} = \frac{uN}{t}$，

因此，

$$\alpha_0 = \Delta D_1 - \Delta D_0 = \left(\frac{1}{2t}2u + \frac{\rho}{t}\Delta D_0\right)N - \Delta D_0 = \frac{\rho N}{t}\Delta D_0,$$

进一步，根据 $\alpha_n = \Delta D_{n+1} - \Delta D_n$ 得到：

$$\Delta D_{n+1} - \Delta D_n = \alpha_n = \left(\frac{\rho N}{t}\right)^n \alpha_0,\ 这样得到，$$

$$\Delta D_n - \Delta D_{n-1} = \left(\frac{\rho N}{t}\right)^{n-1} \alpha_0,$$

$$\cdots\cdots$$

$$\Delta D_2 - \Delta D_1 = \left(\frac{\rho N}{t}\right)^1 \alpha_0,$$

$$\Delta D_1 - \Delta D_0 = \alpha_0;$$

若 $\frac{\rho N}{t} = 1$，将上面 n 等式相加，得到：

$$\Delta D_{n+1} - \Delta D_0 = (n+1)\alpha_0,\ 即\ \Delta D_{n+1} = \Delta D_0 + (n+1)\alpha_0;$$

若 $\frac{\rho N}{t} \neq 1$，将上面 n 等式相加，得到：

$$\Delta D_{n+1} - \Delta D_0 = \left(\frac{\rho N}{t}\right)^n \alpha_0 + \left(\frac{\rho N}{t}\right)^{n-1}\alpha_0 + \cdots\cdots + \left(\frac{\rho N}{t}\right)^1 \alpha_0 + \alpha_0$$

$$= \alpha_0 \frac{1 - \left(\frac{\rho N}{t}\right)^{n+1}}{1 - \frac{\rho N}{t}},\ 即\ \Delta D_{n+1} = \alpha_0 \frac{1 - \left(\frac{\rho N}{t}\right)^{n+1}}{1 - \frac{\rho N}{t}} + \Delta D_0;$$

显然，如果 $\frac{\rho N}{t} \geq 1$，则当 $n \to \infty$ 时，$\lim(\Delta D_{n+1}) \to \infty$，此时级数 ΔD_n 是

发散的；如果 $\frac{\rho N}{t} < 1$，则当 $n \to \infty$ 时，$\lim(\Delta D_{n+1}) = \alpha_0 \frac{1}{1 - \frac{\rho N}{t}} + \Delta D_0;$

记 $\overline{\Delta D} = \lim \Delta D_{n \to \infty} = \dfrac{\alpha_0 t}{t - \rho N} + \Delta D_0$，

代入 $\Delta D_0 = \dfrac{uN}{t}$，$\alpha_0 = \dfrac{\rho N}{t} \Delta D_0$，得到 $\overline{\Delta D} = \dfrac{uN}{t - \rho N}$，

又因为 $u = \dfrac{\Delta cN}{4kt}$，代入得到 $\overline{\Delta D} = \dfrac{(c_1 - c_2) N^2}{4kt(t - \rho N)}$。

综合前面过程，得到论断二（Proposition Ⅱ）：

在基于霍特林线形城市模型的双边平台竞争中，如果企业平台通过收取广告费（或其他项目费用）获得收入，对一边消费者完全免费，并通过质量决策获得消费者，多期动态竞争的均衡结果是：如果 $\dfrac{\rho N}{t} \geqslant 1$，初始处于劣势的企业被淘汰出局，初始占有优势的企业依赖直接网络效应的优势累积，最终垄断市场；如果 $\dfrac{\rho N}{t} < 1$，直接效应的优势累积并不能将初始处于劣势的企业淘汰出局，双方市场规模的差距最终收敛于 $\overline{\Delta D} = \dfrac{uN}{t - \rho N}$，又因为 $u = \dfrac{\Delta cN}{4kt}$，也可以记为 $\overline{\Delta D} = \dfrac{(c_1 - c_2) N^2}{4kt(t - \rho N)}$，其中，$\Delta c = c_1 - c_2 > 0$，$t$，$N$，$a$，$k$，$\rho$ 分别为距离成本系数（或横向差异化程度系数）、市场总体规模、广告费率、质量提升难度系数（内容成本系数）、直接网络效应系数。

卜面将专门讨论模型结论及其含义，首先讨论网络效应及其加强因素对互联网市场竞争的影响，然后结合模型结论讨论网络效应的主要对冲因素及其对市场结构的影响。

三　网络效应与市场结构

（一）"先动优势"（first-mover advantages）与网络效应的放大功能

前面两个扩展模型，第一个主要是对间接网络效应的影响后果进行检

验，论断一明确表明，如果间接网络效应比较显著，将导致企业间初始的优势差距被放大，从而导致初始处于劣势的企业最终被淘汰、赢家独占市场（Winner Takes All，简称 WTA）的结果发生。

根据 Proposition Ⅰ，"赢家通吃"的垄断性市场结构（WTA）发生的临界条件是 $\frac{vaN}{3t} \geq 1$，系数 a，v 反映了双边市场相互加强的程度，显示了间接网络效应交叉影响的力度，就传统的平台如报纸而言，a 相当于每一个消费者（发行量）带来的广告，反映了消费者规模（发行量）对另一方市场能够获得广告投放的影响力度；v 相当于每一单位广告增加，给发行市场带来的消费者吸引力。就报纸市场而言，这种相互加强的效应被称为"螺旋效应"，并且诸多研究者认为这是导致报业集中性发展的主要原因（Baker，1994；Gabszewicz，Garella 和 Sonnac，2007），实际上，我们这里得到的边界条件与 Gabszewicz，Garella 和 Sonnac（2007）的临界条件非常类似，都刻画出了间接交叉效应的影响结果及其边界条件，不同之处在于，我们这一结果不仅包含了横向差异化的影响，也包括了市场规模的影响，而这对于在线平台的竞争是非常重要的影响因素，在后面我们还会详细讨论。

论断一不仅可以观察诸如报纸这样的传统平台，还可以观察在线平台或App。根据论断一，获得较高的初始流量是非常重要的，或者说，初始用户基数越大，另一方市场获得广告费（或其他项目收入）的能力就越强；而反过来，另一方获得的广告费（或其他项目收入）越多，越有利于获得更多的流量；因此，这也表明相互间接影响另一方市场的两个因素 a 与 v 可以被看作间接网络效应强度系数，从 $\frac{vaN}{3t} \geq 1$ 这一临界条件可以看出，a 与 v 越大，这一条件越容易实现；反之，如果这一效应并不显著，$\frac{vaN}{3t} < 1$ 条件容易实现，此时，企业双方的初始优势不平等就不会被严重放大，从而也可以避免"赢家通吃"的局面发生。

论断二（Proposition Ⅱ）则考察了直接网络效应的后果，当 $\frac{\rho N}{t} \geq 1$ 时，

"赢家通吃"（WTA）的市场结构出现，初始处于劣势的企业，因为直接网络效应的放大，最终被淘汰出局，初始占有优势的企业则因为直接网络效应的放大功能，最终赢得整个市场。在临界条件中，ρ 是直接网络效应系数，显然，从临界条件看出，这一直接网络效应强度越大，"赢家通吃"的临界条件越容易实现。反之，直接网络效应如果不显著，则 $\frac{\rho N}{t} < 1$ 容易实现，即使一家企业初始占有优势地位，也很难将对手逐出市场，独自占有整个市场。

由于两个论断都明确显示，网络效应比较强的市场，初始优势将被显著放大，并可能导致"赢家通吃"的局面，因此，在网络效应显著的市场中，如何获得"先动优势"就变得很重要，实际上，这也在战略研究中得到了大量的关注（McIntyre 和 Chintakananda，2014）。互联网行业的现实竞争中，企业会以大量补贴、优惠甚至免费等看似"烧钱"的方式获得早期用户，这在中国互联网初创企业中是常见的，打车软件市场的竞争就是一个非常显著的例子。最初进入市场展开激烈竞争的"滴滴"和"快的"两个平台，都急于获得更多的用户，给乘客和司机补贴，最终引发极其激烈的补贴大战，"滴滴"两年"烧掉"15 亿元人民币，双方在经过一年多的补贴大战后，仍无法分出胜负，2015 年初双方战略合并，组建了"滴滴出行"①，之后不久，进入中国市场的美国打车平台 Uber 也和"滴滴出行"产生了激烈的竞争，为了争抢用户（乘客和司机），双方都投入重金，展开降价和补贴的价格战，2015 年一度出现每月"烧钱"约 10 亿元人民币，双方长期没法盈利，最终于 2016 年 8 月合并。②

① 欧狄：《Uber CEO 说在中国一年亏 10 亿美元，我们梳理了他们和滴滴的补贴大战》，https://www.ifanr.com/621527，最后访问日期：2019 年 4 月 20 日。
② 新起点谈科技：《滴滴优步合并案：合并前曾打补贴战，至今双方一直未盈利》，https://baijiahao.baidu.com/s? id=1617278707494354146&wfr=spider&for=pc，最后访问日期：2019 年 4 月 20 日。

（二）网络效应的放大因素：市场规模

我们这一模型得到的一个被此前诸多模型忽略的重要发现是，在线市场竞争中，市场盘子大小（市场总体规模）对市场结构有重要影响。从两个边界条件 $\frac{vaN}{3t} \geqslant 1$，$\frac{\rho N}{t} \geqslant 1$ 可以明确看出，市场总体规模 N 越大，网络效应发挥作用的空间越大。从临界条件看出，如果网络效应为零，市场规模对市场结构不产生影响，一旦网络效应存在，哪怕很小，只要 $a > 0$，$v > 0$，$\rho > 0$，市场规模就可以发挥作用，市场规模越大，越容易出现"赢家通吃"的市场结构。如果不存在网络效应，这是无法想象的，因为在传统产业中，一般市场规模越大，其可以容纳的企业数目越多，市场规模的扩大常常带来集中度的下降。显然，网络效应的存在，改变了市场规模的作用，我们这一结论在在线产业现实中得到验证，比如就 Haucap 和 Heimeshoff 所重点分析的搜索引擎、电商、社交这三个领域来看，这些领域市场规模都非常大，不仅美国和全球市场如此，中国市场也是如此，但是，这些领域却几乎都是"一家独大"，甚至近乎垄断，比如美国市场中的 Google、Amazon、Facebook 在三大领域的地位如此，在中国市场，百度（Baidu）、阿里巴巴（Alibaba）与微信（WeChat）也是如此。这是互联网经济或者更一般地说网络经济，显著不同于传统经济的地方之一。

四　对冲因素与"赢家不通吃"

Lee 等人（2006）、Haucap 和 Heimeshoff（2014）、Huotari 等人（2016）、埃文斯（中译本，2016）等人都讨论了影响或制约网络效应发挥作用的有关因素，并解释为什么"赢家通吃"的市场结构并不必然会形成，这些因素主要包括产品或服务差异化、平台容量制约（拥挤）、多重归属，以及本地偏好、选择性关注等。而我们通过前面的正式理论模型所得到的临界条件明确表明，"赢家通吃"的市场结构并不必然发生，并且，通过这一临界条件，我们可以观察和分析在什么条件下，或者说，哪些因素有助于市场结构的集中化甚至出现"赢家通吃"的局面；在什么条件下，或者说，哪些因素会避免"赢家通吃"的局面出现，这不仅为产业研究提供了一个便利的理论分析框架，而且有助于为 McIntyre 和 Chintakananda（2014）所做的战略与管理研究提供有益的洞察视角。下面，我们利用前面的模型，对上述有关因素的作用加以检验和讨论。

（一）产品差异化与市场结构

在一般的产业竞争中，产品差异化是影响市场结构的一个重要因素，实际上，我们模型的基准，即霍特林线形城市模型，就是一个用来分析产品或服务差异化的经典模型，特别是指横向差异化。在一般产业经济学结论中，横向差异化将会减弱企业之间的价格竞争，有助于避免市场集中的发生（Cabral，2000），在互联网经济中，这一功能得到继续保持，并且成为在线企业竞争的一个非常重要的策略选项。

在论断一与论断二的两个临界条件 $\frac{vaN}{3t} \geq 1$，$\frac{\rho N}{t} \geq 1$ 中，可以看到横向差异化程度系数 $t > 0$ 起到了减缓或"对冲"网络效应的作用：如果市场差异化程度提高，"赢家通吃"的条件就难以实现；反之，如果市场差异化程度很小，"赢家通吃"的垄断局面就容易发生。这一结论解释了为什么互联网市场出现非常多的细分（或者称之为"垂直"）市场。在相似度很高的在线市场中，网络效应的放大会导致企业竞争激烈，一个较小的劣势或"落后"因素就可能被放大，甚至导致企业从市场出局，因此，后进企业或者说初创企业一般选择发现并进入一个细分市场或垂直市场，并尽量成为该领域"最早进入者"，避免"后发劣势"被网络效应放大，一旦有多家企业同时进入一个细分市场，那么争夺领先地位的竞争将马上展开，而且竞争会很残酷，就如同"滴滴"、"快的"以及 Uber 中国所遭遇的"补贴大战"那样，而一旦成为细分领域"最早进入者"，就可以享受网络效应带来的"先发优势"，因此，研究和开发新的细分市场，对于在线企业而言是极其重要的策略，这也导致在线市场细分化程度非常高。进一步看，就一个特定的细分市场而言，相互竞争的平台之间的差异化严重缺失，这导致细分市场内部网络效应发挥作用非常明显，一旦细分市场规模还比较大，更有利于"赢家通吃"局面的形成，垂直市场尤其是市场规模比较大的垂直市场，往往会出现"一家独大"的局面，在中国市场这类企业也常常被称为"独角兽"企业。

（二）内容创造性、后发优势与竞争演化

Huotari 等人（2016）在讨论阻碍"赢家通吃"局面发生时，引入了"本地偏好"作为重要阻碍因素，认为由熟人圈子等形成的本地偏好，可以促使用户选择并固守相对落后的技术或平台，这缓冲了直接网络效应的力度并一定程度避免了"赢家通吃"的局面，这一点无疑是有洞察力的；但是换个角度看，这个具有本地偏好的"落后"平台实际上是利用了"社交"的黏性，阻止了熟人圈子中用户的流失，如果将这种社交黏性看作平台的一种竞争优势，这就是更为一般性的平台竞争优势，这是平台吸引力的来源，也是网络效应发挥作用的基础。

实际上，从更广的角度来看，平台竞争不仅仅是空洞的"用户越多就越有吸引力"那么简单，平台本身必须开发具有吸引力的产品或服务，并在此基础上，利用网络效应。如果技术领先平台的吸引力提高，竞争力增强，就可能瓦解本地偏好，这样转换成本比较低的熟人圈子可能全部移到更大平台上，联络更为顺畅，换句话说，平台内容的提升对于竞争结果具有重要影响。

从论断二看，当企业市场规模差异收敛时，有 $\overline{\Delta D} = \dfrac{uN}{t - \rho N}$，其中 $u = \dfrac{\Delta cN}{4kt}$ 是每一期企业平台吸引力水平的差距，显然，这一质量差距越大，双方均衡中市场规模的差距就越大。这里的内容质量提升主要是指常规内容吸引力开发，其成本呈指数增长（模型设定为二次方），这制约了平台内容差距

的拉开，实际上，内容成本系数 k 越大，企业内容差距越小，从而市场规模的差距也越小。

但是，内容产品不仅具有程序性，可以加以开发，而且具有创造性，不受成本制约的灵感也是很重要的。比如，一款产品突然"爆红"可能引发大量关注，如果企业有效利用这一流量，形成基于该流量的网络效应，那么后来居上的可能也是有的。实际上，在我们历史观察基础上的多阶段建模中，如果某一个环节，比如因为"爆款"产品带来的吸引力差距扩大，吸引了相应的流量，就如同 Huotari 等人（2016）的"选择性关注"所指出的那样，消费者会关注"新鲜事物"，那么一旦企业稳固住流量，新的循环就会开始，网络效应在不同企业的作用发生逆转，后来企业"逆袭"的可能就来了。当然，对手企业则会设法阻止这种逆转，并努力提升自身的吸引力。

中国市场上，最近今日头条出现爆款产品抖音，吸引大量流量，特别是社交属性的流量，遭到腾讯的市场阻截，今日头条甚至指控腾讯封杀抖音，双方诉诸法庭[①]。

平台吸引力竞争的加剧，特别是网络效应的放大，使得 App 为了吸引流量并保持黏性，其复合化发展成为一个显著趋势，这种复合化的 App 实际上是在一个门户性 App 中嵌入多种功能，甚至多种垂直 App，实现生态化，即尽可能在一个平台上满足用户生活与工作的各方面需求，包括购物、交通出行、餐饮酒店、娱乐、社交等，这样一个生态化的 App 需要线上线下整合许多资源，一旦成功，其吸引力非常大，黏性非常强，由于网络效应的放大，融合多种业态的真正的"巨无霸"企业就会形成，这是对差异化导致的垂直细分 App 的一种超越和再整合。

---

① 邱月烨：《腾讯为什么害怕抖音？抖音又为什么愤怒？》，2018 年 5 月 25 日，https：//baijiahao.baidu.com/s？id=1601358282714973919&wfr=spider&for=pc，最后访问日期：2019 年 4 月 20 日。

五　小结

本文在霍特林线形城市模型基础上，用历史观察法建立了一个多期模型，用以检验网络效应以及有关因素对在线市场结构的影响，并对产业有关现象和发展趋势进行了讨论。本文的主要结论是，网络效应具有对企业初始优势放大的功能，在一定条件下，将会出现"赢家通吃"局面，这印证了此前诸多研究的发现；此外，在线市场的规模扩大不仅不会导致市场集中度降低，反而会加速市场的集中，这与传统市场显著不同。最后，本文认为，在线市场的垂直化发展，细分领域"一家独大"或"独角兽"现象，在线市场竞争的生态化趋势及其对垂直市场的再整合，都是由平台规避和利用网络效应的策略性行为导致的，这与模型的结论一致。

广告篇

社交媒体的接触特征及广告
态度的地域分异研究

李 莎 林升栋 陈 瑞*

摘　要： 通过问卷调查的方法和因子分析、聚类分析的数据分析方式，
本文分析了覆盖大陆31个省（区、市）的社交媒体接触特征
及广告态度，研究发现：社交媒体及其广告接触存在"孤
岛"效应，扩散效应不明显，社交媒体接触特征与经济发展
水平和对外开放水平有较大关联，东部地区的社交媒体接触水
平和广告态度均优于中西部地区，社交媒体广告态度与经济发
展水平联系更紧密，社交媒体接触特征与社交媒体广告态度之
间并不存在对应关系，要特别注意宁夏、黑龙江、内蒙古等在
社交媒体及其广告态度方面呈现出不规则波动特征的省份。

* 李莎，厦门大学新闻与传播学院博士研究生；林升栋（通讯作者），厦门大学新闻与传播
学院副院长、教授、博士生导师，厦门大学中华文化传播研究中心主任；陈瑞，厦门大学
管理学院副教授。

一　引言

　　社交媒体的蓬勃发展很可能是最近 20 年媒体发展史中最重要的事件。1997 年第一个含有交互功能的博客网站 Open Diary 上线时，可能鲜有先知能够预言此后 20 年社交媒体会在全球范围内爆发式增长。根据 The Media Briefing 发布的《2017 年传媒生态报告》，社交媒体已经超越搜索引擎，成为第一大流量来源①。

　　社交媒体的出现极大地改变了人们的生活和交往方式，其根植于互联网技术诞生和发展，带有鲜明的互联网时代的烙印。归根结底，互联网起源于巨型电子布告栏系统（BBS），它使用户得以交换信息、数据、软件等。诚然，社交媒体的发展代表了一种革命性的新趋势，然而事实上，社交媒体的高歌猛进更是一种回归互联网本源的进化，因为它使万维网重新回归了创建之初的本源目标：一个促进用户之间信息交换的平台②。

　　党的十八大以来，习近平同志提出的五大发展理念成为统领社会主义各项建设的指导思想。其中，协调发展着力解决在发展中存在的不平衡问题，促进区域协调发展是坚持协调发展的一项核心内容。缩小地区差距是一项需要持续推进的重大任务③。党的十九大报告强调了区域协调发展战略的实施。媒介产业在文化产业中居主导地位，已经成为国民经济发展中不可忽视的力量④。统筹区域媒介产业发展是促进区域协调发展的重要环节。以社交媒体为代表的新媒体为媒介产业提供了新的增长点，深入研究

---

①　Huston, P., " The state of the media 2017," Retrieved October 1, 2017, https：//www. themediabriefing. com/wp-content/uploads/2017/12/The_ State_ of_ the_ Media_ 2017. pdf.

②　Kaplan, A. M. & Haenlein, M., " Users of the world, unite！ the challenges and opportunities of social media," *Business Horizons*, 53, 1 (2010)：59-68.

③　范恒山：《十八大以来我国区域战略的创新发展》，2017 年 6 月 14 日，http：//theory. people. com. cn/n1/2017/0614/c40531-29337587. html，最后访问日期：2017 年 10 月 1 日。

④　张世昕：《媒介产业：国民经济发展中不可忽视的力量》，《宏观经济管理》2005 年第 4 期。

区域受众的媒体接触情况，是实现区域媒介产业协调发展的基础性工作之一。

世界各国传媒总量是极不均衡的，发达国家与发展中国家存在巨大差距①。社交媒体是与传统媒体截然不同的全新起点，它使传统媒体时代的格局重新洗牌。我国的社交媒体用户呈现出基数大、活跃性高的特点。早期我国的社交媒体网站多为借鉴西方成功经验而来，而随着技术的不断更新发展和本国受众需求的不断增长，我国逐渐涌现出一批创新性强的社交媒体。社交媒体时代的到来为我国传媒产业发展提供了全新的机会，有望打破发达国家在传媒行业的垄断。

二　文献综述

（一）社交媒介接触

媒介接触是一个比较宽泛的概念，在不同的情境中可以涵盖选择、注意、偏好等不同意涵②。本研究对媒介接触的考察主要集中在态度层面。

卡兹等人于1974年提出了"使用与满足"过程的基本模式。他们将媒介接触行为概括为"社会因素+心理因素→媒介期待→媒介接触→需求满足"的因果连锁过程。1977年，日本学者竹内郁郎对这一模式进行了补充，认为实际接触行为的发生需要两个条件：其一是媒介接触的可能性，即身边必须要有一定的物质条件；其二是媒介印象，即对媒介能否满足自己现实需求的评价③。其中信息的可得性是产生传播效果的先决条件，媒介满足受众需求的能力则是媒体对受众产生影响的前提。媒体系统依赖（MSD）理论认为，媒体越能满足人们的需求，人们就越有可能依赖媒体。其结果是，媒体将对他们施加更大的影响。该理论指出人们使用媒体主要为了三个目的：

---

① 胡鞍钢、张晓群：《中国传媒迅速崛起的实证分析》，《战略与管理》2004年第3期。
② 陆亨：《使用与满足：一个标签化的理论》，《国际新闻界》2011年第2期。
③ 郭庆光：《传播学教程》，中国人民大学出版社，1999，第183~184页。

理解世界，采取有意义的行动，以及逃避。媒体也因此得以影响人们的认知、情感和行为[①]。

以电脑为中介的传播方式的出现，重新唤起了人们对使用与满足理论重要性的认识。使用与满足理论的基本假设是媒介接触，是有选择性的，是有目标导向的，是具有目的性和动机驱动的行为。人们通过主动选择或使用媒体来满足他们的需要或兴趣[②]。个人对媒体信息的渴望是解释为什么媒体信息具有认知效应或情感效应的主要变量[③]。

（二）社交媒体时代的营销变革

社交媒体的飞速发展给企业营销组合的设计提供了全新的机会。社交媒体使企业与客户的实时交互成为可能，这一进化更符合整合营销传播时代的需要。在全球广告投放增速整体放缓的今天，互联网广告份额却一路高歌猛进。据 2017 年上半年发布的互联网女皇报告，2017 年全球范围内互联网广告营收将势必超过电视广告，而这在美国市场已经成为现实。社交媒体广告是互联网广告中增速最快的一个类别，2016 年增长了 51%[④]。另据实力媒体预测，2019 年社交媒体广告投入将超过平面广告投入[⑤]。时至今日，社会化媒体营销成为企业宣传推广的必修课。依托社交媒介深度互动的特性，新型社交媒体广告形式层出不穷。各大社交媒体平台都推出了与自己内容形态高度契合的新广告，如 Pinterest 推出精准广告，Facebook 推出关联广告，谷歌推出基于地理位置的本地广告。企业经营者尝试有效利用各种用户数量庞大

[①] Ballrokeach, S. J. & Defleur, M. L., "A dependency model of mass-media effects," *Communication Research—An International Quarterly*, 3, 1 (1976): 3-21.

[②] 陆亨：《使用与满足：一个标签化的理论》，《国际新闻界》2011 年第 2 期。

[③] Ruggiero, T. E., "Uses and gratifications theory in the 21st century," *Mass Communication & Society*, 3, 1 (2000): 3-37.

[④] Carson, B., "Mary meeker's tech state of the union: Everything happening on the internet in 2017," *Business Insider*, Retrieved October 1, 2017, http://www.businessinsider.com/2017-internet-trends-mary-meeker-full-slide-deck-2017-5/#-13.

[⑤] 朱海燕：《2017 年全球互联网广告投入将超 2000 亿美元》，2017 年 3 月 29 日，http://www.adquan.com/post-13-36057.html，最后访问日期：2017 年 10 月 1 日。

的应用程序开展新型营销活动。

对于选择投放传统媒体的广告商而言，广告逃避是他们不得不面对的问题，造成广告逃避的重要原因是媒体刊载的广告不能满足消费者的需求，而社交媒体的实时互动性则填补了供求双方的沟壑。消费者需要对广告内容有更多的控制。消费者需要按需即时获取信息，并在自己方便的情况下获取信息[1]。社交媒体被消费者认为是关于产品和服务的更可靠的信息来源，胜过企业赞助的传统媒体[2]。消费者越来越频繁地转向各种类型的社交媒体来进行信息搜索，并做出他们的购买决定[3]。

而社交媒体也在很大程度上改变着人们的生活方式，成为影响消费者行为的重要因素。社交媒体影响到消费者的认知、信息获取、态度、购买行为及购后沟通等。社交媒体对整合营销传播的贡献主要源自其强大的传播功能，社交媒体使企业能够与顾客对话，更使顾客之间得以对话[4]。这与整合营销传播以目标公众的需求为逻辑起点的根基相吻合。

（三）媒介地域分异

地域分异是源自地理学界的重要概念，地域分异本意指地球表层自然环境及其组成要素在空间分布上的变化规律，即地球表层自然环境及其组成要素，在空间上的某个方向保持特征的相对一致性，而在另一方面表现出明显的差异和有规律的变化。随着研究的深入，地域分异已经不再是地理学界的单一名词，不仅涉及自然地理专业的地表生态系统的自然演化过程，还涉及人类活动影响下的经济、生态等各方面[5]。邵培仁在《媒介地理学》一书中

① Mangold, W. G. & Faulds, D. J., "Social media: The new hybrid element of the promotion mix," *Business Horizons*, 52, 4 (2009): 357-365.
② Fou, G., "Consumer-generated media: Get your customers involved," *Brand Strategy*, 8 (2006): 38-39.
③ Lempert, P., "Caught in the web," *Progressive Grocer*, 85, 12 (2006): 18.
④ Mangold, W. G. & Faulds, D. J., "Social media: The new hybrid element of the promotion mix," *Business Horizons*, 52, 4 (2009): 357-365.
⑤ 刘志强、王明全、金剑：《国内外地域分异理论研究现状及展望》，《土壤与作物》2017年第1期。

更是将媒介视为"地理之子",认为媒介在历史记忆和文化传承中起着记录、存储和传播的作用,是地理的物化形式①。传统地理环境中地方感存在的一个重要原因是物质距离将人群分散因而造成交流的困难。这个距离增加了外来者进入当地文化圈的难度和阻力,因为有了物质的距离与边界,地方才成为一个有限的空间,并建立起一个个相对独立的功能区域。

一国之内,人们的各种经济活动在空间上并非均匀分布,往往集中在某些资源条件较好的地区,这种资源的集中导致了不同区域的经济发展呈现出不同的特点,传媒作为经济发展水平的集中体现之一,也存在着地域分异现象。传媒的地域分异在传统媒体时代表现得非常明显。传媒体制改革使行政化力量不再成为影响传媒发展的主导因素,在这种情况下,经济发展水平就成了影响传媒发展的主要因素。我国经济发展水平存在明显的区域差异,东部经济发展明显好于中部和西部地区,而传媒行业也存在明显的区域分异,其特征与经济发展水平的地区差异基本一致②。

以报纸为代表的传统媒介天生带有明显的地方化特征,读者也有明显的地方亲近性。在计划经济体制下,媒介布局条块分割严重,行政壁垒森严,使得媒体的区域垄断严重③。这些地方性壁垒使市场丧失了资源配置的功能。除了少数中央媒体有能力辐射全国之外,地方传媒的市场边界仍被严格限定在所属行政区划之内。各地方媒体皆有其固定的服务区域,偏安一隅,不存在跨区域的市场竞争。当传媒机构的发展水平和经济实力基本一致时,还基本能够相安无事,但是一旦发展水平不一致,经济实力差距拉大,矛盾就开始凸显④。此后虽然更多的市场要素进入媒介行业,行政干预逐渐减少,媒介集团化时代到来,但新的弊端也由此引发:大多数大型媒介集团依托经济较为发达的地区,后者能够给予媒介集团更多支持,获得支持的媒介

---

① 邵培仁:《媒介地理学》,中国传媒大学出版社,2010,第6页。
② 余建清:《我国区域传媒产业发展研究》,博士学位论文,武汉大学,2009,第18页。
③ 刘洁:《中国媒介产业布局与产业区域联合》,《现代传播(中国传媒大学学报)》2006年第3期。
④ 余建清:《我国区域传媒产业发展研究》,博士学位论文,武汉大学,2009,第4页。

集团有充足的资金开发优质的媒介产品，优质的媒介产品能够获得市场的认可，由此形成良性循环；而经济欠发达地区的媒介集团开发媒介产品时则陷入恶性循环。长此以往，地区间差距必然拉大。此外，媒介集团化无法完全打破地方性壁垒。而社交媒体的出现则能够有效地打破这一壁垒，只要能够接入互联网，世界上任何一个角落的用户都能够享受到平等的借助社交媒体获取信息的机会。更重要的是，社交媒体的进入门槛低于传统媒体，受地域经济水平影响相对较小，很多长于传统媒体内容制作的媒介集团转战互联网内容生产反而可能折戟。对于互联网和社交媒体而言，用户的需求才是需要关注的核心问题。满足不同地区用户的需求也是传统媒体跨区域发展的难点之一，媒介产品的定位和目标发展区域受众的接受是传统媒体必须特别关注的问题，事实上，只有极少数卫视娱乐节目能够做到跨区域覆盖，而社交媒体则可以基于大数据技术实现面向特定地域的精准投放。既然社交媒体能够从传者视角解决传统媒体传播中存在的地域差异问题，那么聚焦不同地域受众的社交媒体接触特征和态度就显得尤为重要。

媒介区域发展方面常见的理论模型包括空间扩散效应和"孤岛"效应。空间扩散指从一个原点向外的扩散，主要包含传染扩散、等级扩散和重新区位扩散[①]。如果这种扩散是渐进、连续的过程，那么即为传染扩散，这种扩散对于媒介来说很难完美实现，因为媒介的区域使用与区位的对外开放程度等其他因素有关；而等级扩散则是指扩散是按照城市的等级逐级向下延伸，等级扩散认为同一等级的城市即便距离较远，仍然可以按照等级同时扩散，比如西部的中心城市成都和东部的上海可以向它们下面的低一级城市扩散其影响力，这显然也是一种过于理想化的模型；重新区位扩散则是指媒介的使用者人数并没有增加，但是这些媒介使用者所在的区位发生了变化，这明显与媒介覆盖率逐年上升的数据相悖。"孤岛"效应是与增长极理论伴生的媒介区域发展现象。我国几个经济发展水平较高的地区的媒介产业起步较早，

① 董春：《中国广电产业发展及空间布局的经济学研究》，博士学位论文，复旦大学，2006，第26页。

发展较快，其媒介产业经济指标明显优于其他地区，成为媒介发展的增长极。这些增长极也会将自身的影响力向下扩散，但这种扩散的效应不及增长极自身不断加强的极化效应。由此，媒介区域发展中的"孤岛"效应开始显现①。

探讨我国区域媒介使用的研究文献并不多，向志强等通过分析大陆 31 个省份的媒介数据，证实了中国传媒产业存在区域非均衡发展的问题；董春探讨了中国广电产业的空间布局情况②；刘洁以更宏观的视角探讨了中国媒介产业的倾斜布局③；吴信训分析了我国东西部传媒经济的失衡状态并提出了解决对策④。综观这些关于媒介地域分异的文献，不难发现学者们的研究多立足于传统媒介，罕有学者专门探讨新媒介的区域使用情况。此外，学者们的视角皆是媒介管理向度的，即站在国家媒介发展的宏观角度考虑问题，少有学者关注受众的媒介接触态度及特征。

三　主要研究方法

（一）调查研究

本研究主要从受众的媒介接触角度切入，探讨不同地域的受众对社交媒体及社交媒体广告的接触态度。服务于这一研究主题，我们于 2016 年 9 月开展了一项大规模的调查研究。该调查样本量达 4172 份，覆盖了大陆 31 个省（区、市）。所有被试都有社交媒体使用经验，因此排除了各省（区、市）之间由硬件设施发展水平不均造成的影响。该调查委托问卷星公司代为执行，问卷通过互联网发放。

调查覆盖的 31 个省（区、市）中，样本量最大的是三个公认的一线发

---

① 刘洁、胡君：《媒介产业增长极"孤岛现象"成因及解决路径》，《新闻与传播研究》2007 年第 3 期。
② 董春：《中国广电产业发展及空间布局的经济学研究》，博士学位论文，复旦大学，2006，第 12 页。
③ 刘洁：《中国媒介产业布局与产业区域联合》，《现代传播（中国传媒大学学报）》2006 第 3 期。
④ 吴信训：《中国东西部传媒经济的失衡及其对策》，《新闻记者》2004 年第 1 期。

达地区：北京、上海、广东，其样本量皆在 400 份左右。另外 29 个省（区、市）样本量都在 105 份左右。参与调查的男女性别比例为 1：1，因此不存在性别差异对社交媒体态度的影响。参与调查的对象年龄主要在 18～50 岁，占全部被调查者的 83%，而这正是社交媒体用户的主体年龄段，与 iCTR 发布的《中国社交媒体影响报告》中的比例吻合①。

问卷主要测量了用户的社交媒体接触情况以及对社交媒体广告的接触态度，共计测量了 13 个维度下的 61 个题项。其中 13 维度如下。社交媒体接触方面：自我效能（使用社交媒体的水平和能力）、生活质量（使用社交媒体对生活质量的改善）、日常化水平（社交媒体进入日常生活的程度）、同伴影响（愿意感染他人加入社交网络的程度）以及隐私关注。社交媒体广告态度方面：信息性（社交媒体广告的信息提供）、娱乐性（社交媒体广告提供娱乐）、自我品牌一致性（社交媒体广告中的品牌与被试之间的关联）、侵入性（社交媒体广告对生活的干扰）、与经济相关的评价、物质主义（社交媒体广告使被试更物质）、虚假广告（对社交媒体广告的信任度）、对价值观的腐蚀。所有题项皆采用李克特五点量表进行测量（非常不同意：1 分—非常同意：5 分），问卷中使用的所有量表皆来自 Taylor 等②和 Wolin 等③。

（二）数据分析方法

1. 因子分析

因子分析是对主成分分析的推广和扩展，相比于主成分分析，因子分析对问题的分析更为深入。因子分析能够将复杂的变量整合为少数几个因子，

---

① 李晏：《2016 中国社交媒体影响报告》，凯度中国，2016 年 1 月，http://www.cn.kantar.com/media/1190971/2016（pdf），最后访问日期：2017 年 10 月 1 日。
② Taylor, D. G., Lewin, J. E. & Strutton, D., "Friends, fans, and followers: Do ads work on social networks? How gender and age shape receptivity," *Journal of Advertising Research*, 51, 1 (2001): 258-276.
③ Wolin, L. D., Korgaonkar, P. & Lund, D., "Beliefs, attitudes and behaviour towards web advertising," *International Journal of Advertising*, 21, 1 (2002): 87-113.

以再现原始变量与因子之间的相互关系，探讨多个能够直接测量的，并且具有一定相关性的实测指标是如何受少数几个内在的独立因子所支配的[1]。还可以通过公因子得分的方法进行综合评估。

2. 聚类分析

聚类分析是一种基于数据自身信息对数据进行分类的方法。实质上按照距离的远近将数据分为若干个类型。通过聚类分析，可以将研究目的与数据特征相结合，把数据分成若干个合理的类别，尽可能缩小类别内部的差异，扩大类别间的差异[2]。

四 社交媒体接触特征的地域分析

（一）社交媒体接触特征省（区、市）分异总论

对于社交媒体的接触特征我们主要考察了自我效能、生活质量、日常化水平、同伴影响及隐私关注五个维度。以下通过数据呈现各省（区、市）被试对这五个维度的评价（见表1至表5）。

表1 社交媒体自我效能评分

西部地区	评分	中部地区	评分	东部地区	评分	东北地区	评分
内蒙古	3.391	山西	3.304	北京	3.419	黑龙江	3.337
广西	3.235	安徽	3.398	天津	3.407	吉林	3.245
重庆	3.280	江西	3.297	河北	3.440	辽宁	3.431
四川	3.360	河南	3.240	上海	3.545		
陕西	3.328	湖北	3.440	江苏	3.569		
甘肃	3.167	湖南	3.421	浙江	3.338		
贵州	3.256			福建	3.526		
宁夏	3.179			山东	3.500		

---

① 张文彤：《SPSS 统计分析高级教程》，高等教育出版社，2004，第 217~218 页。
② 张文彤：《SPSS 统计分析高级教程》，高等教育出版社，2004，第 287 页。

西部地区	评分	中部地区	评分	东部地区	评分	东北地区	评分
云南	3.142			广东	3.522		
青海	3.052			海南	3.302		
新疆	3.195						
西藏	3.179						

注：本表中呈现的我国大陆区域划分方式参考了《第三次全国经济普查数据公报》中使用的区域划分方式。参见国家统计局、国务院第三次经济普查办公室《第三次全国经济普查主要数据公报（第一号）》，http：//www.stats.gov.cn/tjsj/zxfb/201412/t20141216_653709.html，最后访问日期：2019 年 6 月 17 日。表格中数据均保留至小数点后三位，下同。

表 2　社交媒体生活质量评分

西部地区	评分	中部地区	评分	东部地区	评分	东北地区	评分
内蒙古	3.806	山西	3.773	北京	3.835	黑龙江	3.845
广西	3.629	安徽	3.705	天津	3.820	吉林	3.610
重庆	3.725	江西	3.735	河北	3.769	辽宁	3.721
四川	3.703	河南	3.616	上海	3.905		
陕西	3.660	湖北	3.805	江苏	3.823		
甘肃	3.625	湖南	3.767	浙江	3.752		
贵州	3.719			福建	3.801		
宁夏	3.606			山东	3.769		
云南	3.676			广东	3.807		
青海	3.548			海南	3.755		
新疆	3.616						
西藏	3.631						

表 3　社交媒体日常化水平评分

西部地区	评分	中部地区	评分	东部地区	评分	东北地区	评分
内蒙古	3.507	山西	3.318	北京	3.487	黑龙江	3.480
广西	3.404	安徽	3.394	天津	3.488	吉林	3.265
重庆	3.295	江西	3.271	河北	3.367	辽宁	3.349
四川	3.398	河南	3.257	上海	3.587		

续表

西部地区	评分	中部地区	评分	东部地区	评分	东北地区	评分
陕西	3.362	湖北	3.467	江苏	3.508		
甘肃	3.349	湖南	3.419	浙江	3.487		
贵州	3.277			福建	3.527		
宁夏	3.272			山东	3.460		
云南	3.194			广东	3.523		
青海	3.221			海南	3.398		
新疆	3.251						
西藏	3.260						

表 4　社交媒体同伴影响评分

西部地区	评分	中部地区	评分	东部地区	评分	东北地区	评分
内蒙古	3.518	山西	3.506	北京	3.559	黑龙江	3.536
广西	3.426	安徽	3.476	天津	3.515	吉林	3.225
重庆	3.338	江西	3.417	河北	3.561	辽宁	3.530
四川	3.492	河南	3.354	上海	3.673		
陕西	3.513	湖北	3.585	江苏	3.600		
甘肃	3.395	湖南	3.487	浙江	3.549		
贵州	3.371			福建	3.590		
宁夏	3.354			山东	3.635		
云南	3.345			广东	3.569		
青海	3.367			海南	3.390		
新疆	3.264						
西藏	3.258						

表 5　社交媒体隐私关注评分

西部地区	评分	中部地区	评分	东部地区	评分	东北地区	评分
内蒙古	2.898	山西	2.601	北京	2.741	黑龙江	2.654
广西	2.808	安徽	2.788	天津	2.712	吉林	2.603
重庆	2.583	江西	2.778	河北	2.814	辽宁	2.746

西部地区	评分	中部地区	评分	东部地区	评分	东北地区	评分
四川	2.850	河南	2.717	上海	2.937		
陕西	2.601	湖北	2.875	江苏	3.027		
甘肃	2.641	湖南	2.744	浙江	2.947		
贵州	2.824			福建	2.750		
宁夏	2.638			山东	2.974		
云南	2.526			广东	2.917		
青海	2.667			海南	2.594		
新疆	2.679						
西藏	2.500						

从对以上五个维度的评价来看,东部地区总体高于西部,但并未呈现规则分布。自我效能方面,东部地区的被试对使用社交媒体水平的评价高于西部地区,其中山东、江苏、上海、福建、广东五个地区使用社交媒体的水平最高。生活质量方面,东部地区相对西部地区更能感受到使用社交媒体对生活质量的改善。但比较出人意料的是,黑龙江和上海是对使用社交媒体提升生活质量评价最高的两个地区,然而黑龙江的社交媒体自我效能得分并不高。日常化水平方面,东部地区的被试更倾向于认为社交媒体是日常生活的一部分。值得注意的是,四川和陕西作为两个西部省份,表现出了较高的日常化水平。但是上海、福建、广东三个地区评分最高。同伴影响方面,东部地区的被试更倾向于向别人推介社交媒体,北方地区胜过南方地区。山东、江苏、上海、福建四个沿海地区对这项指标评分最高。隐私关注方面,东部地区更愿意相信社交媒体能够对用户的隐私进行保护,东部沿海的山东、江苏、浙江和上海对社交媒体信任度最高,西部地区的四川和贵州对社交媒体的隐私保护水平评价也较高。总的来说,各地区对于社交媒体的评价呈现不规则分布,很难在其中探寻到一般规律,也很难从中看出这五个维度之间的关系,因此,需要对数据进行因子分析,将五个维度浓缩整合,进行综合评价。

（二）社交媒体接触特征因子分析

社交媒体接触特征部分要对影响接触特征的五个维度进行因子分析，根据各因子的贡献率决定各指标的权重，进而将原始信息浓缩为数个主成分（见表6）。

表6　公因子方差（社交媒体接触特征）

公因子方差		
	初始	提取
自我效能	1.000	0.891
生活质量	1.000	0.924
日常化水平	1.000	0.879
同伴影响	1.000	0.881
隐私关注	1.000	0.981
提取方法：主成分分析		

通过表6可以看出，各个指标中所含的信息能够被所提取的公因子表达，所有变量的共同度都在80%以上，因此提取的公因子对变量的解释力较强。

为使因子载荷矩阵中系数更加明显，对初始因子载荷矩阵进行旋转，使因子和原始变量间的关系重新分配。通过主成分分析和方差最大旋转，可以提取出两个公因子（见表7）。

表7　解释的总方差（社交媒体接触特征）

成分	初始特征值			提取平方和载入			旋转平方和载入		
	合计	方差贡献率（%）	累计贡献率（%）	合计	方差贡献率（%）	累计贡献率（%）	合计	方差贡献率（%）	累计贡献率（%）
1	4.056	81.121	81.121	4.056	81.121	81.121	2.939	58.790	58.790
2	0.501	10.018	91.139	0.501	10.018	91.139	1.617	32.349	91.139

成分	初始特征值			提取平方和载入			旋转平方和载入		
	合计	方差贡献率（%）	累计贡献率（%）	合计	方差贡献率（%）	累计贡献率（%）	合计	方差贡献率（%）	累计贡献率（%）
3	0.168	3.355	94.494						
4	0.149	2.980	97.474						
5	0.126	2.526	100.000						

由表 7 可见，两个公因子的累计方差贡献率为 91.139%，解释力较强。

由表 8 可以看出，因子 1 对生活质量、日常化水平、自我效能和同伴影响有较强的解释力，因子 1 主要表达社交媒体日常使用方面的评价。因子 2 则对隐私关注有较强的解释力，表达的是对社交媒体的信任程度。

表 8　旋转后的因子载荷矩阵（社交媒体接触特征）

	因子 1	因子 2
生活质量	0.941	0.197
日常化水平	0.823	0.449
自我效能	0.813	0.481
同伴影响	0.784	0.516
隐私关注	0.319	0.938

提取的两个公因子从不同方面反映了该省（区、市）的社交媒体接触情况。因此，本文以各公因子对应的方差贡献率为权重计算出综合得分，如表 9 所示。

表 9　社交媒体接触特征各省（区、市）综合得分

省（区、市）	因子 1	因子 2	接触特征总评
上海	1.824	0.766	1.448
江苏	0.647	1.880	1.084
广东	0.833	1.053	0.911

省（区、市）	因子1	因子2	接触特征总评
福建	1.467	-0.227	0.866
山东	0.272	1.782	0.808
湖北	0.688	0.732	0.704
北京	1.349	-0.528	0.682
内蒙古	0.505	0.825	0.618
天津	1.261	-0.727	0.555
黑龙江	1.518	-1.326	0.509
浙江	-0.141	1.525	0.450
河北	0.362	0.435	0.388
湖南	0.578	-0.193	0.305
辽宁	0.164	0.130	0.152
四川	-0.407	0.990	0.089
安徽	-0.133	0.484	0.086
山西	0.671	-1.359	-0.050
海南	0.585	-1.441	-0.134
陕西	0.098	-0.746	-0.201
江西	-0.529	0.172	-0.280
广西	-1.101	0.964	-0.368
贵州	-0.952	0.569	-0.412
重庆	0.015	-1.409	-0.490
甘肃	-0.848	-0.383	-0.683
河南	-1.366	0.269	-0.785
宁夏	-1.220	-0.327	-0.903
云南	-0.636	-1.610	-0.982
新疆	-1.491	-0.129	-1.007
吉林	-1.186	-0.725	-1.023
西藏	-0.746	-1.652	-1.068
青海	-2.082	0.205	-1.270

表 9 显示的综合得分中，低于零分为低于平均水平。在参与调查的 31 个省份中，低于零分的全部来自中西部及东北地区，说明中西部及东北地区的社交媒体接触水平和对社交媒体的评价总体较低。而在综合得分排名中居前五位的上海、江苏、广东、福建和山东皆为经济较为发达的地区。北京作为我国的文化中心，在社交媒体接触方面的表现却比较弱，仅排在第七位，其原因是因子 2 出现了负分，这说明北京的社交媒体使用水平较高，但对社交媒体缺乏信任，认为社交媒体不能很好地保护用户的隐私。天津、黑龙江也存在相同的情况。与之相反，山东、江苏、浙江对社交媒体的隐私保护水平评价较高，而对使用水平评价较低。以人民网发布的 2017 年上半年各省（区、市）GDP 排行[1]作为衡量各地区经济水平的指标，各地区的经济发展水平与社交媒体接触特征评分有一定关联，但并无必然联系。河南省经济发展水平表现尤为突出，其 GDP 名列全国第五位，但对社交媒体的接触特征总评却列倒数第七位，因子 1 的排名列倒数第三位。社交媒体作为相对新的媒体形式，在对外开放程度更高的地区可能有更好的发展。根据《中国内地对外开放指数图谱》[2]，在社交媒体接触特征总评中得分前十位的省份对外开放程度也位居前列。仅有的例外是内蒙古和黑龙江。这两个地区对外开放程度相对较低（分列第 27 位和第 15 位），经济水平也不突出（分列第 19 位和第 24 位）。

为更直观地呈现各省份社交媒体接触特征的规律，笔者在计算因子得分的基础上对 31 个省份进行系统聚类。

（三）社交媒体接触特征聚类分析

通过对五个维度进行聚类分析，可以得到如图 1 所示的树状图。

---

[1] 三棱镜工作室：《各地 2017 上半年 GDP 增速排行出炉，这个省份垫底》，人民网，2017 年 8 月 3 日，http://politics.people.com.cn/n1/2017/0803/c1001-29448171.html，最后访问日期：2017 年 11 月 1 日。

[2] 《中国内地对外开放指数图谱》，《中国经济和信息化》2012 年第 8 期。

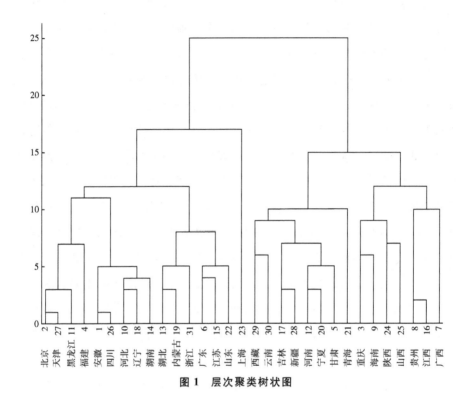

图1 层次聚类树状图

表10 31个省（区、市）的社交媒体接触特征分层聚类

两类	四类	六类	该类别包含的省（区、市）
1	1	1	北京、天津、黑龙江、福建、安徽、四川、河北、辽宁、湖南
		2	湖北、内蒙古、浙江、广东、江苏、山东
	2	3	上海
2	3	4	西藏、云南、吉林、新疆、河南、宁夏、甘肃、青海
	4	5	重庆、海南、陕西、山西
		6	贵州、江西、广西

　　对社交媒体接触特征的量化评分在很大程度上反映了各省（区、市）的社交媒体接触水平。若将31个省（区、市）分为两大类，我国东部的10个省（区、市）中有9个属于接触水平较高的一类，东部地区接触水平较

低的省份是海南省。海南与大陆隔海相望，难以受到地理辐射的影响，因此经济发展水平也较低。西部地区只有四川一个省进入了1类，四川的经济发展水平较高，位列全国第七，且省会成都市是西南地区的经济中心和科技中心，因此该省的社交媒体接触水平较高不足为奇。中部地区进入1类的是内蒙古、安徽、湖南和湖北四个省（区），特别值得注意的是，同样位于东北地区的黑龙江和吉林在经济发展水平和对外开放水平都很相似的情况下，黑龙江的社交媒体接触水平远胜于吉林，而吉林的社交媒体接触水平仅强于西藏和青海。若将各省（区、市）的社交媒体接触水平分为四类，那么上海独自成为一类，在五个维度中得分都很高，表现出了较高的接触水平。上海之外的其余1类（分两类中的1类）省（区、市）则成为一类。在因子得分计算中列后八位的省（区、市）在聚类分析中成为一类，这八个省（区、市）中，除吉林和河南外，其他全部来自西部地区。而处于中间偏后位置的重庆、海南、陕西、山西、贵州、江西和广西则成为一类，在这个类别中出现了东部省份海南。如果将分类细化为六类，上海仍然自成一类，湖北、内蒙古、浙江、广东、江苏、山东成为一类，这几个省（区）的共同特点是社交媒体接触评分高，且因子1社交媒体日常使用的得分低于因子2社交媒体信任的得分。北京、天津、黑龙江、福建、安徽、四川、河北、辽宁、湖南成为一类，这一类情况较为复杂，排名居前列的福建、北京、天津、黑龙江在因子1中的表现远胜因子2，而安徽、四川、河北、辽宁、湖南对两个因子的打分较为相近。这一类的总体接触水平不如江苏、广东等省份所在的类别。重庆、海南、陕西、山西成为一类，其共同特点是因子1的得分高于因子2的得分，且因子1日常使用得分皆高于零，而因子2对社交媒体的信任得分则为负。贵州、江西、广西则为一类，这三个省（区）呈现出与重庆等截然相反的特点，即日常使用得分低于零分，而对社交媒体的信任得分高于零分，有较好的信任度。西藏、云南、吉林、新疆、河南、宁夏、甘肃、青海这一类别接触总评分很低，绝大多数省份两个因子皆为负值，河南和青海的因子2得分在零分以上，总评分却非常靠后，主要原因在于因子1日常使用得分过低。

五 社交媒体广告态度的地域分异

（一）社交媒体广告态度省（区、市）分异总论

社交媒体广告态度共测量了八个维度，分别是：信息性、娱乐性、自我品牌一致性、侵入性、与经济相关的评价、物质主义、虚假广告以及对价值观的腐蚀。

表11~表18显示出各省（区、市）对社交媒体广告态度的评价。

表11 社交媒体信息性评分

西部地区	评分	中部地区	评分	东部地区	评分	东北地区	评分
内蒙古	3.698	山西	3.583	北京	3.675	黑龙江	3.608
广西	3.613	安徽	3.561	天津	3.670	吉林	3.444
重庆	3.537	江西	3.614	河北	3.683	辽宁	3.530
四川	3.566	河南	3.455	上海	3.744		
陕西	3.620	湖北	3.756	江苏	3.697		
甘肃	3.514	湖南	3.728	浙江	3.670		
贵州	3.559			福建	3.628		
宁夏	2.638			山东	3.678		
云南	3.478			广东	3.725		
青海	3.606			海南	3.550		
新疆	3.486						
西藏	3.439						

表12 社交媒体娱乐性评分

西部地区	评分	中部地区	评分	东部地区	评分	东北地区	评分
内蒙古	3.302	山西	3.098	北京	3.291	黑龙江	3.197
广西	3.175	安徽	3.288	天津	3.316	吉林	3.198
重庆	3.226	江西	3.123	河北	3.255	辽宁	3.231
四川	3.323	河南	3.141	上海	3.410		

续表

西部地区	评分	中部地区	评分	东部地区	评分	东北地区	评分
陕西	3.410	湖北	3.392	江苏	3.395		
甘肃	3.183	湖南	3.289	浙江	3.340		
贵州	3.233			福建	3.276		
宁夏	3.107			山东	3.487		
云南	3.106			广东	3.361		
青海	3.368			海南	3.278		
新疆	3.124						
西藏	3.034						

表 13　社交媒体自我品牌一致性评分

西部地区	评分	中部地区	评分	东部地区	评分	东北地区	评分
内蒙古	3.076	山西	2.911	北京	3.091	黑龙江	2.876
广西	3.040	安徽	3.077	天津	3.123	吉林	2.886
重庆	2.971	江西	2.880	河北	3.029	辽宁	3.102
四川	3.099	河南	2.821	上海	3.195		
陕西	3.083	湖北	3.192	江苏	3.280		
甘肃	2.905	湖南	3.080	浙江	3.168		
贵州	2.966			福建	3.079		
宁夏	2.881			山东	3.295		
云南	2.798			广东	3.165		
青海	3.024			海南	2.943		
新疆	2.969						
西藏	2.695						

表 14　社交媒体侵入性评分

西部地区	评分	中部地区	评分	东部地区	评分	东北地区	评分
内蒙古	3.480	山西	3.221	北京	3.183	黑龙江	3.204
广西	3.198	安徽	3.235	天津	3.233	吉林	3.343

西部地区	评分	中部地区	评分	东部地区	评分	东北地区	评分
重庆	3.087	江西	3.180	河北	3.204	辽宁	3.133
四川	3.160	河南	3.280	上海	3.139		
陕西	3.111	湖北	2.987	江苏	3.054		
甘肃	3.345	湖南	3.266	浙江	3.121		
贵州	3.147			福建	3.325		
宁夏	3.227			山东	3.144		
云南	3.273			广东	3.215		
青海	3.219			海南	3.276		
新疆	3.278						
西藏	3.221						

表 15　社交媒体与经济相关的评价评分

西部地区	评分	中部地区	评分	东部地区	评分	东北地区	评分
内蒙古	3.321	山西	3.237	北京	3.269	黑龙江	3.159
广西	3.321	安徽	3.191	天津	3.258	吉林	3.143
重庆	3.120	江西	3.439	河北	3.279	辽宁	3.267
四川	3.257	河南	3.223	上海	3.358		
陕西	3.340	湖北	3.321	江苏	3.430		
甘肃	3.225	湖南	3.321	浙江	3.384		
贵州	3.206			福建	3.327		
宁夏	3.124			山东	3.379		
云南	3.077			广东	3.366		
青海	3.234			海南	3.142		
新疆	3.108						
西藏	3.093						

表 16   社交媒体物质主义评分

西部地区	评分	中部地区	评分	东部地区	评分	东北地区	评分
内蒙古	3.252	山西	3.138	北京	3.068	黑龙江	2.983
广西	3.118	安徽	3.111	天津	3.000	吉林	3.083
重庆	2.930	江西	2.985	河北	3.149	辽宁	2.962
四川	3.099	河南	3.007	上海	3.002		
陕西	2.962	湖北	2.901	江苏	2.833		
甘肃	3.143	湖南	3.083	浙江	2.993		
贵州	3.059			福建	3.089		
宁夏	3.048			山东	3.032		
云南	3.082			广东	3.125		
青海	3.228			海南	3.170		
新疆	3.152						
西藏	2.988						

表 17   社交媒体虚假广告评分

西部地区	评分	中部地区	评分	东部地区	评分	东北地区	评分
内蒙古	3.108	山西	2.910	北京	3.095	黑龙江	2.958
广西	2.997	安徽	3.054	天津	3.052	吉林	2.924
重庆	2.900	江西	2.967	河北	3.115	辽宁	3.086
四川	3.104	河南	2.935	上海	3.173		
陕西	3.138	湖北	3.224	江苏	3.223		
甘肃	2.981	湖南	2.994	浙江	3.142		
贵州	3.007			福建	3.135		
宁夏	2.959			山东	3.279		
云南	2.968			广东	3.208		
青海	3.013			海南	3.009		
新疆	2.921						
西藏	2.805						

表 18 社交媒体对价值观的腐蚀评分

西部地区	评分	中部地区	评分	东部地区	评分	东北地区	评分
内蒙古	3.467	山西	3.344	北京	3.273	黑龙江	3.248
广西	3.439	安徽	3.344	天津	3.221	吉林	3.348
重庆	3.155	江西	3.174	河北	3.233	辽宁	3.233
四川	3.257	河南	3.165	上海	3.238		
陕西	3.191	湖北	3.118	江苏	3.073		
甘肃	3.314	湖南	3.330	浙江	3.165		
贵州	3.289			福建	3.289		
宁夏	3.295			山东	3.291		
云南	3.377			广东	3.253		
青海	3.216			海南	3.285		
新疆	3.362						
西藏	3.272						

从表 11~表 18 可以看出，除宁夏之外，全国绝大多数地区对社交媒体广告提供信息的评价较高。而对于社交媒体广告的娱乐性评价，各地区呈现出较大的区别和不规则分布，其中，山东、上海、陕西对社交媒体广告娱乐性的评价较高。自我品牌一致性也呈现出不规则分布，山东、江苏、上海和湖北评分较高。侵入性这一维度是对社交媒体广告的负面认识，在这一维度中，西部地区的评分高于东部，证明西部地区更倾向于认为社交媒体干扰了正常生活，内蒙古评分最高。东部沿海地区更倾向于认可社交媒体广告与经济相关的价值，但总体来说，与经济相关的评价这一维度也呈现不规则分布。物质主义作为对社交媒体广告的负面评价维度，在各个省（区、市）的表现无不规律性，内蒙古和青海对社交媒体广告物质主义评分最高。在虚假广告维度上，东部沿海地区更倾向于信任社交媒体广告所提供的产品信息的真实性，但总体来看也呈现不规则分布。对于社交媒体广告对价值观的腐蚀的评价，各省（区、市）的表现并无规律性，内蒙古和广西最倾向于认为社交媒体广告对价值观存在腐蚀作用。总的来看，各省（区、市）对社交

媒体广告态度的评价非常分散，很难找到区域性的规律。因此，我们求助于因子分析这一方式，通过提取公因子进行对各省（区、市）的社交媒体态度进行综合评分。

（二）社交媒体广告态度因子分析

对社交媒体广告态度进行因子分析的思路与上文对社交媒体接触特征进行因子分析相同，此处不再赘述。但需要注意的是，对价值观的腐蚀、侵入性及物质主义三个负面维度与其他五个维度不同，因此，首先要对这三个维度的数据进行标准化处理，采用的方式是取这三组数据的倒数（惯用的方法包括取倒数和取负数，两种方式对最终结果影响不大），具体情况见表 19。

表 19 公因子方差（社交媒体广告态度）

公因子方差	初始	提取
信息性	1.000	0.996
娱乐性	1.000	0.876
自我品牌一致性	1.000	0.936
与经济相关的评价	1.000	0.866
虚假广告	1.000	0.937
侵入性正向	1.000	0.828
物质主义正向	1.000	0.864
对价值观的腐蚀正向	1.000	0.829
提取方法：主成分分析		

通过表 19 可以看出，各个指标中所含的信息能够被所提取的公因子表达，所有变量的共同度都在 80% 以上，因此证明提取的公因子对变量的解释力较强。通过主成分分析和方差最大旋转，可以提取出三个公因子（见表 20）。

表20 解释的总方差（社交媒体广告态度）

成分	初始特征值			提取平方和载入			旋转平方和载入		
	合计	方差贡献率（%）	累计贡献率（%）	合计	方差贡献率（%）	累计贡献率（%）	合计	方差贡献率（%）	累计贡献率（%）
1	4.551	56.882	56.882	4.551	56.882	56.882	3.612	45.151	45.151
2	1.948	24.355	81.237	1.948	24.355	81.237	2.504	31.298	76.449
3	0.635	7.933	89.171	0.635	7.933	89.171	1.018	12.722	89.171
4	0.300	3.751	92.922						
5	0.243	3.035	95.957						
6	0.175	2.188	98.145						
7	0.083	1.040	99.185						
8	0.065	0.815	100.000						

由表20可见，三个公因子的累计方差贡献率为89.171%，解释力较强。

由表21可以看出，因子1对虚假广告、自我品牌一致性、娱乐性及与经济相关的评价有较强的解释力，因此将因子1定义为贴近生活的实用价值；因子2对物质主义、对价值观的腐蚀和侵入性有较强的解释力，因此将其定义为社交媒体的负面评价（因为对数据进行了标准化，故得分越高，评价越高，即认为这些问题越不严重）；而因子3则对社交媒体广告的信息性有较强的解释力，因此将其定义为社交媒体广告的信息量。

表21 旋转后的因子载荷矩阵（社交媒体广告态度）

	因子1	因子2	因子3
虚假广告	0.949	0.154	0.115
自我品牌一致性	0.938	0.165	0.172
娱乐性	0.893	0.161	0.232
与经济相关的评价	0.883	0.172	0.236
物质主义正向		0.928	
对价值观的腐蚀正向	0.152	0.892	
侵入性正向	0.300	0.859	
信息性	0.375		0.924

提取的三个公因子从不同方面反映了该省（区、市）的社交媒体广告态度。本文以各公因子对应的方差贡献率为权重计算出综合得分，如表22所示。

表 22　社交媒体广告态度各省（区、市）综合得分

省（区、市）	因子 1	因子 2	因子 3	广告态度总评
江苏	1.295	2.217	0.063	1.443
湖北	1.186	1.959	0.420	1.348
山东	2.110	−0.150	−0.355	0.965
上海	1.145	0.365	0.443	0.771
浙江	0.872	0.856	0.196	0.770
陕西	0.786	0.937	−0.063	0.718
广东	1.258	−0.512	0.362	0.509
辽宁	0.193	0.785	−0.442	0.310
天津	0.189	0.269	0.476	0.258
四川	0.577	−0.073	−0.278	0.227
北京	0.342	−0.083	0.384	0.199
河北	0.233	−0.309	0.543	0.087
福建	0.652	−0.782	0.092	0.068
重庆	−1.210	1.678	0.229	0.009
安徽	0.606	−0.755	−0.247	0.007
青海	0.216	−0.580	0.324	−0.048
贵州	−0.374	0.161	0.019	−0.130
湖南	−0.101	−0.622	0.918	−0.138
江西	−1.287	0.984	0.703	−0.206
广西	0.079	−0.946	0.145	−0.271
黑龙江	−1.123	0.561	0.595	−0.287
海南	−0.348	−0.749	0.093	−0.426
内蒙古	0.883	−2.681	0.476	−0.427
河南	−1.260	0.600	−0.039	−0.433
甘肃	−0.486	−0.964	−0.013	−0.586

续表

省（区、市）	因子1	因子2	因子3	广告态度总评
山西	−0.927	−0.568	0.458	−0.604
吉林	−0.828	−0.781	−0.316	−0.739
宁夏	−0.152	0.055	−5.082	−0.783
新疆	−0.888	−0.896	−0.146	−0.785
云南	−1.297	−0.587	−0.132	−0.882
西藏	−2.340	0.612	0.176	−0.945

　　总评得分在零分以下的省（区、市），对社交媒体广告的态度低于总平均水平。各省（区、市）社交媒体广告态度的得分排名与其社交媒体接触的得分排名有所不同。社交媒体接触水平得分较高的福建、北京、内蒙古、黑龙江等对社交媒体广告的态度相对较负面。由表22可知，东部地区对社交媒体广告的评价总体上高于中西部地区，东部地区除海南省外，全部处于排行榜的前50%，但也有位于中部的湖北省异军突起，三个因子得分普遍较高，说明该省对社交媒体广告的总体评分较高。其余中部省份除安徽以外，全部低于平均水平（零分），西部地区仅有陕西、四川、重庆三个省（市）高于平均水平。总评分位居前五名的省（市）中，江苏、山东、上海在社交媒体接触水平中的评分也位列前五。相对于社交媒体接触水平，社交媒体广告态度评价与经济发展水平联系更紧密，在GDP排名前十的省（区、市）中，有七个在社交媒体广告态度总评中排在前十位，而只有五个进入了社交媒体接触水平的前十位。对三个因子进行具体分析可知，山东对因子1社交媒体广告的实用价值评分最高；江苏对社交媒体广告可能引起的负面危害最为乐观，因子2得分最高；湖南对社交媒体广告的信息量评价最高，因子3得分最高。

　　为更好地反映各省份之间社交媒体广告态度的联系和差异，本文在计算因子得分的基础上对31个省份进行系统聚类。

（三）社交媒体广告态度聚类分析

　　通过对八个维度进行层次聚类，可以获得如图2所示的树状图。

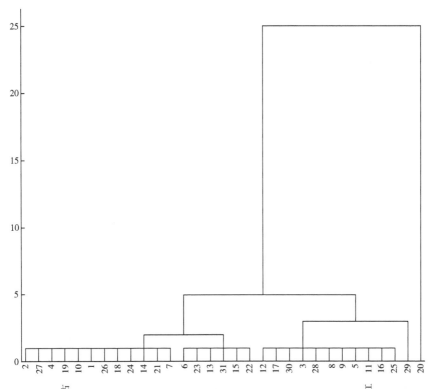

图2　系统聚类树状图

表23　31个省（区、市）的社交媒体广告态度分层聚类

两类	三类	五类	该类包含的省（区、市）
1	1	1	广东、上海、湖北、浙江、江苏、山东
		2	北京、天津、福建、内蒙古、河北、安徽、四川、辽宁、陕西、湖南、青海、广西
	2	3	河南、吉林、云南、重庆、新疆、贵州、海南、甘肃、黑龙江、江西、山西
		4	西藏
2	3	5	宁夏

若将 31 个省（区、市）分为两大类，宁夏单独成为一类，宁夏对社交媒体广告的评价并非最差，之所以不能与其他省（区、市）聚类，主要原因在于宁夏的三个因子得分过于悬殊，尤其是因子 3 信息量得分为 -5.082。这一得分远远低于平均水平，说明宁夏用户对于社交媒体广告能够提供的信息量非常不认可。若分为三类，则是在宁夏自成一类的基础上，广东、上海、湖北、浙江、江苏、山东、北京、天津、福建、内蒙古、河北、安徽、四川、辽宁、陕西、湖南、青海、广西成为一类，这个类别对社交媒体广告的评价较高，而西藏、河南等省（区、市）则成为对社交媒体广告评价较低的类别。除海南省外，所有东部省份都被归为评价较高的一类，西部地区中的四川、陕西、青海、内蒙古、广西进入了这一类。值得注意的是，青海作为社交媒体接触水平中得分垫底的省份，对社交媒体广告的评价却处在中游水平。陕西省也是在社交媒体接触水平较低的情况下，对社交媒体广告的评价较高。在这个类别中，除湖南的因子 1 得分略低于零分外，其余所有省（区、市）的因子 1 得分都高于零分。其余省（区、市）对社交媒体广告评价相对较低，这个类别中大部分地处中西部。这一类别中排名最高的重庆市，总得分甚至高于几个评价较高类别中的省（区、市），而被归于此类的主要原因是重庆市的因子 1 得分过低，实际上，这个分类中的所有省（区、市）因子 1 的得分普遍较低（低于 -0.3 分）。若分为五类，则在宁夏独自成为一类的情况下，西藏也独自成一类，原因主要是其因子 1 得分过低（-2.34），因子 1 解释了四个维度，在总评分中占比最大，而这也是西藏的总排名垫底的原因。在分三类的标准中，除西藏外的评价相对较低的省（区、市）成为一类。三类中评价较高的类别在五类中被分为两部分。广东、上海、湖北、浙江、江苏、山东成为一类，这一类别对社交媒体广告评价最高，在总得分较高的基础上，因子得分也是最高的，这一类别中因子 1 得分唯一低于 1 分的浙江省，其因子 2 和因子 3 的得分也较高，这一类中的 6 个省（区、市）经济水平较高，除湖北省外全部来自东部沿海地区，且对社交媒体的接触水平也相对较高。北京、天津、福建、内蒙古、河北、安徽、四川、辽宁、陕西、湖南、青海、广西则成为一类，这个类别中的绝大部分省（区、市）至少有一个因子得分为负。这个类别中包括北京、天津、福建等社交媒体接触水平颇高的省（市），还包含广西、青海等对社交媒体评价较低的省（区），证明各省（区、市）对社交媒体的接触水平与对社交媒体广告的评价不存在必然联系。

五　结论

通过对覆盖大陆31个省（区、市）的社交媒体及其广告接触特征的分析可知，社交媒体虽然是一种突破了地域限制的媒体形态，但仍然存在一定的地域分异现象，虽然这种分异可能不如传统媒体鲜明，但有一定的规律可循。

（一）社交媒体及广告接触存在"孤岛"效应，扩散效应不明显

社交媒体接触方面，上海成为全国的一座"孤岛"，然而不同于传统媒体北京、上海、广州三座"孤岛"的态势，北京在社交媒体及广告接触方面并未表现出很高水平。在社交媒体广告接触方面，江苏和湖北成为两座"孤岛"。

在社交媒体及广告接触这两个方面，各省（区、市）之间没有表现出明显的扩散效应，表现出较高水平的省（区、市）多位于东部沿海经济发达地区，湖北省是社交媒体广告态度的一座"孤岛"，但其周围的重庆、湖南、河南表现不尽如人意，说明社交媒体及其广告接触与传统媒体存在不同的规律。

（二）社交媒体接触水平与经济发展水平和对外开放水平有关

总的来说，各省（区、市）的社交媒体接触水平与经济发展水平有一定的关系，经济发展水平较高的省（区、市），其社交媒体接触水平较高。但这一规律并不绝对，如以河南省为代表的一些GDP大省是以县域经济为主要拉动力的。因此除经济发展水平以外，对外开放水平也与社交媒体接触

水平有关，对外开放水平高的省（区、市），其社交媒体接触水平较高。总的来说，可以认为各省（区、市）的社交媒体接触水平与经济发展水平和对外开放水平都相关。

（三）东部地区的社交媒体接触水平高于中西部及东北地区

东部地区的社交媒体接触水平明显高于中西部及东北地区，在对社交媒体接触水平的聚类分析中可以看出，东部地区仅有广西和海南没有进入评价较高的类别。广西是西部大开发的地区之一，但是其经济发展水平比起东部地区的其他省（区、市）仍然较低。而海南则是我国最南部的省份，与大陆隔海相望，相对较为封闭，经济实力也相对较弱。

（四）值得注意的社交媒体接触水平呈现不规则波动的省（区、市）

黑龙江和内蒙古作为两个经济发展水平和对外开放水平都不突出的省（区），在社交媒体接触水平方面却异军突起，超过了浙江等沿海经济发达省份。此外，黑龙江和吉林在经济发展水平和对外开放水平都很相似的情况下，黑龙江的社交媒体接触水平远胜于吉林。上海作为我国的经济中心、对外开放的窗口，其社交媒体接触水平遥遥领先，自成一类。

（五）社交媒体广告态度与经济发展水平联系更紧密

相比于社交媒体接触水平，社交媒体广告态度评价与经济发展水平联系更紧密，在GDP排名前十位的省（区、市）中，有七个在社交媒体广告态度总评中排在前十位，而只有五个进入社交媒体接触水平的前十位。社交媒体广告态度总体与经济发展水平成正比。经济发展水平越高的省（区、市），对社交媒体广告的态度越好。

（六）东部地区社交媒体广告态度优于中西部地区

东部地区除海南以外，全部处于排行榜的前50%。中部地区除安徽和湖北外，全部低于平均水平，而西部地区仅有陕西、四川、重庆高于平均水平。

（七）社交媒体广告态度呈现不规则波动的省（区、市）

湖北和陕西两个中西部省份出现在总排名的前列，虽然这两个省份的经济发展情况不错（GDP分列第8位和第15位），但它们的社交媒体广告态度评分遥遥领先（分列第2位和第6位），超出了各自的经济发展水平。在聚类分析中，宁夏对社交媒体广告的评价并非最差，却独自成为一类，出现这一现象的原因主要是宁夏对社交媒体广告信息量的评价过低。

（八）社交媒体接触水平与社交媒体广告态度之间并不存在对应关系

并非社交媒体接触水平高的省（区、市）对社交媒体广告的态度一定较好，青海作为社交媒体接触水平中得分垫底的省份，其对社交媒体广告的评价却处在所有省（区、市）的中游水平。陕西省也是在社交媒体接触水平较低的情况下，对社交媒体广告的评价较高。此外，北京、天津、福建等社交媒体接触水平较高的省（区、市）以及广西、青海等社交媒体接触水平较低的省（区、市），对社交媒体广告的态度都处于中游。

媒介产业是国民经济的重要组成部分，以社交媒体为代表的新媒体更是媒介产业新的重要增长点。把握社交媒体及其广告接触的地域分异特征，将有助于有的放矢地进一步推广社交媒体。总的来说，中西部地区比东部地区有更大的市场空间，欠发达地区比发达地区有更大的市场空间。但也存在一些不规则波动的省（区、市），一些中西部省（区、市）在社交媒体及广告的接触水平中名列前茅，证明中西部省（区、市）也存在社交媒体蓬勃发展的机会。此后的研究可在本研究结论的基础上对中西部社交媒体及广告评价较低的省（区、市）开展更细致的调查，了解其对社交媒体及广告负面评价的原因，并据此提出解决方案，从而推动社交媒体在我国全面均衡发展。

网民广告参与行为及其广告素养影响因素[*]

刘西平 徐招英[**]

摘 要： 伴随着媒体社会化程度加深，大量非传统广告人介入广告的制作和传播之中，他们的广告素养和相关能力成为关注焦点。本文将点赞、评论、转发、制作与发布等都视为网民的广告参与行为。在统计和描述其行为偏好的同时，本文从内在影响与外部因素两个维度，发现绩效期望、社会影响、便利条件、广告表现和广告批判能力与参与行为之间有着显著的正向影响，而感知风险负向影响用户的广告参与行为。基于此，本文对网民广告素养的提升提出了建议。

数据显示，2018年我国手机网民规模已达8.17亿人，网民通过手机接入互联网的比例高达98.6%；全国互联网广告总收入约3694亿元，年增长率为24.2%，保持着持续较快的增长速度。[①] 另外，2018年我国共查处违法互联网广告案件23102件，同比增长55%。[②] 网络广告在一路高歌猛进的同时难免泥沙俱下。媒介技术赋权从根本上颠覆了传统的广告传播格局，原本

---

* 本文为国家社会科学基金项目（17BXW092）的阶段性成果。
** 刘西平，南昌大学新闻与传播学院教授、硕士生导师；徐招英，南昌大学新闻与传播学院硕士研究生。
① 中关村互动营销实验室：《2018中国互联网广告发展报告》，2019年1月10日，https://www.useit.com.cn/thread-21903-1-1.html，最后访问日期：2019年2月6日。
② 林丽鹏：《去年查办互联网广告违法案件同比增55%》，《人民日报》2019年4月2日，第2版。

是广告传播的对象，转身成为微商或自媒体广告人，他们在社会化的网络媒体中随意转发和炫晒，往往还夹带违法广告，游走在传播监管的灰色地带。当下，提升广大网络用户的广告素养已成为政府和社会面临的紧迫任务。

一　问题的提出

相比于大众传播时代，新媒介下广告传播格局已从"你传我受"转变为"你传我也传"的格局。由此，在"人人传播"的当下，网民是否具备相应的广告素养来应对这种角色的转变？换言之，在新媒介环境下网民的广告素养缺失何在？网民又该如何为广告参与赋权增能？

（一）关于广告素养与广告素养教育

学界对广告素养内涵的认知有一个发展过程。Austin 和 Johnson 强调"对广告背后的说服意图的更好理解"[①]，Young 则采取更广义的定义框架，将其界定为"分析、评价和生产各种形式及各种媒介上的说服性信息的能力"。Wright 等人根据相关理论模型将广告素养界定为对广告知识的理解和认识[②]，在此基础上，Esther 等人扩充了上述概念，认为广告素养包含认知、行为和态度三个维度[③]。

在国内，厉国刚认为广告素养是媒介素养的重要组成，指的是人们应该具有分析、欣赏、评价广告的能力，以及有效地获取、选择、利用各种广告信息的能力。[④] 张金海、周丽玲将广告素养视为一种综合能力与技能，

---

① Austin, E. W. and Johnson, K. K., "Effects of general and alcohol-specific media literacy training on children's decision making about alcohol," *Journal of Health Communications*, 2, 1 (1997): 17-42.

② Wright, P., Friestad, M. & Boush, D. M., "The development of marketplace persuasion knowledge in children, adolescents, and young adults," *Journal of Public Policy & Marketing*, 24 (2005): 222-233.

③ Esther Rozendaal, Matthew A. Lapierre, Eva A. Van Reijersdal & Moniek Buijzen, "Reconsidering advertising literacy as a defense against advertising effects," *Media Psychology*, 14 (2011): 333-354.

④ 厉国刚:《大学生广告素养的调查与思考》,《广告大观》（理论版）2008 年第 5 期。

它不仅包含广告知识水平，还包含互动意义上的行为能力①。许衍凤、杜恒波用六项指标来评价广告素养，即广告认知能力、广告接触能力、广告分析理解能力、广告批判能力、广告评估能力和广告参与能力。② 概言之，广告素养是一种综合能力与技能，具体包括认知、欣赏、批判和行为能力等层面。

对广告素养内涵的研究为广告素养教育研究奠定了基础。而国内相关研究成果也多集中于此。如南平关于广告素养教育现状的研究③，刘琼关于广告素养教育的困境与路径研究④，刘灵⑤、周志平⑥和廖秉宜⑦等人关于广告素养教育的原则与策略研究等。这为该领域的研究提供了有益的探索，但是从研究侧重来看，结合互联网广告发展情况来分析广告素养与教育的关系仍付之阙如。

（二）本研究的重点

正如詹金斯所言，当今不断发展的媒介技术使普通公民也能参与到媒介内容的存档、评论、挪用、转换和再传播中来，媒介消费者通过对媒介内容的积极参与一跃成为媒介生产者，从而形成"参与式文化"。⑧ 在此环境下，用户对网络广告的点赞、评论、转发、查看详情、创作等都应被视为网民的广告参与行为。因此，本文将上述行为归为本研究的因变量，并以此来观测网民参与广告行为偏好。

参与行为是参与者素养的表征，而素养就是能力的集合。通过参与者的

---

① 张金海、周丽玲：《广告素养的概念框架与影响因素》，《新闻与传播研究》2008 年第 4 期。
② 许衍凤、杜恒波：《大学生广告素养评价实证研究》，《当代教育论坛》2009 年第 1 期。
③ 南平：《广告素养教育：让公众参与监督和发展》，《中国市场监管研究》2005 年第 8 期。
④ 刘琼：《广告素养教育的三重困境》，《青年记者》2008 年第 15 期。
⑤ 刘灵：《公众广告素养：从批判接收到公共监督——当前公众广告素养教育中需要重视的几个问题》，《现代传播（中国传媒大学学报）》2009 年第 2 期。
⑥ 周志平：《广告素养教育探析》，《新闻爱好者》2009 年第 9 期。
⑦ 廖秉宜：《广告素养教育的多维价值、推广困境及实施路径》，《广告大观》（理论版）2015 年第 1 期。
⑧ 蔡骐、黄瑶瑛：《新媒体传播与受众参与式文化的发展》，《新闻记者》2011 年第 8 期。

行为取向，可以探求其相关素养的缺失。因此，测量网民广告参与行为特征是本研究的基础。此外，广告素养教育是广告素养研究的终极目的。深究影响网民参与广告行为偏好的内外影响因素，有助于我们探讨在媒介社会化环境中如何寻求广告素养教育的着力点。

二 模型与假设

多模态性是互联网传播的典型特征。所谓模态（Modality），就是形态或形式，其运用广泛，可以是指一种语言模态，一种感官模态等。在信息传播领域，每一种信息的来源或形式，都可以被称为信息模态，而互联网传播就是典型的多模态融合。这也决定了网络用户信息参与行为的多模态性。换言之，网民广告参与的行为取向并不是广告素养与单模态行为之间的线性关系，而是多因素与多模态行为之间的耦合关系，我们不仅要从过往的相关研究中汲取经验，还要拓展思路，多角度解密用户广告参与行为背后的原因。这不仅包括且不限于传统广告素养内涵中的认知、理解、评估、批判和参与等能力，也包括对媒介技术的认知、利用、使用等心理素养，还包括使用媒介中的风险感知能力等。

（一）研究理论与影响归因

1. 使用与满足理论

传播学家 E. 卡兹等人在 1974 年将媒介接触行为概括为"社会因素 + 心理因素→媒介期待→媒介接触→需求满足"的因果连锁过程，提出了"使用与满足"过程的基本模式。他把受众成员看作有着特定"需求"的个人，把他们的媒介接触活动看作基于特定的需求动机来"使用"媒介，从而使这些"需求"得到"满足"的过程。该理论为本研究提供了思维框架。

2. UTAUT 模型及相关应用

UTAUT 模型，即整合性技术接受与使用模型（Unified Theory of Acceptance

and Use of Technology），是由 Venkatesh 等人在整合理性行为理论（TRA）、计划行为模型（TPB）、技术接受模型（TAM）、技术任务匹配模型（TTF）、创新扩散理论（IDT）、激励模型（MM）、计算机使用模型（MPCU）、社会认知理论（SCT）八大理论和模型的基础上提出的。[1] 该理论也被国内学者广泛应用于研究使用者对信息系统以及技术的接受、使用意愿和使用行为上。如俞坤将 UTAUT 模型应用到移动互联网广告领域中;[2] 王军立将 UTAUT 模型应用到竞价排名广告领域的研究，并在原有模型的基础上增加了用户感知风险、用户广告态度、广告精准性三个变量;[3] 吴文汐、周婷对微信朋友圈原生广告接受度进行实证研究，在 UTAUT 模型的基础上增加了感知风险、广告奖励、社会临场感三个变量;[4] 张舒对新浪微博信息流广告用户接受度进行了研究，新增感知风险、广告创意和精准投放三个变量。[5]

相关研究证实了该模型运用在移动互联网广告领域是可行的，并且在该模型的基础上增加了一些变量为本研究提供了参考。据此，本研究拟引入如下变量。①绩效期望（Performance Expectancy，PE），指个人所感受到的使用技术系统对工作有所帮助的程度；②社会影响（Social Influence，SI），指个人所感受到的受周围群体的影响程度，主要包括主观规范（Subjective Norm）、社会因素和（对外展示的）公众形象（Image）三方面；③便利条件(Facilitating Conditions，FC)，指个人所感受到的组织在相关技术、设备方面对系统使用的支持与便利程度。

---

① Venkatesh, V., Davis, F.D., "A model of the antecedents of perceived ease of use: Development and test," *Decision Sciences*, 27（1996）：451-481.
② 俞坤:《基于 UTAUT 模型的移动互联网广告的用户接受模型的研究》，硕士学位论文，北京邮电大学，2012，第 74 页。
③ 王军立:《基于 UTAUT 模型的竞价广告用户接受模型研究》，硕士学位论文，北京理工大学，2015，第 81 页。
④ 吴文汐、周婷:《基于 UTAUT 模型的微信朋友圈原生广告接受度实证研究》，《广告大观》（理论版）2016 年第 5 期。
⑤ 张舒:《关于新浪微博信息流广告的用户接受度实证研究》，硕士学位论文，四川外国语大学，2018。

3. 感知风险理论

"感知风险"（Perceived Risk，PR）是 1960 年由哈佛大学学者 Raymond A. Bauer 从心理学领域中延伸出来的概念。他认为，个体的任何行为都可能会产生一些无法预见的后果，这些后果中令人不快、与预期不符的那部分情况是个体无法控制的，而且可能会给个体带来某些方面的损失，这就是个体的行为可能面临的风险。[①] Bauer 在将"感知风险"这一观点引入消费者行为学研究领域中时，特别强调感知风险的主观性，而不侧重于真实存在的客观风险，即感知风险是消费者在执行某一项行为过程中对可能面临的各种客观风险的主观评估和感知。

由于移动互联网平台信息的良莠不齐，用户在信息的使用方面也存在一定的风险，网络广告更是如此。本研究认为用户在网络广告互动过程中的感知风险会影响其行为的产生。

4. 广告素养理论

能力是实践行为中表现出的素养。广告参与能力与广告参与行为是一体两面的，同时，广告行为能力作为广告素养的构成部分，是以广告认知、广告理解、广告利用、广告评估与批判等多方面能力为基础综合构成的。结合网民广告参与实践，我们认为，广告素养中广告评估和广告批判对广告参与行为影响更为直接和重要，其中以广告的法律伦理素养和广告表现力评估等指标为主要观测点。

（二）研究模型与假设

基于上述理论阐述，本文引入与广告有关的变量设计出如下网络广告参与行为影响因素模型，并提出了相关假设。

1. 研究模型的设计

本研究将以上所有自变量归纳为内因与外因两个维度。

[①] Bauer, R. A., "Consumer behavior as risk taking," in R. S. Hancock (Ed.), *Dynamic marketing for a changing world*, Ph. D. diss., University of Chicago, 1960, pp. 389-398.

（1）内在因素，是指促使用户参与网络广告互动的某种实际或内心的需要，对应 UTAUT 模型中的绩效期望、社会影响、与个人素养有关的广告批判能力、感知风险四个变量。其中绩效期望与社会影响又可以被认为是用户由于工作、生活、学习等实际需求和外部压力而产生的广告参与行为，广告批判能力、感知风险可以被认为是用户由于自我满足感、认同感等内在心理动机而产生的广告参与行为。

（2）外部刺激，是指促使用户参与网络广告互动的某种技术上的易用性和有用性，对应 UTAUT 模型中便利条件与广告有关的三个变量：广告奖励、广告精准性、广告表现。本指标是以考察广告评估能力为目的，因此，在问卷中使用了"新颖有创意的广告"、"互动性强的广告"和"视觉表现强的广告"与网民行为关系进行提问，提问兼顾了广告的外部刺激，故将此项指标置于外部因素行列。

基于以上论述，用户网络广告参与行为影响因素模型如图 1 所示。

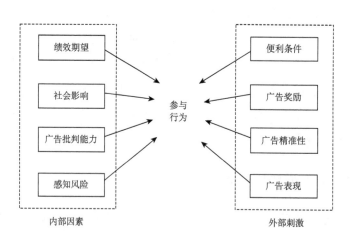

图 1　用户网络广告参与行为影响因素模型

2. 研究假设

通过对相关文献的梳理，结合研究目的、研究对象以及模型中的变量关系，本研究提出如下假设：

H1：绩效期望正向影响用户网络广告参与行为。

H2：社会影响正向影响用户网络广告参与行为。

H3：广告批判能力正向影响网络广告参与行为。

H4：感知风险负向影响网络广告参与行为。

H5：便利条件正向影响用户网络广告参与行为。

H6：广告奖励正向影响用户网络广告参与行为。

H7：广告精准性正向影响用户网络广告参与行为。

H8：广告表现正向影响用户网络广告参与行为。

三　抽样及验证

（一）调查方法与样本

1. 问卷样本选取、回收与统计

中国互联网络信息中心（CNNIC）发布的第 43 次《中国互联网络发展状况统计报告》显示，截至 2018 年 12 月，10~39 岁年龄段网民占整体网民的 67.8%，其中 20~29 岁年龄段的网民占比最高，达 26.8%,① 说明中青年用户是互联网主要使用群体，因此本研究将调查目标确定在 18~50 岁的网络用户，以期保证样本的代表性。

此次调查采用简单随机抽样的方法进行。使用的是问卷星平台，采取网民年龄和地点指标定向在该平台进行随机抽样，力求抽样科学。

此次调查共回收问卷 685 份，剔除漏答、乱答、选项过于集中、前后矛盾等不认真填写的问卷后，共得到有效问卷 641 份，回收有效率为 93.6%。

2. 访谈法

本文在启动问卷调查之前对用户就广告参与素养的现状进行了访谈，以

---

① 中国互联网络信息中心：《中国互联网络发展状况统计报告》，2019 年 2 月 28 日，http://www.cnnic.net.cn/hlwfzyj/hlwxzbg/hlwtjbg/201902/t20190228_70645.htm，最后访问日期：2019 年 3 月 5 日。

期能够挖掘用户深层次的心理需求和想法。

本文采用一对一深度访谈的形式,在访谈提纲的基础上,根据被访者的回答内容做适当调整。此次访谈随机选取了 10 位参与过网络广告互动的用户,采取半结构化访谈的方式,对样本的选择充分考虑性别、年龄、职业、受教育程度的分布。访谈内容主要为:①在不知情的情况下,您认为在朋友圈里转发虚假广告是违法的吗?②您对虚假违法广告/违反伦理道德的广告的评判标准是什么?③当网购的产品与广告不符时,您会怎么做?④您认为该如何培养公众的广告素养?

(二)模型检验

1. 信度分析

本研究的问卷信度分析结果如表 1 所示。

表 1　各变量信度分析

变量名称	指标个数	问题编号	Cronbach α 系数
绩效期望	3	PE1	.769
		PE2	
		PE3	
社会影响	3	SI1	.679
		SI2	
		SI3	
便利条件	3	FC1	.729
		FC2	
		FC3	
广告奖励	3	AA1	.839
		AA2	
		AA3	

变量名称	指标个数	问题编号	Cronbachα 系数
广告精准性	3	AF1	.772
		AF2	
		AF3	
广告表现	3	AP1	.792
		AP2	
		AP3	
广告批判能力	2	AC1	.683
		AC2	
感知风险	3	PR1	.768
		PR2	
		PR3	
参与行为	3	B1	.797
		B2	
		B3	

数据显示，各变量 Cronbach's alpha 系数值均大于 0.6，整个量表的 Cronbach's alpha 系数值为 0.834，达到了很可信的程度。此外，"项已删除的 α 系数"指标用于判断题项是否应该做删除处理，如果该值明显高于"α 系数"值，此时应该考虑将对应项进行删除处理。由于"广告批判能力"这一变量中 AC3 题项"α 系数"明显高于该变量整体 Cronbach's alpha 系数值，因此仅保留 AC1、AC2 两个问项。

针对各个维度"项已删除的 α 系数"，分析项被删除后的信度系数值并没有明显地提升，说明题项应该全部保留，进一步说明研究数据信度水平高。

2. 效度分析

通过因子分析法检验问卷的结构效度，结果表明，KMO 值为 0.926（见表2），巴特利特球形检验均达到显著，说明本研究的调查问卷具有良好的效度，适合做因子分析。

表 2　KMO 和巴特利特球形检验

KMO 取样适切性量数		.926
巴特利特球形检验	近似卡方	7114.521
	自由度	325
	显著性	.000

如表 2 所示，本研究各变量的旋转后因子载荷系数均大于 0.45，因此保留所有问题选项。

在本研究中，各变量的特征值和总体解释度如表 3 所示。

表 3　变量的特征值及总体解释度

变量	特征值	总体解释度
绩效期望	2.059	68.623
社会影响	1.836	61.216
便利条件	1.948	64.917
广告奖励	2.268	75.600
广告精准性	2.066	68.863
广告表现	2.121	70.701
广告批判能力	1.520	75.987
感知风险	2.049	68.286
参与行为	2.141	71.354

综上可知，测量模型的信度和效度都比较好，通过检验。

3. 均值检验

均值是反映数据集中趋势的一项指标。本研究问卷采取 Likert 5 级量表设计问卷，为了直观上了解用户对各个因素的评价，在此给出每个指标的平均得分。

数据表明，九个维度的均值为 3.43，说明用户的网络广告参与行为处于中等偏上的水平。八个影响因素中，得分最高的是广告精准性和广告批判能力，均值为 3.67，说明用户参与网络广告互动最主要的原因是广告符合用户的即时需求。另外，对虚假违法广告的认知也是影响用户网络广告参与行为的一个重要因素。其次是广告表现和广告奖励，说明用户还十分重视网络广告互动娱乐性心理满足及参与行为带来的物质奖励。感知风险是用户最不看重的因素，均值仅为 3.08，说明用户在网络广告互动过程中风险感知能力不强，这应该是导致用户广告参与乱象的一个重要原因。

4. p 值检验

由于本研究变量之间的关系较为简单，因此采用简单线性回归方法来进行分析处理。为了检验用户网络广告参与行为与各影响因素之间的相关性及相关程度大小，本文采用 Pearson 相关分析法，通过相关系数来进行描述（见表 4）。

表 4　各变量 Pearson 相关系数

		参与行为
绩效期望	相关系数	0.571**
	p 值	0.000
社会影响	相关系数	0.642**
	p 值	0.000
便利条件	相关系数	0.663**
	p 值	0.000
广告奖励	相关系数	0.582**
	p 值	0.000
广告精准性	相关系数	0.475**
	p 值	0.000
广告表现	相关系数	0.603**
	p 值	0.000
广告批判能力	相关系数	0.398**
	p 值	0.000
感知风险	相关系数	−0.517**
	p 值	0.000

注：* $p<0.05$，** $p<0.01$。

本文研究参与行为分别与绩效期望、社会影响、便利条件、广告奖励、广告精准性、广告表现、广告批判能力、感知风险共八个因素之间的关系，使用

Pearson 相关系数描述关系的强弱情况。从表 4 可知，绩效期望、社会影响、便利条件、广告奖励、广告精准性、广告表现、广告批判能力七个变量均与参与行为呈现出 0.01 水平的显著性，说明这些变量与参与行为之间有着显著的正相关关系。而感知风险与参与行为之间的相关系数值为 -0.517，并且呈现出 0.01 水平的显著性，说明参与行为与感知风险之间有着显著的负相关关系，反映出网络用户的风险感知能力越强，其广告参与行为的可能性越小。

5. 回归分析

回归分析是确定两个或两个以上变量之间的因果关系，通过构建回归模型，然后根据测量数据求解模型的各个参数，评估回归模型是否能够很好地拟合测量数据。模型情况分析及线性回归分析如表 5 所示。

表 5　参与行为回归分析

	非标准化系数		标准化系数	t	p	VIF
	B	标准误	Beta			
常数	1.23	0.223	—	5.522	0.000**	
绩效期望	0.093	0.045	0.09	2.082	0.038*	2.047
社会影响	0.185	0.054	0.173	3.424	0.001**	2.821
便利条件	0.224	0.055	0.213	4.101	0.000**	2.966
广告奖励	0.073	0.049	0.078	1.508	0.132	2.936
广告表现	0.256	0.055	0.242	4.687	0.000**	3.144
广告精准性	-0.162	0.06	-0.145	-2.707	0.007**	2.943
广告批判能力	0.105	0.048	0.09	2.213	0.027*	1.842
感知风险	-0.199	0.035	-0.208	-5.648	0.000**	1.503

R^2：0.569

调整 R^2：0.562

F：78.537（0.000**）

因变量：参与行为

D-W 值：1.908

注：* $p<0.05$，** $p<0.01$。

为分析各变量对参与行为的影响情况，首先要对模型拟合情况进行分析，确认模型共线性问题是否通过 F 检验。由表 5 可见，模型 R 平方值为 0.569，意味着绩效期望、社会影响、便利条件、广告奖励、广告表现、广告精准性、广告批判能力、感知风险可以解释参与行为 56.9% 的变化原因。对模型进行 F 检验时发现模型通过 F 检验（F = 78.537，p<0.05），说明绩效期望、社会影响、便利条件、广告奖励、广告表现、广告精准性、广告批判能力、感知风险中至少有一项会对参与行为产生影响关系。另外，对模型的多重共线性进行检验，我们发现，模型中 VIF 值均小于 5，意味着不存在着共线性问题；并且 D-W 值在数字 2 附近，说明模型不存在自相关性，样本数据之间并没有关联，模型较好。

由表 5 数据具体分析可知，广告奖励 p 值为 0.132，大于 0.05，未通过显著性检验。因此，广告奖励对用户广告参与行为没有显著影响。广告精准性与感知风险对参与行为产生显著的负向影响，回归系数值分别为 -0.162、-0.199。由于在相关分析中，广告精准性与参与行为有着显著的正相关关系，而在回归分析中，广告精准性与参与行为有着显著的负向影响关系，因此可以得出结论，广告精准性与参与行为之间有相关关系但没有回归影响关系。因此，假设 H4、H5 均不成立。最后可确定模型公式为：参与行为 = 1.230+0.093×绩效期望+0.185×社会影响+0.224×便利条件+0.256×广告表现+0.105×广告素养-0.199×感知风险。

通过以上分析，本研究假设检验如表 6 所示。

表 6　假设检验

代码	假设	验证结果
H1	绩效期望正向影响用户网络广告参与行为	成立
H2	社会影响正向影响用户网络广告参与行为	成立
H3	广告批判能力正向影响用户网络广告参与行为	成立
H4	感知风险负向影响用户网络广告参与行为	成立
H5	便利条件正向影响用户网络广告参与行为	成立

代码	假设	验证结果
H6	广告奖励正向影响用户网络广告参与行为	不成立
H7	广告精准性正向影响用户网络广告参与行为	不成立
H8	广告表现正向影响用户网络广告参与行为	成立

四　描述与探究

（一）人口特征统计情况

从人口统计学五项变量来看，样本具体特征如下。

性别上，男女比例为 44.9∶55.1；年龄分布上，样本主要集中在 18~50 岁这一群体，占比 87.9%，远远高于其他人群的比例；学历方面，65.4% 为大专/本科学历，说明受访者的受教育程度普遍较高，能够给出比较真实准确的回答。职业上，42.3% 为学生，其次是公司职员/服务人员/工人，占比 22.3%，企业管理人员及行政/事业单位职员较少。从月平均收入看，2000 元及以下区间占比最大，其次是 3001~5000 元。总体上基本符合中国互联网络信息中心发布的第 43 次《中国互联网络发展状况统计报告》的结论，因此，具有较强的代表性与科学性。

（二）网络广告参与行为描述

数据表明，641 份有效问卷中有 484 人参与过网络广告互动，这一人群占总人数的 75.5%，说明用户网络广告参与程度整体较高。由于问卷对未参与过网络广告互动的人设置了结束作答，因此下文对样本的分析均以 484 位有过参与行为的调查对象为样本。

在具体的广告参与类型偏好方面，由高至低分别为广告点赞、广告转发、广告抽奖/扫码/游戏、广告评论、广告制作与发布。其中，广告点赞占 66.5%，广告转发占 62.2%，广告抽奖/扫码/游戏占 52.3%，广告评论占

50.2%，广告制作与发布占 21.7%。

参与的平台选择偏好方面，在多选项下，用户首要选择是社交类平台，其次是购物类平台和视频类平台。其中，社交类平台占 71.5%，购物类平台占 41.7%，视频类平台占 41.1%，搜索类平台占 37.4%，商务中介类平台占 24%，资讯类平台占 22.9%。

参与频率方面，数月 1~2 次最多，占比 34.09%，其次是每月 1~2 次，占比 25.41%，而每天 3 次及以上的只有 24 人，仅占比 4.96%。

（三）人口五项与相关变量的交叉分析

将人口五项与相关变量进行交叉分析，可以得出许多结果，限于篇幅，本章仅列出显著性强的数据。由于广告批判能力指的是对广告的批判性思考，不仅包括对虚假违法广告以及对违反伦理道德的广告的批判认知，还包括对相关广告法规的了解、运用程度，因此，此部分仍将代表"广告批判能力"维度的三个题项即 AC1，AC2，AC3 与人口五项进行交叉分析。

1. 年龄与广告批判能力的交叉分析

数据显示，不同年龄样本对于 AC1，AC2，AC3 共 3 项呈现出显著性（$p < 0.05$）。这意味着不同年龄样本对广告批判能力呈现出差异性。其中，在对虚假违法广告的认知上，18~22 岁的人群比较能判断虚假违法广告，且呈现出年龄越大越缺乏广告判断能力的趋势；在对违反伦理道德广告的认知上，18~22 岁的人群比较能够判断违反伦理道德的广告，且呈现出年龄越大越缺乏广告判断能力的趋势；在对《广告法》的了解程度上，51 岁及以上人群了解程度最高，且呈现出年龄越小对《广告法》认知越弱的趋势。

上组数据似乎存在矛盾。其中不排除 18~22 岁人群有虚假答题的情况和 51 岁以上人群有不自信答题的情况，但无论如何，青年群体对相关法律的认知程度较低，以及中老年群体广告判断能力偏弱的现实，都说明应该有针对性和有侧重地加强对相关人员的素质教育。

2. 年龄与感知风险的交叉分析

在年龄与感知风险的交叉分析中，不同年龄样本对于 PR1，PR2，PR3 共 3 项呈现出显著性（p<0.05），意味着不同年龄样本对风险感知呈现出差异性。其中，在对财务风险的感知上，18～22 岁人群对财务风险的感知能力较强，明显高于低龄和高龄群体；在对隐私风险的感知上，18～22 岁人群对隐私风险的感知能力较强，同时，低龄群体和高龄群体呈现出隐私风险感知能力较弱的趋势；在对时间风险的感知上，51 岁及以上人群对时间风险的感知能力较弱，明显低于其他群体。换言之，18 岁及以下人群和 51 岁及以上人群是需要加强风险感知教育的重点人群。

3. 学历与广告批判能力的交叉分析

学历与广告批判能力的交叉分析显示，不同学历样本对于 AC1，AC2，AC3 共 3 项呈现出显著性（p<0.05），意味着不同学历样本对广告批判能力呈现出差异性。其中，在对虚假违法广告的认知上，大专/本科学历人群对虚假违法广告的判断能力较强，且呈现出学历越低判断能力越弱的趋势；在对违反伦理道德广告的认知上，高学历人群的判断能力较强，且呈现出学历越低判断能力越弱的趋势。

4. 学历与感知风险的交叉分析

数据表明，不同学历样本对于 PR1，PR2，PR3 共 3 项呈现出显著性（p<0.05），意味着不同学历样本对感知风险能力呈现出差异性。其中，在对财务风险的感知上，初中学历及以下人群对财务风险的感知低于其他人群，高中/中专学历人群对隐私风险的感知低于其他人群，对时间风险的感知明显也低于其他人群。综上，低学历人群风险感知能力明显低于高学历人群，因此应加强对低学历人群的风险感知教育。

5. 职业与广告批判能力的交叉分析

分析表明，不同职业样本对于 AC1，AC2，AC3 共 3 项呈现出显著性（p<0.05），意味着不同职业样本对广告批判能力呈现出差异性。其中，在对虚假违法广告的认知上，学生群体的判断能力高于其他群体；在对违反伦理道德广告的认知上，学生和行政/事业单位职员群体的判断能力高于其

群体；在对《广告法》的了解程度上，专业技术人员/医生/教师/记者群体了解程度高于其他群体。综上，学生、公职人员、专业技术人员的广告批判能力水平较高。

6. 职业与感知风险的交叉分析

分析表明，不同职业样本对于 PR1，PR2，PR3 共 3 项呈现出显著性（p<0.05），意味着不同职业样本对感知风险能力呈现出差异性。其中，在对财务风险的感知上，学生群体的感知风险能力高于其他人群；在对隐私风险的感知上，公司职员/服务人员/工人/个体工商业者对隐私风险的感知能力明显低于其他群体；在对时间风险的感知上，个体工商业者和公职人员的感知能力明显低于其他人群。综上，应对公司职员/个体工商业者加强感知风险教育。

7. 月收入与广告批判能力的交叉分析

数据显示，不同月收入样本对于 AC1，AC2，AC3 共 3 项呈现出显著性（p<0.05），意味着不同月收入样本对广告批判能力呈现出差异性。其中，在对虚假违法广告的认知上，月收入在 2001～3000 元的人群不太能判断虚假违法广告；在对违反伦理道德广告的认知上，月收入在 2000 元以下的人群比较能判断违反伦理道德的广告；在对《广告法》的了解程度上，月收入在 2000 元以下的人群对《广告法》的了解程度低于其他群体。综上，低收入者广告批判能力水平低于高收入者。

8. 月收入与感知风险的交叉分析

数据显示，不同月收入样本对于 PR1，PR2，PR3 共 3 项呈现出显著性（p<0.05），意味着不同月收入样本对感知风险能力呈现出差异性。其中，在对财务风险的感知上，月收入在 2000 元以下的人群对财务风险的感知能力高于其他人群；在对隐私风险的感知上，月收入在 3001～5000 元的人群对隐私风险的感知能力低于其他人群；在对时间风险的感知上，月收入在 2000 元以下的人群时间风险的感知能力较弱。综上，低收入人群对财务风险的感知能力高于对时间风险的感知能力，因此，在风险意识的教育上应重视对低收入人群的时间风险教育，对中等收入群体的隐私风险教育。

另外，在访谈中，半数以上的人表示不具备对虚假广告、伦理失范广告的认知，且在广告参与上仅凭个人经验。

综上，在广告素养的教育上，低龄群体与高龄群体、低学历群体、公司职员和个体工商业者、低收入群体应受到更多的关照。在风险意识的培养上，低龄群体与高龄群体、低学历群体、公司职员／个体工商业者、中低收入群体应受到更多的关照。另外，数据还显示，性别对广告批判能力水平与感知风险能力均未呈现出性别差异性。

五　结论和建议

（一）研究总结

综合得知，内在要素的四个变量均对网民广告参与行为有着不同程度的相关作用，假设 H1 至 H4 均成立。代表外在因素的四个变量中便利条件、广告表现对网民广告参与有着显著的正向影响。

1. 内在因素是影响用户网络广告参与行为的主要因素

内在因素中的四个变量均对参与行为有着不同程度的促进作用，说明用户在网络广告参与过程中更加注重这一行为能够满足其来自工作、学习、生活的实际需求。其中，为用户带来工作或生活上的"便利的期望"是其参与广告互动的一个积极影响因素，即用户对广告参与行为的绩效期望越高，就会越倾向于参与网络广告互动。人是群体性的，成员都要受群体形成的规范的调节和制约。在网络广告参与中，用户易受到群体影响而参与到网络广告的互动中来。2018 年支付宝"锦鲤"活动热就能印证这一点。

受众对广告的认知、判断能力会影响其参与能力。根据上述分析可知，广告批判能力对参与行为有着正向影响，但值得注意的是，广告批判能力的回归系数值（0.105）较低，说明用户在网络广告参与过程中并不具备高度的广告认知及判断能力，而这也可能是用户网络广告参与乱象的一个重要原因。

感知风险与参与行为之间有着显著的负向影响，说明用户感知风险程度越高，其参与广告互动的可能性越小。从感知风险维度指标得分看，近 1/3 的人在网络广告参与过程中感知风险的程度较弱，这应是当前广告乱象的另一个重要原因。这在某种程度上佐证了马化腾 "国人愿意以隐私换取服务" 的说法。

2. 外在因素是影响用户网络广告参与行为的次要因素

代表外在因素的四个变量即便利条件、广告奖励、广告精准性、广告表现，只有便利条件及广告表现对用户的参与行为产生影响，然而这两个变量的回归系数值均高于内在因素所有变量的回归系数值，说明用户对网络广告参与的体验感也是影响行为的原因。其中，便利条件与参与行为之间呈现显著的正向影响。这也说明，平台的易用性与稳定的网络环境仍然是影响用户广告参与行为的一个重要影响因素，合理的解释是，稳定高效的网络环境叠加现代人快节奏的生活方式，易促使用户参与到网络广告的互动中来。同时，平台的易操作性也是吸引用户参与网络广告互动的原因之一。

广告表现也是吸引用户参与广告互动的重要影响因素。技术赋权使受众的主动性得以提升，那些制作精良、内容新颖、互动性强的广告更能吸引用户参与，在社交平台上，用户很乐意去分享、评论一则优秀广告，百雀羚长图广告、贾樟柯用 iPhone X 拍摄的春节短片《三分钟》《啥是佩奇》等大量有创意的广告刷屏社交媒体，就是如此。当然，这也反衬了广告评估素养与广告行为之间存在正相关关系。

与此同时，假设 H4、H5 不成立，说明广告奖励与广告精准性不会对参与行为产生显著影响，这也验证了徐智、杨莉明在其实证研究中的结论：与广告有关的四个变量即广告频率、广告频率上限、广告表现、广告契合度对用户的广告参与行为的影响十分有限。[①] 在本研究中，广告奖励不会影响用户参与行为的原因可能是，广告主为了广告效果，大量地推出奖励型广

---

① 徐智、杨莉明：《微信朋友圈信息流广告用户参与效果研究》，《国际新闻界》2016 年第 5 期。

告，同时考虑到成本因素，奖励一般不是实质性的或者奖励数额较小，从而打击了用户参与奖励广告的积极性。另外，本研究样本呈年轻化、个性化趋势，其参与网络广告互动并非出于奖励目的，而更加注重广告参与的体验。

广告精准性虽然与参与行为之间有弱相关关系，但不具有回归影响关系，这说明在众多影响因素的共同作用下，广告精准性对参与行为的影响不具显著性。

（二）广告参与素养提升建议

通过上述分析，我们得以从整体上观察在新媒介环境下网民广告参与的现状，并对影响行为的深层原因有了理性的认知。从影响因素的相关分析中，我们可以为当下如何提升公众广告素养提供一些思路。

1. 提高广告参与者的相关素养应受到社会普遍关注

媒介技术发展给予公众广泛的媒介赋权与增能，然而公众在享受媒介社会化和自媒体化带来的福利时是否真的准备好了？网络大众是否能掂量出这柄"权杖"的分量？数据表明，高达75.5%的网络用户参与了网络广告的互动，多数参与者的素养与能力之间是不平衡的。在网络用户数量持续上涨的同时，多数人缺乏相应的广告批判能力与广告维权意识。广告参与途径便捷了，但大众的风险防范意识却下降了。这些都是导致网络广告问题频发的原因。广告批判能力和风险感知等因素与相关指标的交叉分析结果揭示了一个基本事实，即加强对普通用户的广告素养教育刻不容缓，尤其应增强网民对网络技术赋权的理性认知，培养其对相关法律、伦理的基本敬畏，并由此提升其风险防范意识和主动维护公共利益的道德水平。

因此，广告素养教育首先应从公众做起。一方面，公众应该主动提升自身广告参与素养，在参与相关的媒介活动时尽量减少行为的外部性影响；另一方面，公众应健全自身的知识体系，加强自身广告参与素养方面的学习以及熟悉了解相关的法律法规，培养自己的广告认知、广告批判能力，在广告参与中维护自身权益。

2. 政府要在广告素养教育中扮演主要角色

调查得知，样本中，年龄偏低的网民对广告相关法律知识是有欠缺的。广大青少年是网络的原住民，又在网民中占比可观。鉴于广大青少年多处于义务教育阶段，学校教育对其影响巨大，建议政府教育主管部门和各级教育机构把广告素养教育作为一个项目纳入媒介素养教育体系，不仅要在媒体课程中设置广告素养的内容，还要在广告素养教育的环节中将广告参与素养教育作为一个课程组成部分。当然，由于我国教育发展水平不均衡，各地可因地制宜，如教育水平高的地区可直接设置包括"广告素养"在内的媒介素养教育课程，而教育水平相对落后的地区可将广告素养教育渗透进其他相关课程中，或是通过课外讲座的形式来进行。尤其应重视《广告法》和媒介伦理等相关内容的教育，以提高公民广告参与能力。

3. 网络媒体应发挥在广告素养教育中的平台作用

数据表明，网络媒介的便利性是影响网民广告参与的重要外在条件。网络媒介高接近性加深了网民的网络依赖，使网络生存成为这个时代的社会特征。从表层看，互联网是网民获取相关服务的手段或工具；从深层看，网络就像阳光和水一样，既是我们的生活要素，也是我们的生存环境。因而，网络媒介既是工具和手段，也是提升网民相关素养的物理平台。

媒介技术变革彻底改变了媒介话语格局。我们不能简单照搬大众传媒时代的思维和工作模式进行媒介管理。尽管多数网媒不再是党管党办，但任何时候都不能忽视其社会公共属性。也就是说，它们的公共服务性不能被其商业价值追求削弱。因此，加强网络媒体的公共性和服务性建设，是时代赋了的使命，更是现实媒介管理的需要。作为广告素养教育平台，网络媒体要洁身自好、自律自为，不仅要将自身打造成交易平台或信息发布平台，更要将自身塑造成一个广告信息监督平台；不仅要按照国家法律法规和社会准则来确立商业规则，告知利益攸关者什么可以发布、什么不可传播，还要公示规则，展示、主动宣传和普及国家相关的法律法规。这些是网络媒介的责任，也是义务。唯有如此，才能打造出风清气正的网络广告环境。

品牌篇

智能技术驱动下品牌塑造逻辑重构

何平华 *

摘　要：　人工智能技术不仅改变了广告营销手段，而且重构了品牌塑造逻辑。本文通过对当代广告业的分析，试图阐述人工智能技术渗透到品牌塑造的整个过程，包括品牌创造、品牌战略、品牌战术、品牌服务和品牌资产等。在整个过程中，算法技术是主要的变革力量，而全方位洞察消费者、全场景生活沟通、全时空信息传达、全领域形象建构成为当下品牌塑造的鲜明特征。

　　人工智能技术和社交网络给媒体行业带来了翻天覆地的变化，近些年不断有新的技术在媒体行业得到应用，在广告行业更是如此。目前更多的研究关注到技术对广告营销的影响，尤其是实现广告内容和用户的精确匹配。然而对于企业来说，广告不仅意味着营销，还有一个更为重要的内容在于

　　* 何平华，博士，华东师范大学传播学院广告学系主任、副教授、硕士生导师。

"品牌"。因此，关注技术对品牌塑造逻辑的影响，同样十分重要。通过对当代广告业的分析，本文将从品牌创造、品牌战略、品牌战术、品牌服务和品牌资产这五个方面，探析智能技术驱动下的品牌塑造逻辑重构。

一 从"outside-in"至"in-outside"：品牌创造的发生学转移

在物质极其丰富的当下，品牌是保证消费者反复购买的重要符号，如若没有这样的品牌符号，这款产品只能通过短效的促销和消费者的一次性购买来维持生命，品牌的重要性不言而喻。在过去，独特的销售主张和品牌形象理论都是从产品和企业本身出发考虑问题，而不是从消费者的角度出发考虑问题。定位理论开始强调产品的定位要建立在对消费者心理研究的基础上，不过由于技术有限，广告公司只能根据对用户的判断来开展定位。这种品牌战略定位的思维方法是"兜底式思维"（outside-in，由外而内），品牌形象的确立从理念和品牌定义出发，是品牌主的外在赋予和强制性灌输。随着人工智能技术的发展，以及网络行为大数据的不断积累，广告公司对用户的判断不再只停留在"猜测"层面，而有了更多更为直接的证据。

当然，定位理论并没有失去意义，广告营销仍然需要洞察用户心智，在不同的场景下通过不同的方式满足其喜好，这样才能获得用户的青睐。只不过人工智能技术在洞察消费者这个层面有了更强的能力，能够帮助公司更准确地判断消费者的偏向，从而塑造出更为受众接受的品牌形象。

这一点在内衣品牌 Adore Me 的迅速成功中可见一斑。该公司一直在收集和分析客户的评论，并将其作为开发产品和改进灵感的主要来源，最终迅速成为 IAB 最重要的 250 个值得关注的直接品牌。Adore Me 充分重视消费者的反馈，利用客户"自己的语言"来推动产品开发、服务改进，甚至营销。该公司通过机器学习和情感分析掌握了大规模分析评论的方法，迅速筛选出客户最关心的话题。例如，Adore Me 的营销团队发现"情侣"是客户经常提起的话题，于是其产品团队决定生产一条全新的垂直方向产品线，结果取得了巨大的成功。在此基础上，该公司还辅以一定数量的手动阅读，找出可能没有被发现的关键反馈话题。例如，该零售商能够快速识别其产品线中一个有缺陷的扣环，并立即纠正问题。内衣品牌 Adore Me 充分利用人工智能技术洞察消费者，在此基础上调整品牌的定位和发展，因此得到迅速成长。

当下洞察消费者主要是依靠受众定向技术，通过用户标签、上下文标签和定制化标签来判断用户的属性和行为，从而绘制出用户图像。① 标签化用户不仅能够用于品牌塑造，而且能够进行更为准确的个性化推送。这种个性化推送将用户和内容进行精准匹配，从而获得更好的效果。无论是个性化推送还是用户图像绘制，其根本都在于更好地认识消费者。这种对消费者的探索，在内容领域运用得更为深入。

互联网有着海量娱乐内容，但大批内容无人问津、收益甚微。一个好的预测性判断将会使一个项目拥有光明的未来。因此在内容领域，利用大数据和人工智能技术洞察消费者的喜好变得更为重要。洞察隐藏的消费者能够使营销人员更好地预测消费者的行为，使企业能够先发制人，做出改变或积极响应市场环境。例如，Netflix 使用大数据制作热门电影和电视节目。其根据订户的流媒体活动记录，分析了 3300 万名观众的喜好，从而判断由演员凯文·史派西（Kevin Spacey）和导演大卫·芬奇（David Fincher）合作拍摄的《纸牌屋》将会取得成功，通过数据 Netflix 预测并创造一个热门系列。

随着大数据和人工智能技术不断运用到品牌创造中，品牌塑造主体也发生了变化。如今不仅是广告公司，大量互联网公司也建立了营销部门，利用自身发展过程中长期积累下来的用户行为数据，来为品牌主打造最为合适的品牌营销战略。今日头条就是一例，它是我国领先的技术类媒体公司，该公司除了生产内容之外，还利用自身大量的数据资源为品牌主打造全方位的营销策略。该公司提出"全场景智能营销体系"的概念。所谓"全场景智能

---

① 刘鹏、王超：《计算广告：互联网商业变现的市场与技术》，人民邮电出版社，2015。

营销体系",是指通过今日头条独家 AI 技术实现对包括今日头条、西瓜视频、抖音、火山小视频等头条系 App 用户画像的特写分析,为品牌寻找最合适的用户,并垂直化地梳理用户的兴趣需求,找到最匹配的优质 IP 或定制适合的生产内容,这些内容以图片、视频、音乐、问答、创意广告的形式抵达场景终端输出给用户,最后用智能分发的模式输出给"对的人"。[1] 可以看到,这种用户定向技术在品牌塑造和内容分发层面都实现了精准匹配,核心就在于其实现了准确的消费者洞察。

综上所述,相比于传统的"兜底式思维"品牌定位战略,网络空间和 AI 技术下的品牌理念创造与产生是由内而外的。这种品牌创造的理念从感性出发,借助机器理解、探测和归纳,从消费者真实的在线接受行为、心理和情感上提炼出最符合品牌的特征和属性,并上升为品牌内涵,从而制定品牌传播与营销战略。

二 品牌战略:由"创意驱动"到"场景驱动"

人工智能技术对品牌的影响是全方位且具体的,其中也包括对品牌战略制定上的策略转变。作为品牌传播中的基础环节,品牌战略的制定决定了品牌定位、传播形式、传播对象以及传播效果。随着技术的发展、消费者的转变以及市场的逐渐成熟,品牌传播在不同时期呈现出各自的路径形式和内在特性。[2] 当然,不同时期的品牌战略必须符合品牌建构的内在逻辑。

从 19 世纪初到 20 世纪末,品牌传播的发展经历了初始阶段、品牌标志说、品牌形象说、品牌关系说、整合营销等多个阶段。[3] 其间,品牌战略的制定大多是基于产品或服务并由"创意驱动"的思维性行为。无论是约翰·肯尼迪的"印在纸上的推销术"、罗瑟·瑞夫斯的"独特的销售主张",

---

① 《今日头条探索营销新趋势,人工智能发动营销新引擎》,2017 年 11 月 16 日,http://science.china.com.cn/2017-11/16/content_ 40070564. htm,最后访问时间:2019 年 3 月 31 日。
② 段淳林:《扩散与增殖:品牌传播路径的嬗变与价值审视》,《国际新闻界》2016 年第 5 期。
③ 余明阳、舒咏平:《论"品牌传播"》,《国际新闻界》2002 年第 3 期。

或是里斯·特劳特的定位理论还是唐·舒尔茨的"整合营销传播",其核心理念都是利用媒介广告来传播品牌的信息,而传播的好坏则取决于广告表现的优劣。因此,在传统的品牌战略制定过程中,创意都是作为核心驱动元素而存在。① 然而,移动互联网的不断更新使得信息的传播越来越泛媒介化,人们的时间和注意力越来越碎片化。与此同时,消费者的需求也逐渐从对产品或服务的要求转变为对体验的要求。如果坚持以"创意驱动"来制定品牌战略,那么该品牌可能会被淹没在超量的信息中。在移动互联网中,时间限制被打破,空间位置也可以被重新定义,大数据的出现及人工智能的进步无疑为这种变化开辟了一个全新的消费市场。在这个万物互联的世界里,一切行为和数据都被记录,人们的每一次行动轨迹、每一个生活习惯甚至每一次购物选择都变成了人工智能为用户画像的材料。在移动互联网的大环境下,品牌必须打破以前单向的传播模式,转变为深入用户的日常生活之中,而商业和人通过场景连接。因此,场景便成为继流量后下一个被各大品牌和广告主抢占的入口。

"场景"一词最早来源于影视作品,指的是戏剧或电影中的场面,是在特定的时间、空间内发生的有一定的任务行动或是因为人物关系所构成的具体的生活画面。② 在品牌传播过程中,场景可以通过了解用户所处的空间与环境、实时状态、社交氛围等要素来锁定消费者所处的位置,并借助大数据和人工智能的用户画像精准地推断用户此时可能会产生的需求,从而为消费者提供适配的服务与产品。③ 将场景思维运用到品牌传播的战略制定中,既是面对大环境下不得不做出的调整,也是技术推动下广告与信息之间界限越来越模糊的表现。相比于传统的"产品中心"或"服务中心",智能时代下的品牌战略制定更需要从"人"出发,传播的任务不再是传达产品信息或

---

① 国秋华、程夏:《移动互联时代品牌传播的场景革命》,《安徽大学学报》(哲学社会科学版)2019年第1期。

② 沈贻炜、沈贻炜:《影视剧创作》,浙江大学出版社,2012。

③ 朱建良、王鹏欣、傅智建:《场景革命:万物互联时代的商业新格局》,中国铁道出版社,2016。

宣扬品牌理念，而是满足消费者即时的需要；传播内容也不再仅限于广告主想传达的信息，而是将用户也纳入生产体系之中；传播载体不再局限于电视、电脑、手机等具体的形式，而是以用户所处的"场景"为中心进行重组。① 记者罗伯特·斯考伯和作家谢尔·伊斯雷尔曾提出，可穿戴设备、传感设备、大数据技术、GPS技术和社交媒体将重塑人类的生活方式和商业模式，场景营销将成为全球经济发展的主流模式，互联网发展将要进入场景时代。② 但这并不意味着"场景营销"是一个全新的概念，也并不意味着品牌战略制定不再需要创意。品牌战略从"创意驱动"到"场景驱动"的转变并非完全的交替，而是主次发生了变化。在传统媒体时代，品牌战略的制定强调"Big Idea"的核心地位，无论是文案的撰写还是广告场景的设定都是围绕这个核心展开的。在智能媒体时代，用户注意力的有限与信息的无限共同强调了"精准"与"及时"的重要性。大数据对用户的深刻洞察与分析结合定位技术便可使信息的推送达到前所未有的精准。例如，当笔者每次坐飞机回上海时，在下飞机打开手机的那一刻便会收到滴滴打车发来的打车优惠券、附近麦当劳的新品推送信息等，这是基于对当前位置的定位，结合对过去行为和消费数据的分析并融合那时那刻所处的场景，在经过计算机"计算"后推送的精准信息，这种广告的背后即是"场景驱动"。

场景营销也随着技术的不断发展在不断地更迭，最初的场景只是依托创意策略下的表达载体，接着进入可以根据人口统计学数据、用户行为数据、用户内容偏好数据、交易数据③和定位技术实行精准营销的"硬场景营销"阶段，在这一阶段中，移动设备使场景广告真正实现了"随时随地，用户所在地即场景广告所在地"④。例如，你和朋友约好了在某个地方见面，当你使用百度地图导航的时候，界面上会出现路上或终点附近的停车场、饭

① 彭兰：《场景：移动时代媒体的新要素》，《新闻记者》2015年第3期。
② 〔美〕罗伯特·斯考伯、谢尔·伊斯雷尔：《即将到来的场景时代》，赵乾坤、周宝曜译，北京联合出版公司，2014。
③ 何欢、王龙宇、黄珠瑶：《移动互联网时代下的场景营销创新策略研究》，《中国商论》2018年第22期。
④ 于雷霆：《场景营销：抢占移动互联网时代的营销准入口》，北京理工大学出版社，2016。

店、咖啡店、娱乐场所等看似单纯的信息，但实际上是特意为你构建出的"场景"，目的在于承载广告信息。在数字化的世界里，现实和虚拟的边界日渐模糊，由数字化承载的场景也使得一切都连接更快、更广、更方便，以"场景驱动"的品牌战略在制定时不仅要考虑基础场景、空间场景的适配①，更要注重行为场景和心理场景的深度适配。只有对全场景的深度融合才能不断地迎合用户的需求并拉近与用户的距离，从而在互动中加强用户体验，提升品牌知名度和形象。

例如，2017年3月20日，网易云音乐引爆全网的"乐评地铁专列营销活动"便是以"场景"为驱动，以用户生产内容为基础，以地铁为载体的一次品牌策划活动。网易云音乐包下了杭州市地铁1号线的车厢以及江陵路地铁站，发起了一个名为"看见音乐的力量"的品牌营销活动，通过在地铁里贴满精选的网易云音乐评论（都是精选的用户评论）引发广大青年群体的情感共鸣，从而实现品牌的持续曝光。在此次营销活动中，实现了基础场景（人、事、物）、空间场景（地铁）、行为场景（网易云音乐下的乐评专区）和心理场景（每个人内心的孤独）的完美融合，将场景营销的优势发挥得淋漓尽致。不难看出，第三阶段的场景营销已经具有将第一阶段和第二阶段融合的优势，用户的在线活动及行为表现构成的"景观社会"，成为品牌战略制定的出发点和归宿地，品牌生发于场景，迎合场景，又旨归于场景，而创意在其中也起到关键的连接作用。

因此，即使在赛博空间背景下，在技术起主导作用的前提下，在"创意驱动"的品牌战略下，创意的能力仍是品牌传播战略中的核心资源和能力。

三 品牌战术：从"经验模型"到"数字模型"

传统媒体时代，传统品牌塑造理论的形成，仰仗于广告人的归纳与推

---

① 朱晓彤：《场景革命下的品牌传播——以耐克跑步为例》，硕士学位论文，安徽大学，2016。

理，经典品牌战术形成于广告及营销实践活动中的传统经验。在创立奥美之前，"广告教皇"大卫·奥格威做过广告实习生，当过将军牌火炉销售员，也担任过市场调查公司盖洛普的研究员，正是如此丰富的工作经历使其成为大获成功的广告人。他为将军牌火炉写的销售手册仍是当今销售人员的必读书。奥格威强调，要用通俗易懂、形象生动的方法来阐述产品的优点和属性，这成为后来奥美广告的创意指南。① 1951 年，"穿着哈撒韦衬衣的男人"广告以最快的速度和最低的广告预算，让默默无闻的哈撒韦制衣厂一夜走红，这也成为美国广告史上的经典案例之一。② 在丰富的广告营销实践经验的基础上，20 世纪 60 年代奥格威提出了"品牌形象"的概念并将其运用于广告实践中，为之后品牌理论的进一步发展和完善奠定了基础。最典型的案例莫过于万宝路品牌的成功转型及其"牛仔"形象的塑造。20 世纪 90 年代，奥美国际提出了"360 度品牌管家"的概念，实质上是奥美公司对奥格威理论的延伸和发展。③ 最新出版的《360 度品牌传播与管理》将它以系统化的方式汇整出来，既是一份来自奥美的实战报告，对品牌营销有很强的指导意义；又是奥美安身立命之本和竞争优势之本。"360 度品牌传播"的执行模式和执行工具框架，大多是奥美在亚洲行之经年的经验，能够很好地被借鉴。假如一个品牌出现问题，可以从品牌的六个资产方面分析，包括产品、形象、客户、渠道、视觉、商誉，用一张蜘蛛网图画出来，能直观地知道问题所在。④ 在这种"经验模型"的指导下，奥美为不少跨国企业成功树立了品牌，包括福特、劳斯莱斯、壳牌、旁氏、多芬、IBM、柯达等。

在数字时代，媒介环境越来越复杂，广告营销领域不断打破边界，多元化的趋势愈发明显。随着消费升级与年轻化的诉求增多，品牌面对的是前所未有的细分市场，传播渠道也复杂多变。传统广告公司日益面临互联网企业、数字技术公司和独立创意热店的竞争，传统的品牌营销方式亟须变革。

---

① 兰波万：《大卫·奥格威的崛起与沉迷》，《市场观察》2009 年第 3 期。
② 岳平：《奥美广告：在中国续写传奇》，《市场瞭望》（上半月）2014 年第 2 期。
③ 喻晓：《奥美广告：360 度品牌管家》，《网际商务》2001 年第 11 期。
④ 蔡虹：《奥美"360 度品牌"理念》，《互联网周刊》2004 年第 42 期。

大数据、人工智能（AI）、虚拟现实（VR）等技术的发展正在重塑品牌营销的逻辑。人工智能（AI）早在20世纪60年代就被提出，近几年逐步应用于传播及营销领域，为营销人开拓出新的疆域。AI赋能营销促进了品牌营销的个性化、精准化、智能化、高效化。智能营销时代，"算法"既是互联网的技术基础，又是在线消费及传播行为信息的编码及解码"语法"。数字模型是智能营销的DNA，也是品牌战略战术制定的守则。

费马人工智能团队推出AI营销方案MarMIND系统工具，将营销的基本要素用户、媒体和品牌进行量化并各自建模，然后通过不断地拟合优化达到理想值，制定出最优的营销方案。以用户方面为例，以往咨询公司通常采用漏斗分析等传统方法获得用户画像，给用户贴标签，包括年龄、性别、消费类型等，这些用户画像更多停留在用户的自然属性和社会属性方面，比较粗糙，而MarMIND系统工具能够更深层次地洞察用户的心智，对用户的行动轨迹和特征进行描述。

从App数据监测公司获得基础数据后，费马通过两大算法来描述数据，一是经Convex-Hull凸包来大致确定活动边界，二是使用Moran's空间自相关模型来进行空间和动线特征的描述，这一步骤需要三大类的数据：用户的完整路径、用户使用App的全景数据、采用MarMIND自己的画像算法对App特征和媒体特征的量化。通过在动态的场景下对用户精准画像，对媒体渠道、品牌产品进行量化分析之后，当用户提出更多的需求时，就可以用AI的算法机器人对其进行分析和拟合，逐渐逼近用户真实需要的模型边界，在营销时"投其所好"。

此外，费马人工智能能够帮助企业建立自己的后台系统，可以实时知道在何时以何种方式进行正向的产品营销，品牌差异度的寻找及确立，以及危机事件的策略、周期，使用媒体的方式等，为企业提供定制化的24小时的决策支持服务，这在以前很难实现。①

---

① 《专访费马崔兴龙：用人工智能做营销不是追风口　我们有AI"大脑"》，2018年5月31日，https://new.qi-che.com/tech/tc20180531175083208.html，最后访问时间：2019年3月31日。

费马创始人崔兴龙认为，MarMIND 通过量化得出数学模型的流程和以往麦肯锡、埃哲森在流程上并没有太多不同，只是费马的数据量更大，模型更多；麦肯锡依靠商业逻辑的经验模型，而费马是靠数学模型，费马的机器人不仅会学习传统的营销理论，还会学习新的营销案例，根据收到的数据反馈不断修正模型，最终最大可能地趋近最理想值，因此，费马的 AI 营销模型是在传统营销方法论的基础上建立起来的。目前，费马人工智能已经在汽车、房产、家居、手机、化妆品、娱乐以及互联网金融服务等多个行业有过成功案例。①

品牌定义用户的时代已经过去，机器理解用户的时代已经到来。今日头条能够为品牌打造数字资产管理体系（PMP），以全新升级的 PMP 产品为例，在与品牌主进行大数据对接时，通过域内域外数据的打通，高效分析追踪和筛选"有价值"的目标人群，为品牌建立专属人群的数据库。在此基础上，人工智能会对目标人群进行标签细分，识别每个鲜活的人，并将不同的广告素材在适当的时间展现在受众面前，实现"千人千面"的定制化营销。最重要的是，PMP 还能通过保质保量的方法帮助投放实现品效合一，实时监测广告效果，不断优化投放。传统的广告投放形式到此为止，而PMP 还可以通过智能化技术追踪用户浏览行为及情感变化为品牌实现广告策略反哺，周期性的市场环境洞察报告还可以帮助品牌进行营销决策。②

从经验模型到数字模型，整个营销生态圈诞生了很多精彩的技术营销案例，既拉近了品牌和消费者之间的关系，又实现了高效、直接的效益转化，未来人工智能将会给营销界带来更多革命性的改变。

四 品牌服务：从"物性"到"人性"

进入数字时代，人工智能技术在品牌塑造的运用中成为主流。以算法为

---

① 《专访费马崔兴龙：用人工智能做营销不是追风口　我们有 AI "大脑"》，2018 年 5 月 31 日，https：//new.qi-che.com/tech/tc20180531175083208.html，最后访问时间：2019 年 3 月 31 日。
② 《数据与创意齐飞　今日头条 助力品牌营销全面进入人工智能时代》，2017 年 11 月 17 日，http：//www.chinaz.com/news/2017/1116/828663.shtml，最后访问时间：2019 年 3 月 31 日。

代表的内容分发机制，取代了原有的内容传播机制，真正帮助品牌实现了对受众的细分化、标签化和精准化，对经典的品牌理论进行了解构与重塑。

经典的品牌服务过程中，品牌方是以"物性"的面目与消费者进行沟通的，即作为营销交往主体的品牌，大多重点在于呈现物的特性，缺乏人的温度、情感和形象。"物性"的面目就好比一个面具，让品牌方与受众之间存在陌生的距离感和因未知而产生的巨大的交流上的鸿沟。传统品牌的服务大多是一种机械化设定，并没有特别重视用户体验，也往往不能及时进行沟通反馈，从而进一步提升自己的服务质量。① 就好比快消巨头宝洁公司，前几年其销售额一直处于下滑状态，这是因为传统品牌做的事情，仅仅是在 4P 理论的基础上追求营销投资回报率（ROI）的最大化，这是一种自上而下的流程。但是，当标准化取代了个性化之后，品牌就失去了一部分活力，机械化的流程造成了后续服务的单一无趣，这么一来，难免会失去用户黏性。

而在智能营销时代，作为交往主体的品牌，呈现出智识化、情感化及人性化倾向，是一个洞察消费者心理及行为的"人"，尽管它以碎片方式沟通，你看不到品牌的"肉身"，却能感知"品牌人"的存在。这些变化，从互联网品牌的快速崛起就可以看出。2018 年 10 月 12 日，阿里巴巴宣布成立由"饿了么"和"口碑"合并组成的本地生活服务公司，旨在重新定义城市生活。10 月 15 日，这家本地生活服务公司宣布将"百度外卖"正式更名为"饿了么星选"，要打造高端外卖及生活服务的新平台。如同评选米其林星级餐厅一般，"饿了么星选"将从平台上 200 多家活跃商家中依据 6 个维度、5 轮筛选、25 项考量，以顾问级的选品能力，经过 8 轮审核，甄选出高品质的外卖商家，综合得分前 10% 的商户才可以成为带有星标的星选商户。可以看出，这种"星选"模式的品牌目标是消费水平比较高的一部分用户，这样提前对商户进行筛选，就是为了更精准地满足用户不同层次的需求。这种"默默"的品牌服务会让消费者有一种宾至如归的感觉，感觉品

---

① 陈斌华：《数字媒体环境下人工智能对品牌建设的重构》，《传媒论坛》2018 年第 17 期。

牌好像成为一个专属"管家"，每天根据你的需求帮你筛选，减少你的选择烦恼。这些都是大数据通过分析消费者的消费行为带来的优势，品牌很好地利用了这些数据资源，消除了自己和消费者之间的那层隔阂，从而变成消费者心中最"知心"的人。①

近些年，一些网红茶饮品牌迅速弯道超车，飞快地占领消费市场，赢得了消费者的喜爱。北上广深、新一线城市、二线城市2017年4月饮品店门店数量同比增长分别为6%、1%、29%。波士顿咨询公司认为中国的小城市中产消费热情高涨，饮品店可能正赶上这一浪潮。实际上，要明白行业变化背后的逻辑，我们不妨从消费者身上找答案。女性和年轻人是传统饮品消费的主力军。从性别来看，饮品店消费者中女性占比76%；而从年龄来看，71%的用户是30岁以下的年轻人②。

2012年，喜茶 HEYTEA 起源于广东江门一条名叫"江边里"的小巷。2018年4月26日，喜茶正式完成了4亿元人民币的B轮融资。一开始只是发端于二线、三线城市，1992年出生的创始人却可以在5年内将它打造成奶茶界中的"星巴克"。喜茶这个网红奶茶品牌的成功，不得不让我们深究其背后的原因。③

根据2018年大众点评的数据，我们发现对喜茶在线评论中，有关喜茶产品的主类目占比高达76.79%，其中产品概况和管理服务分别占比45.76%和19.84%。第一，在产品概况。"金凤茶王""玉露茶后""四季青""红玉"等别出心裁的产品名称更符合消费升级背景下消费者对产品的需求特征，精心设计的外形包装（如可旋转的杯盖和吸管）便于消费者饮用，这些细节上的设计都是对品牌人性化的一种提升。第二，管理服务。"不得不说喜茶的服务员态度很好，做事情效率很高""没带伞在门口排队时，服务员还帮

① 宋超：《文化式品牌塑造视角下电商品牌传播研究》，硕士学位论文，成都理工大学，2018。
② 洪江涛、陈榴寅、黄沛：《第三方点评网站对餐饮企业品牌形象与消费者行为的影响研究——以大众点评网为例》，《财贸经济》2013年第10期。
③ 刘冰、张华思、罗超亮：《喜茶"网红店"网络口碑的大数据分析》，《广西民族大学学报》（哲学社会科学版）2018年第6期。

忙撑伞，好贴心"等评论都是消费者对服务的正面评价。喜茶从品牌的风格定位、产品研发到后期服务等各个环节都旨在提高品牌的人性化，提升品牌和消费者之间的"情谊"。喜茶通过拥抱新媒体来创造需求，让"排队"成为一种风向，从产品研发、包装等各个角度，注重用户体验。① 喜茶的产品、门店、设计，都让喝茶这件事变得更酷、更不一样。

喜茶在进入不同城市时还会结合当地特色进行宣传。例如，喜茶进入北京商场时，为了更好地吸引消费者，其制作宣传海报时结合了北京的特色建筑以及黄包车等元素，这种细心和专门性，会让消费者有一种被重视的感觉，让消费者提前感受到喜茶细腻的服务。喜茶还会结合不同节日以及季节，对一些特定的门店进行装修以及推出新品，比如喜茶设计的粉色主题门店，就满足了广大女性消费者的内心需求，这种视觉上的第一眼服务可以很好取悦女性消费者，为她们提供一种定制般的服务。②

互联网时代，我们面临的是需求和沟通的个性化，这就需要自下而上的快速反应。大数据背景下的品牌服务依靠数据的支撑，获得了受众对品牌持续的反应和反馈，从而不断地调整自己的轨迹，去改善、提高服务质量，更好地迎合消费者，并给他们一种润物细无声的体贴感。人工智能技术和互联网思维其实也没有多么神秘，依然遵循了"香农第二定律"——任何信息的传播速率都不可能超过通信信道的能力，即带宽。只不过互联网拓宽了品牌和消费者之间的带宽。通过搜索引擎、电商网站可以很好地接触到全世界的终端用户，每个公司都有了自媒体，所有用户可以第一时间对品牌服务进行评述和表达，这种互相沟通，就好比朋友们之间的交心，品牌也自然越来越"人性化"。③

传统的品牌在用户服务方面，与用户的互动性较差，品牌的服务更多是

---

① 敖鹏：《网红为什么这样红？——基于网红现象的解读和思考》，《当代传播》2016年第4期。
② 殷俊、张月月：《"网红"传播现象分析》，《新闻与写作》2016年第9期。
③ 王竞红、董立津：《2019品牌发展策略的5个关键词》，《声屏世界·广告人》2019年第Z1期。

以产品内容为导向，而不是以用户需求为导向。然而，当人类进入大数据时代，现存的服务方式已经不能适应市场的发展要求，一些先行者已经将大数据及相关技术运用到品牌的发展和战略谋划中。[①] 这种变化主要体现在品牌服务的精准化和高匹配度；为用户服务的演变，正由"内容为王"向"用户为王"过渡，即更加注重与用户的互通互联。

五　社会化与 IP 化：赛博空间转向与品牌资产内涵嬗变

如今无所不在的"赛博空间"一词的应用，主要代表全球性的相互依赖、联通的信息技术基础设施的网络，包括电信网络和计算机处理系统。作为一种社会性的体验，每个个体都可以利用这个全球网络交流、交换观点、共享信息、提供社会支持、开展商业、指导行动、创造艺术媒体、玩游戏、参与政治讨论等。[②]

由于消费及传播活动均在赛博空间范围内进行，加之算法等智能营销技术的全面介入，经典品牌资产评估维度（知名度、认知度、美誉度、忠诚度等）因应上述品牌创造、品牌战略、战术、服务模式、内容等的变化，品牌内涵要素必然发生程序及比例变化，品牌资产内涵呈现出两个重要的变化趋势："社会化"与"IP 化"。所谓"社会化"即品牌的场景化，场景的丰富性与否成为衡量品牌活跃与否的重要指标；所谓"IP 化"即品牌的流量数据成为品牌消费、传播乃至洞察的量化指标，品牌场景的丰富性构成 IP 化的重要基础。

互联网等新媒体的发展，使消费者可以很快得到最新的资讯，并做出互动回应，企业在品牌的控制上需要更快更有效地接触市场脉搏。现在，全球媒介发生极大的变化，传统的媒体是单向的，互联网、手机等新媒体

---

① 郭鑫鑫：《数字化广告语境下品牌传播的特点及问题研究》，硕士学位论文，成都理工大学，2018。

② 梁旭艳：《场景传播：移动互联网时代的传播新变革》，《出版发行研究》2015 年第 7 期。

则是互动的，因此，有消费者参与的模式会越来越受欢迎，场景的丰富度变得十分重要。① 伴随着多种智能设备的大范围推广，符合用户需求的场景设置成为人们关注的重点，这要求企业及时掌握特定场景中的客户动态，进而为其提供更符合当下需求的产品或服务。②

场景，逐渐成为移动媒体时代"一切以用户为中心"的品牌传播的解决方案。场景的运用能够及时掌握消费者的动态，进而有针对性地为其提供一些服务或者产品。用户当前所处的位置和一些移动设备、设备中的传感器以及传感器传递出来的数据，再加上社交网络中的行为数据，这些就形成了一个完整的场景。③ 通过这个场景，它会对用户有更深一步的了解，从而为用户提供量身定制的个性化服务。品牌主最终可以利用这些场景数据来影响品牌的传播、渠道、供应链以及价值链等层面的升级。网络的移动化和传播媒介的微型化，促使传播时空变得碎片化，传播更加自由。移动互联网下的消费者被来自不同媒介接触的场景围绕，并且场景可以通过跨界发生连接，产生更大的品牌价值。

提及赛博空间的转向以及品牌资产内涵的嬗变，就不得不提到以场景变革进行品牌传播的先行者——星巴克。星巴克作为一家自 1971 年成立以来的全球最大的咖啡连锁店，一直保持多维创新，不断丰富品牌故事。以 2001 年星巴克推出的星礼卡为"数字忠诚"的开始，星巴克十几年的发展其实也是一场在互联网思维战略下完成的从传播环节、渠道环节、供应链到价值链四个层面的场景变革。④

首先，传播环节层面，即网络营销环节，在合适的时间把合适的信息以合适的形式通过合适的媒介传递给合适的人。2011 年星巴克成为业界为数不多提供"完全移动支付"体验的公司。2015 年开始使用 Inbox，即在收件

---

① 郜书锴：《场景理论的内容框架与困境对策》，《当代传播》2015 年第 4 期。
② 刘艳：《赛博空间语境中的社会化阅读：身体重构、游牧空间、传播进路及其迷阵与反思》，《图书馆理论与实践》2019 年第 1 期。
③ 陈红、王佳炜：《移动互联网时代地铁媒体的场景化》，《当代传播》2015 年第 4 期。
④ 刘紫霖：《星巴克：数字化营销的战略分析》，《西部皮革》2019 年第 2 期。

箱中用户能够接收一系列与促销或者优惠活动有关的消息。之后，随着移动互联技术的不断发展，星巴克一直在探索数字营销的创新形式。

其次，渠道环节方面，即电子商务环节。电商的快速发展，将广大消费者在各个渠道中所得到的购物体验连接在一起，进而让消费活动如体验多元化的产品、比价工具，社群互动以及顾客评价，真实体验，面对面沟通等变得更加轻松愉快。星巴克 App 在 2015 年提供了 Mobile Order & Pay 服务，把客户忠诚度提升到更高层次，客户能够在美国任何一个店面用手机下单，到店取单，获得线上线下无缝衔接的优质体验。这一模式的推出能够让星巴克更为多元的产品线得以平稳运作，尤其是可以让个性化推荐真正变成现实。

再次，供应链层面，即 C2B 模式。伴随着互联网对传播与渠道环节的影响不断加深，产品与供应链环节的重构工作也被提上日程。在前端环节和消费者进行更为精准、高效的互动，会驱使整条供应链做出适当的调整，进而做到以客户为中心来为其提供相关服务与产品。C2B 模式就是比较具有代表性的消费者驱使模式。比如，一度形成热度的"星巴克影藏菜单"就是由星巴克的忠诚顾客根据自己的喜好口味让店员调制的星巴克饮品，这样让消费者有了更多参与权，同时也丰富了星巴克的饮品选择。又比如"星巴克涂鸦杯竞赛"邀请热爱手绘的消费者在白纸杯上涂鸦，并上传到社交媒体。这种 UGC 的活动机制不但成功地吸引受众参与，并且有效又低成本地宣传了星巴克热爱公益的品牌形象。

最后，价值链层面，即互联网思维重构。星巴克把对数字忠诚提高到一个很高的程度，2016 年投资者大会召开期间，星巴克着手推行了"Digital Flywheel"战略[①]。

星巴克不仅是咖啡零售商，而且已经成为大众化生活方式的代名词。伴随着移动互联网时代的来临，星巴克始终坚持"客户体验至上""创造第三空间"。在 2017 年新版 App 中，星巴克中国移动应用增加了跳转天猫旗舰店的链接，主要为售卖星礼卡和星享卡及咖啡券，并且给星礼卡赋予了

---

① 张景：《场景视域下的星巴克品牌传播》，硕士学位论文，湖南师范大学，2018。

"生日祝福""真挚谢意""职场心意"等众多主题，用"心意的传递"主题进一步升华了商品背后的意义。再者，星巴克的新浪微博在注册不久点击量就达到百万次，官微将自己称为"小星"，语言生动贴近生活，充满温度与人文关怀。星巴克与顾客线上交流互动的平台形成轻商业、重公益、强社交化的风格。星巴克的微信公众号也是营销的代表，基本每篇推文都有10万以上的阅读量。分析内容可以发现，它很好地利用了微信的社交互动性，设计一些跟饮品有关的心理测试、问卷等，还会根据不同的时间点、节日设计不同的线上活动。如七夕之前，其发起"爱的征集"活动，用户在留言区写下的"三行情书"有机会体现在特饮当中，并且在节日前后还推出了七夕特饮等。可见，星巴克利用场景氛围营销，吸引受众参与活动生产内容，引发情感共鸣并形成二次分享，带动消费狂潮。

综上，充满变数的世界随着互联网技术的深入应用引起营销传播格局以及人们生产生活方式、社会形态的变化。"互联网+"思维已经全面渗透到社会经济文化生态等各个领域。[①] 在以网络化、数字化、智慧化为特征的信息化浪潮蓬勃兴起的环境中，互联网、物联网、大数据、云计算、人工智能、VR、区块链等相关技术在人类经济社会发展中所起的作用越发凸显，由"赛博空间"延伸的"赛博经济""赛博金融""赛博世界"等新的学术景象，即是知识经济、智慧社会、信息科学、人工智能时代背景下人们关注的重要现实问题。

六　结语

总而言之，在品牌塑造的全过程中算法技术是主要的变革力量，而全方位洞察消费者、全场景生活沟通、全时空信息传达、全领域形象建构成为当下品牌塑造的鲜明特征。在品牌定位过程中，企业通过对消费者的理解在感

---

① 彭兰：《从依赖"传媒"到依赖"人媒"——社会化媒体时代的营销变革》，《杭州师范大学学报》（社会科学版）2015年第5期。

兴趣的垂直领域塑造新品牌。此外，企业会根据消费者所在的场景制定最合适的品牌战略，及时与消费者互动，为品牌打造个性化的形象。当然这一切都建立在大数据和人工智能的基础之上。不仅如此，在品牌方案的选择和品牌资产的评估中，数字模型起到了越来越重要的作用，具体的数字成为更为实在的证据。

（华东师范大学传播学院硕士研究生陈珊珊、汪必霞、汤子璇、王珊珊、汤洁瑶参与本文的研究并具体执笔。）

品牌智能营销策略与反思

王琴琴 杨 迪*

摘 要: 广告营销领域作为人工智能应用最成熟的领域之一，"人工智能+营销"所释放的能量引发了营销业新一轮变革，"智能营销"这一概念也应运而生。本文从本土技术环境和媒介环境入手，通过文献梳理和案例分析，对品牌智能营销策略进行归纳分析，对未来广告形态进行展望，并对智能营销进行冷思考。本文认为，按需定制精准营销、线上线下一体化智慧营销、"AI+短视频"营销、"AI+KOL"的粉丝营销以及多屏整合促成的移动整合营销等不同营销策略，在人工智能技术集群的支持下可各施所长，灵活应用于营销作业链的各个层面。且随着人工智能技术的垂直深耕，AI代言、互动广告及沉浸式交互广告等将会是未来占据市场的主流广告形态。然而，在越来越"智能化"的营销实践中，消费者的消费疲劳、隐私侵犯、数据所有权及人才归置问题虽然开始得到重视，但依然是人机共融过程中长期的实践难题。

自 2016 年人工智能机器 AlphaGo 打败世界围棋冠军李世石后，人工智能（Artificial Intelligence，简称 AI）普遍进入大众视野，其在各行各业的应用热潮也随之掀起。当前，人工智能作为我国科技建设的重心已上升为国家

---

* 王琴琴，博士，新疆大学新闻与传播学院传媒经营管理系主任、副教授、硕士生导师；杨迪，新疆大学新闻与传播学院硕士研究生。

战略，且在医疗、教育、电商营销等各行各业相继实现了应用落地。而人工智能与广告行业的"携手合作"，将不仅仅是人工智能技术的应用实践，更是对"广告产业的优化与重构"。① 随着人工智能对广告制作、受众、产品及市场等各个方面的深层助力，广告营销已经迎来了向智能化方向靠拢的智能营销时代。

一 "智能营销"概念界定

智能营销是随着人工智能的应用而诞生的一种新型营销方式，目前学术界未形成一致的概念界定，呈现"仁者见仁、智者见智"之势。

李梦娜、刘春侠指出，AI 技术的发展与应用，代表着未来营销的变化趋势。未来的广告营销将是智能化的营销。"目前，精准营销与智能投放是AI 在广告领域里应用最广泛的两个形式。"② "在根本上，人工智能是帮助营销者去不断接近真正的需求，利用数据、计算力、算法构成的数算力，实现营销智能化。"③ 李姝认为，"智能营销是通过人的创造性、创新力以及创意智慧，将先进的计算机、网络、移动互联网、物联网等科学技术的融合应用于当代品牌营销领域的新工具与新趋势。它具有内容流动化、信息视觉化、一体化传播等特征"。④ 丁俊杰认为，"智能营销是人工智能带来的一个新物种，不仅在以往被视为技术禁区的领域，比如营销环节与流程中的创意、文案等主观性色彩较为浓厚的方面'有所作为'，更在很大程度上推动了营销与广告操作的工业化流程，把人类主观思想表达的文字与想法转化成为依托用户数据的标准化物料"。⑤

---

① 廖秉宜：《优化与重构：中国智能广告产业发展研究》，《当代传播》2017 年第 4 期。
② 李梦娜、刘春侠：《人工智能影响下广告营销的发展探究》，《电脑知识与技术》2018 年第 30 期。
③ 刘珊、黄升民：《人工智能：营销传播"数算力"时代的到来》，《现代传播（中国传媒大学学报）》2019 年第 1 期。
④ 李姝：《智能营销：数字营销新趋势》，《现代营销》（下旬刊）2017 年第 7 期。
⑤ 丁俊杰：《智能营销，新物种》，《中国广告》2018 年第 11 期。

业界渐趋形成了这样一种共识：智能营销即通过人的创造性、创新力将先进的计算机、网络、移动互联网、物联网等科学技术的融合应用于当代品牌营销领域的新思维、新理念、新方法和新工具的创新营销新概念，它包含智能匹配、智能标签化、智能获取和智能执行等多方面。

刘珊、黄升民在《人工智能：营销传播"数算力"时代的到来》[①] 一文中，梳理了人工智能技术应用的四个方面：即营销调研、营销策略制定、营销策略执行、营销效果评估和预测。具体包括消费者研究和调查、广告创意的制定、媒体投放的程序化和自动化以及效果监测等。笔者按照这个思路对人工智能在营销领域的应用做一简单的文献综述。

首先，拿调研对象消费者来说，"过去传统的广告营销，都是靠人工样本调查和营销人的经验判断，而人工智能可以在一定时间内完成对海量用户信息的搜集、整理、分析和总结，精细用户标签"。[②] 且"基于自然语言理解的消费者洞察能够全景式地对消费者信息进行认知、理解和判断"。[③] 而"读懂"消费者，也不能仅仅依靠简单的数据累积，更得依靠认知智能的进步，例如，"通过面部识别技术等对消费者的情感波动进行监测，从而掌握消费者当下的心理活动，在可预见的未来，进行真正心智层面上的精准消费者洞察"。[④] 人工智能技术的应用，部分来说就是为了更好地洞察"人心"。

其次，在广告创意设计方面，杨光炜等学者指出，"借助人工智能，能够最终实现将标志、插图、背景、文字、排版等元素分拆后，根据市场目标、策略、地域等条件，自动分析色彩、情感、经验，匹配相应元素自动合成新广告设计，包括海报、名片、传单、展架、画册等"。[⑤] 这样一来，"智

---

① 刘珊、黄升民：《人工智能：营销传播"数算力"时代的到来》，《现代传播（中国传媒大学学报）》2019 年第 1 期。

② 李梦娜、刘春侠：《人工智能影响下广告营销的发展探究》，《电脑知识与技术》2018 年第 30 期。

③ 秦雪冰：《智能的概念及实现：人工智能技术在广告产业中的应用》，《广告大观》（理论版）2018 年第 1 期。

④ 艾博、王曦：《人工智能：如何把握广告行业下一个风口》，《电视指南》2018 年第 10 期。

⑤ 杨光炜、刘嫣、张晓勇：《智能广告设计技术的应用研究》，《艺术科技》2017 年第 5 期。

能广告设计技术有效缩短了广告设计周期，节省单位的人力资源，降低了广告设计成本"。①

再次，在媒体投放环节，结合智能推送的方式，我们可以实现在不同的媒介平台上对消费者进行个性化的广告推荐。即"运用人工智能，可在合适的时间和地点，通过合适的媒介，向消费者精准推荐，以实现满足消费者真实需求的高价值信息传递"。② 邵敏等也指出，"人工智能能实现广告的智能分发：通过关键词了解消费者的喜好，对数据进行分析，掌握消费行为习惯，预测消费者购买意图，进而向其推送个性化广告"。③ 人工智能真正地变"媒介购买"为"受众购买"④，也做到了以程序化购买为代表的精准营销实践。

就广告效果而言，"通过 AI 可以追踪记录消费者在接收到广告后的所有行为路径，实时监测广告效果，然后基于机器学习深度分析这些行为路径，精确获取广告投入的实际效果，降低广告成本"。⑤ 所以说，AI 已能帮助企业找到"浪费的是哪一半广告费"。

对智能营销价值的审视，丁俊杰从营销链条的基本组成要素切入，说明了其对企业营销思维的改变、对新的营销服务主体与内容的催生以及对营销流程中服务价值评价标准的重塑等方面的深远影响。就更为深层的意义而言，"智能营销很大程度上推动了营销与广告操作的工业化流程，具备了重塑营销链条与作业流程的可能性，并正在逐步将这种可能性转化为现实"。⑥

---

① 杨光炜、刘嫣、张晓勇：《智能广告设计技术的应用研究》，《艺术科技》2017 年第 5 期。
② 曾静平、刘爽：《智能广告的潜进、阵痛与嬗变》，《浙江传媒学院学报》2018 年第 3 期。
③ 邵敏、赵韵文、林雪冬：《试论智能广告的形式、特点及监管》，《湖南大众传媒职业技术学院学报》2017 年第 5 期。
④ 李梦娜、刘春侠：《人工智能影响下广告营销的发展探究》，《电脑知识与技术》2018 年第 30 期。
⑤ 李梦娜、刘春侠：《人工智能影响下广告营销的发展探究》，《电脑知识与技术》2018 年第 30 期。
⑥ 丁俊杰：《智能营销，新物种》，《中国广告》2018 年第 11 期。

二 品牌智能营销策略分析

身处信息爆炸时代的受众被纷繁芜杂的各类信息所围困，形成了愈来愈明显的"信息茧房"效应，竞品琳琅满目、产品同质化严重、注意力资源稀缺等问题都是广告业面临的难题。如何用富有创意又贴合用户内心需求的形式及内容抢占用户的碎片时间、与用户进行更深层次的互动是广告业探索前进的新动力。而智能营销不仅能运用智能化技术选择最有效的传播途径和营销方案，更主动、精准、实时地触达用户，提高营销效率，缩短营销链路与周期，更能够将人类从重复、烦琐、低效的工作中解放出来，达成人机协作共赢的新局面。

（一）从用户角度：基于大数据技术的千人千面按需精准营销

倪宁、金韶指出："海量数据收集和数据挖掘是互联网广告实现精准营销的基础，借助大数据可以实现目标消费者的精准定位、消费需求的精准挖掘、广告投放的精准可控以及广告效果的精准评估。"大数据的核心特征即"一切皆可量化"，[①] 当然，营销活动也不例外。对用户基础信息及线上浏览信息、购买信息、行为轨迹、生活习惯等数据的挖掘、整合和分析能力是品牌的核心资产，也是线上营销的法宝。营销创意的"大工匠"时代已经结束，针对消费者个人的"按需定制"才是未来营销的主流趋势。马云在2016年的云溪大会发言指出，未来的制造业用的不是电，而是数据。个性化、定制化将成为主流。

大数据和人工智能相结合，意味着一个营销方案中不再需要一个人类自认为最完整的创意，AI 通过对数据的计算编辑，都可将"创意半成品"改写替换成千人千面的创意产品，再通过大数据精准匹配给相对应的人。不仅如

---

① 倪宁、金韶：《大数据时代的精准广告及其传播策略——基于场域理论视角》，《现代传播（中国传媒大学学报）》2014 年第 2 期。

此，通过对用户行为的精准分析，大数据还可动态预测用户在不同时间、不同地点的购买欲望，从而达到基于数据分析的自动化营销。华院分析技术有限公司 CEO 唐岳岚认为，"大数据时代，我们看到的消费者，不是二维的、静态的、单向的，而是立体的、动态的、个性彰显的、活跃在不同场景中的"。①大数据不仅能帮我们更多维地看见用户，更能帮我们精准地识别和认知用户。

（二）从广告主角度：基于 AI 技术的线上线下一体化智能营销

以互联网为主阵地的线上智能化营销已经不足为奇，而从品牌方角度来说，基于智能识别、语音互动技术等线上线下一体化营销才是保持竞争力的长足动力。线上线下同步智能，完全打通，离不开人工智能技术体系的支持。通过分析消费者轨迹数据、可穿戴设备的实时身体数据以及社交媒体的内容数据等，人工智能可捕捉到消费者行为、心理的内在需求，实现与消费者的深度匹配。"它重构了零售系统中'人、货、物'三要素的结构关系，通过场景体验和契合情感需求的多样化、个性化服务深刻改变着人们的消费观念、消费模式和消费体验。"② 互动愉悦感和服务满意度提升都在无形中刺激着消费者的消费欲望。

《2018 年中国人工智能行业研究报告》指出，目前，人工智能已可赋能零售全链条，不仅有线上的精准用户画像和推荐服务，也有线下的智能物流、智能选址、智能识别商品，优化商品摆放运营、客流统计及消费者行为分析等。消费者通过人脸识别、快速查货、线上线下信息的同步传输以及自动支付等技术提升消费体验，进而提升线下购物的愉悦感和品牌好感度。③

2018 年 1 月，高科技企业优必选推出了一款商用服务机器人克鲁泽（Cruzr），并将 2150 台机器人 Cruzr 安置于居然之家百城千店中，进行迎宾

---

① 唐岳岚：《智能技术时代的营销革命》，《中国广告》2017 年第 5 期。
② 王先庆、雷韶辉：《新零售环境下人工智能对消费及购物体验的影响研究——基于商业零售变革和人货场体系重构视角》，《商业经济研究》2018 年第 17 期。
③ 艾瑞咨询：《2018 年中国人工智能行业研究报告》，2018 年 4 月 4 日，http://www.199it.com/archives/706529.html，最后访问日期：2019 年 3 月 5 日。

问候、灵活促销、智能导购、精确介绍、一键多控、轻松看店、数据分析等大体量服务性工作。Cruzr 可通过文字、语音、视觉、动作、环境捕捉等多种方式与顾客进行互动，实现人工智能技术大范围赋能于线下门店的智能营销实践。

（三）从媒介形态角度：AI+短视频成为场景营销的新风向

第 43 次《中国互联网络发展状况统计报告》指出，截至 2018 年 12 月，短视频用户规模达 6.48 亿，网民使用比例为 78.2%。[①] 短视频作为近两年爆火的媒介形式，其低技术门槛、高参与度、强互动性以及便捷有趣等特点获得了广大网民的极高参与热情，用户阶层跨度大，范围广。目前，广告营销需从"长而散"模式向"短而准"升级，以占取用户的碎片化时间。短视频是引发"购物欲"的热力场，其简简有趣的创意性内容营销不仅能激发消费者的购买意向，更能与主题突出的强购物关联，提升消费者从"看到"到"购买"的效率，将购买欲望实实在在地转化为购买力，缩短购买端的时间。当下，短视频平台跨越圈层的用户规模不断扩大，内容生产的专业度与垂直度不断加深，短视频越来越成为广告主营销布局的"香饽饽"。而借助 AI 智能技术进行短视频营销乃是大势所趋。

计算机视觉技术已经可在长视频、短视频等点播平台、直播平台及利用手机摄像头的增强现实技术（Augmented Reality，简称 AR）应用中，为广告主提供多种形式的互动化、与内容强相关的场景广告。以国内领先的以短视频为核心的自助式社交媒体投放平台微播易为例，2018 年，微播易经过升级成为短视频智能营销平台。此平台可通过人工智能和大数据等技术，以智选、智算、智投三级为核心，赋能社交媒体，帮助广告主更为理性、快速地找到所需的关键意见领袖（Key Opinion Leader，KOL）资源，并帮助广告主合理利用 KOL 资源。微播易创始人徐扬指出："将 KOL 作为创意工具，

[①] 中国互联网络信息中心：《中国互联网络发展状况统计报告》，2019 年 2 月 28 日，http：//www.cnnic.net.cn/hlwfzyj/hlwxzbg/hlwtjbg/201902/t20190228_70645.htm，最后访问日期：2019 年 3 月 5 日。

以 KOL 来影响人、打动人，进行众包式创意是社交媒体营销尤其是短视频营销的一种重要形式。"[①] 微播易智能投放系统，最快可支持数万订单在15分钟内执行完成。其高效化、创意性、智能化优势可见一斑。

微播易在为华为荣耀 V9 手机策划的品牌营销活动中，就运用短视频营销的热度和优势，依托于自身的短视频智能营销平台，首先在智选系统经过层层筛选，选定名为"办公室小野"的账号，然后通过此 KOL 在办公室花样美食试吃原创短视频，创意植入华为荣耀 V9"水洗、拍蒜、玩王者荣耀、多模式大光圈拍照"等镜头，完美凸显了此款手机在防水、坚固耐用、拍照等方面的强大性能。微播易策划投放的这则贴近生活、趣味性十足的短视频场景广告，不仅能让受众对广告中的产品性能有深入了解，增强其对品牌的好感度、信任度，更因其幽默出彩的创意引发用户各平台的自主分享，进一步满足了用户缓压和娱乐性的需求。

（四）从意见领袖角度："AI+KOL"用人工智能玩转粉丝营销

第 43 次《中国互联网络发展状况统计报告》指出，截至 2018 年 12 月，网络视频、网络音乐和网络游戏的用户规模分别为 6.12 亿、5.76 亿和 4.84 亿，使用率分别为 73.9%、69.5% 和 58.4%。[②] 而这些具有强互动属性的娱乐性平台，是众多网红及明星艺人的聚集地。以游戏主播 KOL 为例，他们不仅精通专业性知识，游戏技能强大，在游戏圈掌握着一定的资源和话语权，担当着圈层意见领袖的作用。而且，他们粉丝数量大、范围广。在这个媒体资源丰富、粉丝经济火热的时代，独具影响力。合理运用垂直领域 KOL 进行矩阵式营销，不仅能提升品牌认知度和好感度，且具有广大粉丝基础的 KOL，其"带货能力"也不可小觑。随着粉丝经济愈演愈烈，使用偶像明星同款或代言产品已经成为左右年轻消费者决策的重要驱动因素。经

---

① 徐扬：《微播易：短视频营销进入"AI+"时代》，《成功营销》2018 年 Z1 期。

② 中国互联网络信息中心：《中国互联网络发展状况统计报告》，2019 年 2 月 28 日，http：//www.cnnic.net.cn/hlwfzyj/hlwxzbg/hlwtjbg/201902/t20190228_70645.htm，最后访问日期：2019 年 3 月 5 日。

过 KOL 们的内容推广和相关营销活动的参与，和粉丝之间这种真实的互动也产生了一定的口碑示范效果。

在智能营销时代，AI 与 KOL "携手合作"，基于作为主要消费人群的庞大粉丝群体支持，其高话题性和强互动性的特点有利于形成轰动效应。这对于品牌方来说，无疑是最省力、稳妥且有效的营销方式之一。一方面，通过人工智能在前期对 KOL 数据的精准挑选，为不同受众精准推送符合受众喜好、与品牌调性相符的 KOL 代言广告及视频场景广告，促成一轮营销；另一方面，通过 KOL 及粉丝在各大社交媒体和人际交往中的多轮传播扩散，凸显意见领袖作用力，与粉丝实现联动营销。这样既突破圈层壁垒，扩大传播范围；也拉长营销战线，增强品牌热度，从而真正扩大品牌声量。

（五）从媒介渠道角度：多屏整合促进移动整合营销

第 43 次《中国互联网络发展状况统计报告》指出，截至 2018 年 12 月，网民使用手机上网的比例达 98.6%，使用台式电脑、笔记本电脑上网的比例分别为 48.0%、35.9%，使用电视上网的比例为 31.1%。[①] 对各智能终端的使用和分析是商家形成差异化营销的必争之地。接收信息的渠道越丰富、越分散，就越容易实现跨屏营销带来的效果差异化。廖秉宜指出，多屏整合成为移动营销必然趋势，且解释了多屏整合的两层含义：一是多屏整合的大数据分析；二是多屏的整合营销。这两点不仅符合智能化营销特征，更是智能化营销理念的升级版："用户使用手机屏、iPad 屏、电脑屏、电视屏、户外屏等多样终端留存的数据，数字广告平台可通过跨屏挖掘和分析来进行全方位解读，以修正和完善对消费者的认知，从而让广告投放更精准有效。"[②] 再者，跨屏的数据分析加上整合营销，使各个渠道快速打通，也可促成线上线下的一体化推广。

[①] 中国互联网络信息中心：《中国互联网络发展状况统计报告》，2019 年 2 月 28 日，http://www.cnnic.net.cn/hlwfzyj/hlwxzbg/hlwtjbg/201902/t20190228_70645.htm，最后访问日期：2019 年 3 月 5 日。

[②] 廖秉宜：《大数据时代移动营销十大趋势》，《中国保险报》2015 年 6 月 3 日，第 5 版。

三 新一代智能广告形态展望

互联网、数字化、人工智能等技术的高速发展，正催生新的人机交互模式，未来也将产生新的智能广告形态，人工智能本身与消费者的无边界互动将会是智能营销新的生命力。廖秉宜指出："智能广告可以具有虚拟现实、自动发布、智能匹配等特征，尤以受众识别、发布方式、内容生成和效果监测等方面的智能化特征最为显著。"① 依据此智能广告基本特征的叙述，笔者对新一代广告形态做进一步展望。

（一）AI 代言广告

2018 年春节期间，央视新闻推出了人工智能交互产品《你的生活，AI 为你唱作》。基于语音模拟和合成技术的 AI 播音员，不仅唱歌为大家送去新年祝福，还对其真人原型——主播康辉进行对话式采访。与此类似的产品已相继问世。如医疗界的"AI 医生"辅助或主刀手术、物流界的"AI 快递员"对上千万件快递实施自动化高速筛选分发等，笔者认为"AI 广告代言人"也正在路上。AI 广告代言人可在外屏形貌变换、语音对话、手势动作等各个方面任意切换，在与用户的交流过程中，进行广告播报、视频广告演绎、真人原型变脸模仿等各种才艺展示，以满足用户喜好。加之有趣、个性的创意内容，AI 广告代言人不仅本身能立住"网红"名号、吸引大众注意力，还能成为营销链中内容生产的重要助力。本着用户对 AI 天然的兴趣和粉丝文化环境下对真人原型广告代言人不同程度的喜爱和追捧，AI 广告代言人以用户想看的各个"爱豆"面孔进行广告宣传，在与用户的交流中任意变换角色，可极大程度上引起用户兴趣从而刺激消费。这也是另一种形式的"AI+KOL 营销"，即 AI 化身 KOL 进行广告代言活动和销售服务。

---

① 廖秉宜：《优化与重构：中国智能广告产业发展研究》，《当代传播》2017 年第 4 期。

（二）AI 互动广告

在生活节奏快、社交媒体普及、宅文化盛行的当下，大众的现实社交兴趣取向偏低。作为主流消费人群的中青年群体，更是"宅男宅女"的中坚力量。越来越多的人不喜欢进行深度现实社交，而喜欢在自我独立空间中做屏幕后的"隐形人"。在这样的现实背景下，AI 互动广告就是应时而出的人机交互最佳应用，也将会是人类和 AI 和谐共处的生活场景的一部分。而目前广泛普及的语音助手作为语音对话类的 AI 应用产品，还存在不能完全理解消费者意图、无法感知人们的情绪变化等问题，以致许多用户只是将其当作一个"玩具"，而无法实现真正意义上的人机交互。

2017 年作为智能传播技术创新突破的鼎力之年，其应用层的发展之一就是对话机器人已进入市场。"基于会话式智能交互技术，对话机器人能够从海量数据中自我学习，实现大规模、复杂性场景的人机对话。"① 笔者认为这就是 AI 互动广告的前身。AI 互动广告可在此基础上发展，精进记忆和理解人类语言的能力，跟人类进行无障碍对话。在步入强人工智能阶段的未来社会，以语言交流、精准推荐、自动化购买为一体的 AI 互动广告将会成为智能营销的新趋势。在用户有购买意向的基础上，通过对话交流 AI 可自动操作，完成对产品从搜索、推送、广告代言到挑选判断、线上购买的一站式服务程序。

（三）沉浸式交互体验广告

沉浸式交互体验广告是指利用 VR（虚拟现实技术）/AR、人工智能等技术，让受众身临其境地"感知产品和服务"，以加强受众和产品之间的理解，形成情感联系。"沉浸广告的空间无限无界无形，VR（虚拟现实）让你沉浸在广告打造的想象世界，AR（增强现实）技术让物理世界与虚拟广告自然融合，广告和内容的边界被打破。"②

---

① 赵若曦：《人工智能时代下智能化营销提升消费者消费体验策略研究》，《中国市场》2017年第 11 期。
② 李沁：《沉浸广告模式：大数据时代的逻辑颠覆与概念重构》，《当代传播》2017 年第 5 期。

以往用户对隔屏看到的场景营销或多或少具有不信任感，而在沉浸式场景的体验中，"传播媒介调动受众的感官越多，人的感知就越真切、越容易接受，广告的作用也大大提升"。① 随着沉浸媒介技术、计算机视觉、数字影像、传感设备、感知建模等技术的不断发展，创造出人机交融的沉浸式交互环境，调动受众视觉、听觉、触觉以及第六感（潜意识）等各感官进行从兴趣到身体、心理的深层次交互，形成沉浸式的泛众传播，可重新定义广告和用户。② 用户在自我开发的情境中，进入忘我的沉浸状态，对广告场景、内容重新创造，其参与度和主动性会大大提升，成为名副其实的广告主体。

四　对智能营销生态建构的反思

人工智能应用于营销领域，与其在新闻业等其他领域的应用一样，伴随着业界的具体实践，也显露出种种问题和隐患。我们一方面在利用技术强化营销效能的同时，另一方面也不能忘却回归理性，保持对智能营销热的冷思考。在热潮的推动中，以技术决定论者的姿态陷入"乌托邦式"狂欢陷阱，这是技术真正误导人类的第一步。人工智能仍处于社会争论的风口，盲目的技术崇拜极易失去目标消费者。用辩证的眼光看待人工智能技术的双重性问题，我们将视角聚焦于智能营销策略的过程机制，也可大致窥探出智能营销策略在实施过程中暴露出的技术两面性。

（一）全媒化精准推荐下的消费者"倦怠心理"

菲利普·科特勒说，营销的目的是发现用户需求和激发欲望，而消费者的欲望很难用机器捕捉。即使数据源是最真实的，数据分析处理也是最客观的，数据也不能完全反映一个人的内心变化。"尽管智能搜索的推荐信息可

---

① 曾静平、刘爽：《智能广告的潜进、阵痛与嬗变》，《浙江传媒学院学报》2018年第3期。
② 李沁：《沉浸广告模式：大数据时代的逻辑颠覆与概念重构》，《当代传播》2017年第5期。

以帮助消费者决策，但这些推荐也可能造成心理反感。"① 与主动获取信息带来的快感相反，大数据依靠搜索信息持续性地根据消费者过往消费踪迹"精准推荐"，很难不对用户形成干扰使其产生倦怠心理。人工智能干扰个人行为，某种意义上，人工智能代替个人进行决策，这是某些用户目前还不能接受的事情。大部分用户对"营销的直接目的就是吸引消费者产生购买行为"的固定认知还未有根本改变，而大数据自带"读心术"式的营销，长此以往易造成用户的消费疲劳。

（二）多形式智能广告中的网络伦理问题

在营销形式的多样化呈现下，弹幕广告、网页跳窗及链接广告，视频贴片广告等各种广告推荐形式精彩登场，其中也横生了许多无效、劣质、虚假广告，导致冗余信息泛滥，过度分散了用户的注意力和记忆力。且过多的跨屏广告推荐不仅对用户形成干扰，还使得用户被智能技术"打劫"，在这种技术的"绑架"下，用户体验感和好感度只能下降。

某些智能广告信息在不良企业的人为控制下，打着利益的擦边球，触犯网络伦理边界，滋生了数据霸权扩张，虚假、劣质广告泛滥，机器人流量造假、广告欺诈等一系列问题。这些同样也给了低素质网友和不法分子可乘之机，"网络上各种对骂、过度吹捧、夸大化地恶性竞争此起彼伏，本已拥堵不堪的广告市场，频频出现'泥沙俱下''鱼龙混杂'的乱象"。② 这些触犯道德或法律底线的网络伦理问题，不益于风清气朗的网络空间环境形成，也不利于广告营销市场的良性发展。

（三）高效率智能营销运作下的人才归置问题

随着智能营销的发展，许多传统营销方式中人类的工作已被机器所取代。然而，新的智能化技术还未被大多数人所习得，在这种人才与工作需求

---

① 凯特·兰伯顿、安德鲁·斯蒂芬、刘国华、周怡：《数字营销：过去、现在与将来（一）》，《公关世界》2017 年第 11 期。

② 曾静平、刘爽：《智能广告的潜进、阵痛与嬗变》，《浙江传媒学院学报》2018 年第 3 期。

双向失衡的情况下，一部分人不可避免地要面临工作高压、焦虑感增强、失业等问题。且新技术的挑战扩展到所有领域的营销人员，这对从业人员的使命感、信念感、传播伦理的要求也越来越高。广告从业者不仅要及时洞察行业动向、努力学习人工智能方面的新技能，成为一专多强的复合型人才，以应对行业竞争与挑战，更要加强自身职业道德建设，在商业利益驱使的洪流中抵住诱惑，这对人类自身精神意志也是一个不小的考验。

算法推荐虽然精准，但是人工经验和感性认知也同样重要，毕竟人的思想是很难完全用量化的数据进行客观描述的。"AI能让分析更有效、更快、更精准，但是它们未必能有'战略'的思维，未必能有'人的情感共鸣'的本能。"[1] 所以，我们在强调人工智能强大的作用时，不能忽视人本身的作用。人工智能本身属于技术范畴，不是对人的完全替代，职业危机感一定程度上也能产生驱动力。"一点资讯"的付继仁说："我们在创造营销技术的同时，也要把握营销的艺术，自然人在各种营销场景中仍将继续发挥很大的价值。"[2]

（四）智能营销实践中的隐私侵犯问题

在大数据和物联网时代，万事万物都能够被"数据化"，每个个体都构成了一个量化的自我，"大量关乎个人的信息充斥在不同的场域中，甚至会随着情景的变化而被多次呈现"。[3] 未经本人同意的大数据非法监听和解读误导、干扰着用户的生活，普遍性的数据造假及数据泄露问题瓦解着用户的信任。

随着社会隐私侵犯等负面案件的曝光率增加，越来越多的隐私侵权使得用户本就敏感而脆弱的神经处于高度紧绷状态。用户在360°全方位的"全

---

[1] 王赛：《营销4.0：从传统到数字，营销的"变"与"不变"——"现代营销学之父"菲利普·科特勒专访》，《清华管理评论》2017年第3期。
[2] 付继仁：《探寻移动营销的更多价值 人工智能时代的数字商业思考》，《声屏世界·广告人》2018年第5期。
[3] 肖梦黎：《大数据背景下个人信息保护的更优规制研究》，《当代传播》2018年第5期。

景监狱"监视之下，好似没有自我空间的透明体。而在用户隐私保护意识不断提高的今天，依赖数据积累的智能营销隐藏着和用户因数据权、隐私权纠葛而产生的直接性矛盾。

个人隐私并不仅仅局限于大数据中被采取加密措施的个人信息，"通过对个人信息的'预测性分析'得到的个人不曾公开的信息亦属隐私"。① 广告是以市场机制为导向的行业，其最终目的是帮助企业盈利。在自由竞争的市场环境中，商业逐利的本质很难使数据管理者做到严格把关。所以，数字化生存与"量化的自我"呼吁相适应的法律规制要求。"与个体保护个人信息的无力感相对应的则应是完善、有效的规制系统的建立。只有依赖制度建构的力量才能使得'透明化的个人'在大数据时代获得安全感。"②

五 结语

营销传播的智能化目前还处于初级阶段，要真正体现人工智能的"数算力"，还需要"从技术观念、机器学习升级和数据场景平台的搭建上进一步深入与升级"。③ 受众的自主权在人工智能时代得到了前所未有的强化，广告业从整合营销再到现在的智能营销，都是为了面对复杂多变的现实环境，以创新性手段获得广告营销效果的最大化。人工智能等高科技技术发展迭代性强，智能营销作为人工智能技术赋能的重要领域，其基于技术的复杂性和先进性在模式上也有复杂化、多元化等特点。智能营销的可持续性健康发展道阻且长。

---

① 邵国松、黄琪:《人工智能中的隐私保护问题》,《现代传播（中国传媒大学学报）》2017年第12期。
② 肖梦黎:《大数据背景下个人信息保护的更优规制研究》,《当代传播》2018年第5期。
③ 刘珊、黄升民:《人工智能:营销传播"数算力"时代的到来》,《现代传播（中国传媒大学学报）》2019年第1期。

基于新零售的品牌传播嬗变[*]

莫梅锋　向媛媛[**]

摘　要：　当下，新零售对品牌传播产生了全局性、革命性影响。在各大新零售平台，许多品牌一夜之间爆红，成为爆款，打破了传统的品牌传播周期化发展的规律。同时，数据赋能，消费者对品牌及其信息的处理流程从"认知"环节直接跳到"认购"环节，跨越了"兴趣""欲望""记忆"等中间环节，规避了环节转换过程中可能出现的流量流失或中断问题。而新零售以"人—货—场"为核心的新的生态关系则从根本上解构了传统的品牌与消费者的"主体—客体"关系。

一　逆周期：新零售对品牌生命周期律的颠覆

"产品生命周期"（Product Life Cycle）理论是"品牌生命周期"（Brand Life Cycle）理论的基础。"产品生命周期"理论最早由美国哈佛大学教授雷蒙德·弗农（Raymond Vernon）于1966年提出。他认为，产品的市场生命和人的生命一样，都要经历出生、成长、成熟和衰退的过程。[①] 一般认为，一种产品从进入市场到被市场淘汰的整个过程，都会经历4个阶段：导入

---

*　本文为国家社科艺术类重大项目"文化产品价值评估的标准与方法研究"子课题转立湖南省社科基金重点项目"文化产品价值评估的标准研究"（16ZDB67）的阶段性成果。

**　莫梅锋，博士，湖南大学新闻传播与影视艺术学院广告学系主任、教授、硕士生导师；向媛媛，湖南大学新闻传播与影视艺术学院硕士研究生。

① Raymond, V., "International investment and international trade in the product cycle," *Quarterly Journal of Economic*, 80 (1966): 190-207.

期、成长期、成熟期和衰退期（见图1）。随后有研究者提出了类似的产品
生命周期五阶段说、六阶段说。

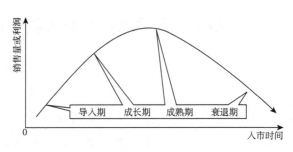

图 1　产品生命周期模式

　　"产品生命周期"论描述了产品的市场生命发展的总体性规律，对处于
不同生命周期阶段的产品如何拟定适当的营销传播策略具有重要的指导价
值。一般认为，在产品的市场导入期，营销传播活动应该着重于新产品、新
功能、新用途的介绍，新消费观念、消费习惯的培养，引导产品进入市场，
唤起市场潜在需求；在产品的市场成长期，营销传播活动的重心应该转移到
建立产品形象上，树立产品品牌；而在产品的市场成熟期，营销传播活动的
主要任务是促进销售；最后，在产品的市场衰退期，营销传播活动的发力点
是提醒消费者产品的存在，并预告新产品、新功能的到来。

　　"品牌生命周期"理论研究的是品牌发展演化的阶段性规律。一般认为，品
牌的市场生命和产品一样，也有一个从出生到死亡的周期性规律。菲利普·科
特勒曾经认为不同品牌的生命周期曲线可能存在差异，但总有出现衰退的一天，
但后来其品牌必然衰亡的观点又有所动摇。[①] 因为，事实上，不同于旧款产品
总会被新款产品所替代，品牌可以通过积极的营销传播手段，阻挡或延缓品
牌衰退期的到来，打造千年不老的"老字号"，塑造永葆青春的常青品牌。在
这个过程中，适宜的品牌传播策略发挥了关键性作用。品牌生命周期发展的
规律特征会因营销传播的作用而发生变化。为延缓或直接让品牌跳过衰退期，

---

　　① 陈姣：《科特勒营销学新解》，中华工商联合出版社，2017，第176~180页。

品牌主在其某款产品即将进入衰退期之前，就通过推介新款产品上市的系列营销传播活动，直接把品牌引入下一个生命周期的导入期，从而形成了品牌生命周期的螺旋模式（Spiral Model of Brand Life Cycle）（见图 2）。

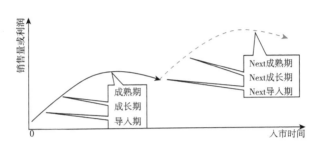

图 2　品牌生命周期的螺旋模式

在新零售时代，品牌的生命周期规律又发生了新的变化。品牌传播的"逆周期"特征逐渐显现。特别是爆款现象彻底打破了品牌传播周期律：在上市之前，为品牌策划多个具体有爆红潜力的元素和标签，充分造势，特别是通过社交媒体充分动员和导流，激励网红，微博、微信、抖音等大流量平台的头部用户推荐，充分蓄势一段时间，消费者对品牌产生饥渴性欲望之后，才全渠道铺货，同时发挥微博、微信、短视频等新媒体平台的导流作用和各大新零售平台即时变现能力，实现了大流量转现，从而使品牌的某款产品突然一夜之间成为爆款。

尽管爆款产品在本质上说也存在从形成到衰退的生命周期过程。但如果品牌主有策略地把部分阶段刻意隐藏起来，只把流光溢彩的成熟期呈现在世人面前，产生的效果就不一样。这种看似违背常规的"逆周期"（见图 3）表现，使品牌成为万众瞩目的焦点。具体操作手法是：首先，品牌主打造一款在某方面达到极致的产品，在上市之前，采用饥饿营销策略，蓄势待发，一发则引爆市场，成为市场传奇，而被各界所注意并持续追捧，一段时间之后，见好即收。然后的一段时间看似沉寂了，实际是品牌又在蓄积打造另一个爆款产品的势能。"苹果"手机（iPhone）就是一个这样的品牌，每一次新款产品一上市就成了爆款，看不到它的形成，也看不到衰退，似乎只有一个长长的收割市场的成熟期。这样的品牌奇迹，不但引发消费者的好奇心、攀比心和购买欲，也引起同行的热议或模仿，共同做热市场。这种只呈现一个市场火爆、供不应求的成熟阶段的品牌爆款打法，体现出对品牌生命周期规律的彻底颠覆。

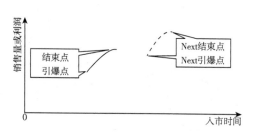

图3　品牌爆款的逆周期模式

为了打造爆款，颠覆品牌周期律，品牌传播者必须擅于挖掘或赋予品牌多个走红元素并将之标签化，再应用蓄势营销与饥饿营销策略，营造供求关系紧张氛围，打造供不应求现象。这样不但能维持品牌形象，还能积蓄品牌传播势能。当然，并不是所有品牌都能成为爆品。只有当传播势能积聚成可以席卷一切传统媒体和新媒体平台的流量漩涡时，引爆点才会出现。同时，品牌还必须在某方面做到极致，且具备多个走红元素。在多元传播主体的社交媒体时代，不确定因素太多，如果只策划一两种走红元素，可能会被社交泡沫所淹没，只有同时赋予品牌多个走红标签，其中的某一两种元素在机缘巧合中扣动了生产性消费者的心弦，引发蝴蝶效应，才能在瞬间刮起流量旋风。

二　跨流程：新零售对消费者品牌行为的流程再造

一般认为，消费者对品牌信息的处理流程经历了引起注意（Attention）、激发兴趣（Interest）、唤起欲望（Desire）、留下记忆（Memory）、实施行动（Action）等阶段，即形成 AIDMA 模式。在互联网时代，消费者对品牌信息的处理流程增加了搜集与分享的环节，形成 AISAS 模式，即经历注意

基于新零售的品牌传播嬗变

（Attention）、兴趣（Interest）、搜集（Search）、行动（Action）和分享（Share）4个阶段。① 不管是 AIDMA 模式，还是 AISAS 模式，都认为消费者的品牌沟通流程是依次或跳跃进行的。而事实上，消费者的品牌信息处理流程可能是螺旋循环的。在新零售诞生之前，品牌传播活动勾起的"注意"或"购买欲"到"购买行动"，总是要经历"惊险的一跳"。很多品牌的传播战役成功勾起了消费者注意力或购买欲望，但由于购买手段、技术等的落后，无法立刻把注意、兴趣或欲望转化为购买力。只能保留在记忆里，流程的环节越多，环节之间的转化效率就越低，流量流失问题就越严重。而在新零售条件下，基于大数据的品牌信息的精准投放，可以恰好击中消费者的"痛点"，每一则品牌信息都可以做到"应需""应时""适地"，仿佛是应消费者期望而至，且通过二维码、小程序、移动支付等便捷技术，只一次点击，甚至不需要点击，就可以完成线上、线下同步或不同步的购买过程。从注意环节直接到行动环节，轻易可以实现。

在新零售时代，消费者行为的 AIDMA 或 AISAS 模式被消解，消费者行为直接由注意（Attention）阶段向行动（Action）阶段跳跃，即形成 AA 模式，激发兴趣、引发欲望和形成记忆等环节被省略。从消费者的角度来看，基于支付系统的升级、供应链的扁平化、智慧物流体系的搭建、电商平台海量数据的积累以及大数据和云计算能力的完善等因素的共同努力，消费者在决策过程中所花的时间少到可以忽略不计，这样消费决策的效率得到了提升。由于流程缩短，瞬间消费成为易事，消费者在快速节奏的营销活动刺激下，其心理和行为很容易受到品牌战役的影响，甚至受其左右。从品牌主的角度来看，跨流程的结果会导致营销传播的效率和效果得到更大的提升，成本大幅度降低，更重要的是品牌注意力转化为购买力的转化率和转化风险得到了有效控制。

如果说，从 AIDMA 模式到 AISAS 模式是消费者品牌传播流程的第一次

---

① 赵和平、康励锋：《AISAS：整合营销传播 2.0 北京电通的探索与实践》，《当代经理人》2007 年第 11 期。

169

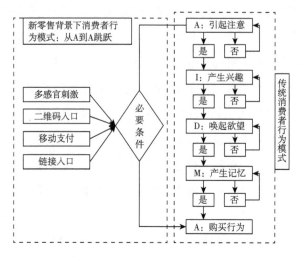

图 4　消费者品牌行为流程由 AIDMA 模式向 AA 模式转变

转变，那么，从 AISAS 模式向 AA 模式的转变是消费者品牌传播流程的第二次转变（见图 4）。这一次的变革更具革命性意义。因为 AISAS 模式只是对 AIDMA 模式的部分环节的变化，体现出网络媒介对大众媒介、互动沟通对单向传播模式的迭代，搜集（Search）和分享（Share）环节的增加只是对传统消费者行为模式细枝末节的微调，而由 AIDMA 模式或 AISAS 模式到 AA 模式的转变，则是解构性的革命。

　　为了实现从"认知"到"认购"环节的直接飞跃，品牌传播的策略应该集中在如何快速实现流量的变现，不必鼓励消费者买前搜索或通过社交媒体了解品牌评价或口碑，而是通过明星、名人、典型消费者示范，网红带货，促进冲动性消费，以缩短消费者的行为路径，减少环节转移过程中隐含的流量流失或中断的风险。

三　新生态：新零售对品牌关系的生态重构

　　品牌关系理论关照的核心内容是品牌与消费者的互动。品牌主必须塑造并维系良好的"品牌—消费者"关系，包括消费者的品牌态度演变过程和品牌的市场反应过程；以消费的品牌态度为出发点，以品牌的市场反应为目标指向。品牌主往往标榜以消费者为中心。其实，归根结底，品牌主只会以自己的市场目标为中心，这就形成了品牌—消费者关系的主客对立关系。按照这种对立逻辑，对消费者心理和行为的控制成为衡量品牌传播的成功标准。以品牌为主体和中心的思维遭到学术界的批评和反思，消费者也针对采用这一思维的品牌及其传播活动，"用脚投票"或频繁地换台和快进广告（Zapping&Zipping），或者养成了跳阅（Skipping）的习惯，掌握了屏蔽（Masking）广告的手段，以此来表达反抗。

品牌与消费者的关系应该是新型的主体间性（inter-subjectivity）关系，即主体与主体之间的关系。基于这一理念，品牌传播的实质是品牌与消费者传受双方平等地通过互动媒介进行品牌信息双向动态沟通的过程。在沟通过程中，双方共创价值、共享信息控制权，最后建立起和谐、亲密和长久的主体间性关系，甚至可望实现"传播者与授受者合一""生产者与消费者合一"的理想境界。但在品牌主掌握品牌传播话语权的背景下，消费者只能有限地参与品牌创意的创作和传播，完全实现"传授合一"过于理想主义。在新零售时代，这一状况有望得到根本改变。

在新零售时代，"场景化消费"非常普遍。"场景化消费"不仅包括品牌购买，还包括生活、情绪、体验、氛围等商业特征不十分明显的新元素和新维度，能够为消费者提供新价值。场景是生活的场景，"场景化消费"不只是为了购物而进行的消费，而是为了生活、为了感觉、为了体验等而进行的消费，淡化消费的商业性，把消费者还原为生活者，从而为建构新型品牌—消费者关系或者说建构新型"传授合一"关系提供了共同基础——一切为了美好生活。生活场景成为连接品牌与消费者新型关系的关键环节。而新零售可以赋能各种场景，在前端可以向消费者提供可追踪的品牌信息和故事，在中台，可以利用便捷电子支付手段为消费者克服现金交易难以实现的愉悦体验，在后端可通过 AI 或 AV/VR 技术赋予消费者更智能、超真实的奇妙体验。新零售升级了传统的传授对立的品牌关系僵局，形成了以

"人—货—场"统一为特征的品牌关系新生态（见图5）。①

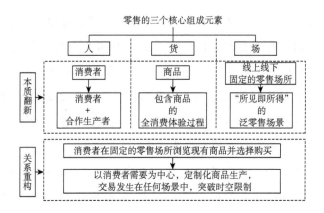

图5　新零售"人—货—场"关系重新建构

在新零售业态下，"人"由被动的消费者转变为"生产性消费者"。这表现在消费者参与品牌生产、传播、营销、消费和再生产、再传播、再营销、再消费的全过程；特别是消费者的心理和行为数据为品牌生产、传播和营销决策提供了可靠支撑。"货"由单纯的商品转变为"包含商品的全消费过程的品牌体验"。②"货"的外延泛化，特别是全过程体验，包含物流体验等，在当下的品牌选择中，可能起到决定性作用。"京东"就是很好的案例。而"场"由线上和线下固定的零售场所转变为"所见即所得"的泛零售场景，"场"更精细化，不仅仅作为消费场景，而是集生活、社交、娱乐等为一体的多元场景。而每一个生活场景又可以衍生出一个闭环结构。最终，形成一种新型生态化的品牌关系系统。

为了营造更友好的"人—货—场"生态关系，品牌的传播活动应该基于大数据挖掘，有策略地选择能戳中消费者痛点的典型生活场景。比如在美剧App中植入英语培训广告，在饭点推送外卖App优惠信息，应消费者当

---

① 陈科：《新零售趋势：线上线下合力，重构人、货、场》，《第一财经日报》2018年7月2日，第A12版。

② 阿里研究院：《新零售下的品牌变革》，《经理人》2018年第1期。

时之急需。同时，一切品牌传播活动还要降低体验门槛，减少流程规则，最小化参与成本，才能提升活动的参与度。最后还要增强场景的娱乐性、分享性，才能引发病毒式传播效应，引发流量旋风。

四 结语

新零售对品牌传播产生了巨大影响，品牌传播的决策依据和思维路径必然发生变化。不管是依据"逆周期"规律，还是采用"跨流程"路径，品牌传播的目标是营造良性的品牌关系，而新零售赋予品牌关系以新内涵：由传统的在固定零售场所内消费者浏览商品并购买转变为消费者在超越时空限制的各大生活场景下浏览、体验、购买、分享那些调试个性化、定制化的品牌。这些无疑为新零售背景下品牌传播的策略优化提供了新思路。

社交媒体环境下品牌话题营销传播创新*

廖秉宜　张诗茹**

摘　要：　社交媒体环境下，品牌营销传播环境发生重大变革，话题营销传播成为一种全新且重要的营销传播方式，日益受到业界和学界的重视。本文采用案例分析法和归纳法的研究方法，重点分析品牌话题营销传播的话题类型、叙事策略、渠道策略与策略创新。本文认为，品牌营销话题选择的类型主要分为热点类话题、情感类话题、争议类话题和公益类话题。品牌话题叙事策略应该选择通俗主导的叙事策略、娱乐主导的叙事策略、实用性主导的叙事理念或消费者主导的叙事接收，渠道策略应该采用线上、线下平台联动的方式，扩大话题营销传播活动的影响力。通过嵌入分享基因，明星效应持续发酵，确定最佳话题发布时间，品牌跨界合作等策略创新扩大品牌传播声量。

社交媒体环境下的品牌话题营销传播是指品牌以具有话题性的内容为载体，运用社交媒体的力量和消费者的口碑，使企业的产品或者服务成为消费者谈论的话题，提升品牌知名度和影响力的一种新型营销方式。社交媒体环境下的品牌话题营销传播是一种"去中心化"的新型交互模式，消费者与

　　*　本文为国家社会科学基金一般项目"中国互联网广告监管制度研究"（16BXW087）的阶段性成果。
　**　廖秉宜，博士，武汉大学媒体发展研究中心研究员，武汉大学新闻与传播学院副教授，武汉大学珞珈青年学者；张诗茹，武汉大学新闻与传播学院硕士。

品牌可以直接沟通。品牌主通过在社交媒体上制造消费者感兴趣的话题内容与消费者"面对面"沟通，有助于传递品牌信息和扩大品牌声量。话题营销传播成为当前学界和业界关注的一个重要议题。本文重点探析品牌话题营销传播的话题类型、叙事策略、渠道策略与策略创新，以期推进话题营销传播的理论建构与科学化运作。

一　品牌话题营销传播的话题类型

（一）热点类话题

社交媒体环境下，企业通过制造话题吸引消费者注意，并通过消费者主动转发话题内容扩大传播声量。品牌主借助社会热点类话题进行营销有两个优点：一是与热点内容保持同步，快速增加话题的曝光量；二是有助于丰富话题内容，调动消费者的参与积极性，与品牌快速形成互动。

杜蕾斯作为全球知名的两性品牌，它的产品兼具私密性与敏感性的特点，品牌主在开展营销活动时，其话题内容的叙事必须考虑受众接受心理。杜蕾斯擅长借助热点进行微博话题营销。2011 年北京暴雨期间，杜蕾斯在微博上推出"杜蕾斯雨夜鞋套"话题，并采用了图片的形式。图片中的一名男性将安全套作为鞋套套在了运动鞋上，内容含蓄但传递信息明确。一方面借势民众对北京暴雨的高度关注，另一方面凸显了杜蕾斯产品的安全性。这条微博也成为新浪微博第一次非明星事件、非天灾人祸，而是凭原创和品牌相关的内容成为当周转发热门榜第一名的微博。[1]

（二）情感类话题

品牌主在话题营销传播策划创意中，借助情感类话题，在社交媒体上引发消费者情感共鸣，推动话题讨论和扩散。由于生活条件的日趋改善，作为

---

① 北京博圣云峰信息咨询有限公司：《杜蕾斯雨夜鞋套事件》，《广告大观》（综合版）2011 年第 11 期。

"感性人"的消费者从注重"衣遮体、食果腹"的实用型需求逐渐转向更高层次的情感性和精神性需求，他们不仅注重产品的实用性，而且追求消费产品时带来的心理满足和精神上的获得感。

在品牌主选择情感类话题时，通常会利用特殊的"情感"将品牌与消费者联系起来，赋予品牌生命力，从而使品牌成为消费者谈论的焦点。2017年，方太品牌以"妈妈的时间机器"为话题开展了一系列线上线下活动，它们在线下开了一间时间超市，这间超市的物品都不是用金钱标价，而是标注"妈妈洗这些东西所需花费的时间"。除了超市以外，方太品牌在线上推出了以"妈妈的白日梦"为主题的视频，在视频里以妈妈为叙述者讲述了她做了一个梦，幻想自己得了文学奖，但是当她回到现实中时，只剩一堆怎么洗也洗不完的碗。方太品牌通过这一系列活动旨在传达方太产品可以帮妈妈节省时间，使妈妈拥有实现自己梦想的可能性的信息。这种将亲情注入产品的方式，容易引发消费者情感上的共鸣。2018年，iPhone X 携手著名导演陈可辛拍摄了一部名为《三分钟》的短片，短片叙述了作为列车工作人员的母亲与孩子在列车短暂停靠的三分钟里见面的故事。在这部短片里面没有出现 iPhone X 产品的画面，而是将产品作为一个记录者，利用远景、近景、中景灵活切换拍摄视频，体现手机的人像拍摄、延时摄影等功能，这个短视频讲述了一个最真实的生活故事，表达了在春节家人间的思念之情，在社交媒体上形成了刷屏现象，成为消费者热烈讨论的话题。

（三）争议类话题

品牌主开展话题营销传播容易进入一个误区：仔细地为话题的爆竹填满了内容，但是却没有成功引爆话题。社交媒体为消费者提供了相对开放的讨论平台，他们可以在社交媒体平台畅所欲言。一个具有争议性的话题往往可以迅速地引爆舆论，造成信息曝光量的快速增长。制造与品牌相关且具有争议性的话题是话题营销传播中一种常用的营销方法。

争议性话题必须要与消费者息息相关，这种相关性是指可以让受众从话题内容中找到与自己的生活经历相似的体验，让他们觉得所讲述的就是他们的故事或经历。① 由于媒体与社会的过度关注，女性的年纪成为社会关注的热点话题，"剩女"是近几年在社交媒体上被热议的一种社会现象。从社会学的角度来说，社会议题不是自然存在的，而是在公共领域内被建构的结果。② 针对这一具有争议性的话题，日本护肤品牌 SK-II 针对亚洲女性发起了以"改写命运"为主题的系列营销活动，在 2017 年拍摄的《人生不设限》短片中，中日韩三国的女性手臂上被打上了类似产品保质期的印章，将女性被 30 岁这个年纪所困扰的无形焦灼感具化成我们可以看到的倒计时，以此引发消费者对于"女性是否应该被时间捆绑人生"的思考。

（四）公益类话题

品牌主作为营利性经济组织，不能仅仅将追求利益最大化作为营销目标，也需要积极地投身到公益活动中，主动承担相应的社会责任。有研究表明，消费者更信任具有社会责任感的企业。公益营销是指企业以关心人的生存发展、社会进步为出发点，借助公益活动与消费者沟通，树立良好的企业形象，并借以影响消费者，使其对该企业的产品产生偏好，在做购买决策时优先选择该企业产品的一种营销方式。③ 品牌主选择公益类话题进行公益营销，可以提升品牌资产。

2017 年 8 月 29 日，腾讯公益携手 WABC 无障碍艺途为一群特殊的小朋友举办了一次画展，这次以"小朋友画廊"为主题的公益类话题营销，利用 H5 和二维码的形式在社交媒体上造就了一场现象级的刷屏营销活动。这群患有自闭症、脑瘫的残障儿童，由于疾病原因无法与外界正常交流，但是他们却可以用图画的形式表达自己的内心。在这次话题营销活动中，消费者仅需 1 元钱便可以获得 1 张小朋友的画，最后筹得的资金也会被用来帮助这群小朋友，原有的捐赠模式是将弱势群体置身于被助者的地位，而这种以物

---

① 张利娟：《浅谈话题营销的运作》，《新闻研究导刊》2014 年第 6 期。
② 林芳玫：《女性与媒体再现——女性主义与社会建构论的观点》，巨流图书公司，2003。
③ 于洋、王国成：《公益营销：我国企业体现社会责任的双赢选择》，《首都经济贸易大学学报》2007 年第 2 期。

易物的方式改变了原有的捐赠模式，将捐助者与被助者看作平等的双方，这实际上是将这些小朋友看作普通人而非特殊群体，体现了对他们的尊重。据统计，截至 8 月 29 日 14：30，"小朋友画廊"已募集到超过 1500 万元善款，共有 580 多万人参与募捐。[①] 利用公益话题开展话题营销不仅仅是简单地献爱心，而是通过这次营销活动输出企业价值观，从而加强自己与消费者之间的情感联系，使营销活动成为消费者热议的话题。社交媒体的出现，降低了消费者参与公益话题营销活动的门槛，同时数字技术使得营销活动具有趣味性和互动性。

二 品牌话题营销传播的叙事策略

（一）通俗主导的叙事风格

所谓"叙事风格"是指叙事主体在叙事的过程中使用的使叙事内容具有不同特色的一种倾向性。

品牌主开展话题营销的主要场所是社交媒体，话题的叙事方式要直白，具有平民化和通俗化的特点，使广大消费者能参与到话题的讨论中，形成二次传播，扩大话题营销传播活动的传播范围。再者，由于数字平台的开放性以及信息传播速度快的特点，品牌主在进行内容叙事时保证内容精确度高，避免传播错误的信息内容。这就要求品牌主在进行话题内容叙事时，一方面要适应当下消费者碎片化的信息消费模式，利用短视频、图片、音频等数字传播方式，短时间内向消费者传递完整丰富的话题内容，在冗余的信息环境中有效地占有消费者有限的注意力，引起其关注和讨论；另一方面，品牌主在进行话题内容传播时，要使消费者浏览到该话题内容时，可以通过简易的方式参与到话题内容的传播中，比如带上话题进行评论、转发企业官方微信

---

① 《"小朋友画廊"刷爆朋友圈　互联网公益需要怎样的舆论环境》，2017 年 9 月 4 日，http：//yuqing.people.com.cn/n1/2017/0904/c209043 - 29513147.html，最后访问日期：2019 年 5 月 15 日。

或者微博的内容、扫描线下二维码互动、与线上官微互动等方式。

（二）娱乐主导的叙事艺术

品牌在进行话题内容叙事时可以增强其娱乐性，使消费者在参与话题营销传播活动时，一方面可以获取有关产品的实用性信息，另一方面可以起到娱乐休闲的功能，增强消费者对品牌的好感度。

2015 年，演员范冰冰与李晨在微博上公开了两人恋爱的消息，8 分钟后杜蕾斯在官方微博上用"你们！！！！！！！！ 冰冰有李！！"几个字配以一张简单的图片借热点话题进行营销。杜蕾斯作为两性产品经常使用"幽默且隐晦"的方式进行话题营销，这种方式一方面可以借用热点内容引流，另一方面又用具有娱乐性的叙事风格将消费者逗乐。品牌主需要基于消费者的娱乐需求，在进行话题营销时注入娱乐基因，使消费者在轻松愉悦的环境中接收品牌信息。

（三）实用性主导的叙事理念

品牌话题营销叙事内容的实用性与话题内容叙述的艺术性特征是统一的。在产品高度同质化的市场环境里，同一类型产品的功能性差异对于消费者而言并不显著。尽管如此，消费者仍然十分关注产品的品质，也会理性地思考话题内容中的产品是否能带来便利性和经济性等实用价值。

在社交媒体话题营销中，话题内容的传播速度非常快。从营销活动中获得真实的实用性信息是消费者参与话题营销活动的原因之一，品牌在进行话题营销时传递的信息必须是真实的和有价值的。如果营销活动中传递的信息是错误、虚假的，即使内容和形式再有艺术性，也无法获得消费者的信任。

（四）消费者主导的叙事接受

消费者既是话题内容的接受者，也是叙事主体之一。品牌主在创造话题内容之前都会设定目标消费者，以话题内容为载体，在消费者与品牌之间建立双向沟通渠道，使消费者参与到话题内容的叙述中，使消费者成为传播过程中的叙事者。品牌主通过这种叙事主体与叙事客体身份的转换，可以降低消费者对陌生品牌的戒备心理，使消费者接受企业话题叙事的内容。

2018年，百度外卖推出了以"每顿饭都值得被用心对待"为话题内容的营销活动，在视频网站推出了相关短片。在短片中，百度外卖抓住"人生与吃饭"两个消费者的痛点，将消费者与品牌联系在一起。互联网公司"加班"这个话题也是社交媒体热议的话题，例如，网易考拉选择"加班"这个热议话题在社交媒体上推出了《入职第一天，网易爸爸教我做人》的H5。在这个H5中，网易考拉选择从一个新入职的员工视角讲述在网易上班被迫加班、被上司压榨的事情。网易巧妙地借用"加班"这个社会关注的话题，大胆地利用自黑的方式揭露公司的内幕，与消费者进行内容交流，消费者在对话题内容进行讨论的过程中自然也成为企业话题营销内容的叙事者之一，也将其在社交媒体平台上聚集起来的注意力转移到网易考拉这款软件本身。

三　品牌话题营销传播的渠道策略

（一）线上平台形成话题入口

当品牌话题营销中话题的叙事文本被设置好后，还需要合适的渠道对话题内容进行传播，增大话题内容的曝光量。消费者可以通过社交媒体获取自己想要获得的实用性信息，也可以向品牌主传递有关自我需求的信息。与此同时，品牌主可以通过社交媒体设置话题内容传递品牌价值观，在塑造品牌形象的同时，完成产品或服务的销售，最终提升企业的市场竞争力。

微博、微信朋友圈、抖音、百度贴吧、小红书平台等数字线上平台可以看作一个媒介的大综合体，消费者在这些不同的线上平台里获取信息和消遣娱乐。品牌主在开展话题营销传播活动时需要将多平台打通连接，将不同平台之间的用户进行相互引流，提高消费者对品牌话题内容的关注度。

2017 年 5 月的母亲节期间，国货品牌百雀羚以"对抗时间"为主题推出了长达 4.27 米的图片，讲述了一名叫"阿玲"的女特工被派执行杀死时间的秘密任务，在图片的结尾点名了"百雀羚，与时间作对"的话题主题。这张超长图片最初在微信公众号"局部气候调查组"推出，然后在"4A 广告门""庞门正道"等人气微信公众号上进行转载，许多微信用户自发地转发到朋友圈进行二次传播，在微信平台形成了大规模的刷屏现象，截至 5 月 12 日，百雀羚的微信指数就达到了 560 多万。除了微信平台，"局部气候"和"百雀羚"官方微博也对该长图进行了推送。百雀羚不仅利用了官方微博、微信平台，而且在新闻客户端、门户网站等其他线上平台进行了推广。由于其新颖的创意主题及长图形式，自 5 月 7 日推出以来获得多方转载，赢得了媒体关注和主动报道，总曝光量在千万级以上。① 这些平台之间不是相互孤立的，互相之间是可以进行内容分享的。

由百雀羚的这次以"对抗时间"为话题主题的营销活动可以看出，品牌在话题营销活动中不单单是借助单一的线上平台，而是借助微信公众平台、微信朋友圈、微博、新闻网站等不同平台进行联动，将不同平台消费者的注意力整合。当话题内容在微博等弱关系平台上吸引了消费者的注意力时，消费者可以将这些内容自发地分享给微信好友、QQ 好友、微信朋友圈等强关系平台，从而实现营销活动的二次传播。

（二）线下平台联动促进话题扩散

线下平台是品牌在进行话题营销活动时对线上活动的一种延伸，用以增强顾客对于品牌的实际体验感。品牌主在进行话题营销活动时有效地利用线下平台，一方面可以快速聚集消费者，促成潜在消费者向实际消费者转换，增强消费者对于品牌的体验感；另一方面，品牌主借用线下活动造势，可以引起线下渠道消费者的舆论热议，扩大营销活动的影响力。

1. 快闪店

快闪店是对快闪文化的一种体现，又被称为 Pop-up Shop 或 Temporary

---

① 窦文字：《从百雀羚广告刷屏看信息图高效营销》，《公关世界》2017 年第 11 期。

Store 的品牌游击店，指通过在商业发达地区（如中心街、热门商场等）构建临时性、个性化的实体店铺，使得零售商可以花费较少时间推销其品牌，来聚集一定规模的季节性消费者。① 快闪店的突出特点是"限时性"——即不在同一个地方长时间经营，一般是为了配合品牌的某一项营销活动存在数天或数周。与一般的店铺在某一个区域长期租住不同，快闪店在公共场所的构建通常是非常迅速的，利用店铺内具有新意的商品或者个性化的店铺设计，配合特定的话题内容快速地吸引消费者注意力，达到扩大营销活动影响力效果后又迅速地消失。

兰蔻借 2017 年的"双 11"，为其美妆产品造势，在社交媒体上发起了以"今天你红了吗"为话题内容的营销活动。除了在线上渠道对话题活动进行推广以外，兰蔻花费两个星期在杭州武林银泰开了一间具有巴黎风情的快闪店，这家快闪店在 11 月 4 日正式开幕。这家快闪店将整个外观包装成粉色礼盒的样式，符合兰蔻目标消费者的审美。在这家快闪店里，除了兰蔻的美妆产品以外，还增添了许多能够增强消费者体验感的高科技产品，如天猫魔镜可以记录消费者对哪些彩妆产品进行了尝试；自动贩卖机的使用情况与消费者的购买记录相关联；在街区内多个场所提供二维码可供扫描。消费者通过这些高科技留下的行为数据为后期兰蔻对消费者进行分析提供了数据资料。兰蔻对于快闪店的尝试，是对线上平台发起的"今天你红了吗"话题营销的线下延伸，加强了消费者对于产品的亲身体验感，同时，兰蔻选择杭州武林银泰商场这个人流量大的场所作为快闪店的落地位置，能够短时间内快速地聚集消费者，直接地了解消费者对于产品的消费态度。除了兰蔻以外，天猫超市以"六一"儿童节为契机，以"怀旧"情绪为话题内容，在北京旅游胜地北锣鼓巷开了一家快闪店等。

快闪店的出现，为品牌主的话题营销活动开拓了一条新兴渠道。这种方式不仅能够降低经营实体店铺的成本，相较于线上渠道，快闪店能为消费者提供更加真切的产品体验，引发社会关注和热议。

---

① 刘红晓：《零售企业"快闪店"营销方式探讨》，《商业经济研究》2017 年第 21 期。

2. 地铁广告

日益加快的城市化发展推动城市地铁交通网络的建设，地铁广告成为品牌话题营销传播的重要渠道。常见的地铁广告形式包括以灯箱广告为代表的指引类媒体，以大面积涂鸦为代表的覆盖类媒体以及基于数字技术的地铁数字广告。户外广告是效果最稳定的媒体。[①] 与其他的户外广告不同，地铁广告处于空间相对封闭的区域，单一的直线型的车厢形状设计极易使乘客在通勤时产生乏味的感觉。地铁在运营时间里来来回回地承载着在城市里忙碌穿梭的人们，当适应了快节奏生活的乘客碰到人潮涌动的站点和车厢时难免会产生烦躁的不适感。如果品牌主可以在地铁车厢内投放具有创意性的广告内容，不仅可以为乘客枯燥的乘车旅途增添一份乐趣，还可以将线下乘客的注意力延伸至线上渠道。

2017 年，网易云音乐将 85 条用户热门乐评铺满了杭州地铁一号线，创造了一条"乐评专列"，选择具有情感性的内容作为品牌与消费者之间的话题连接点。网易云音乐以用户自发创造的乐评内容为一种载体，使消费者在这一特殊的场所里通过亲身体验感受获取全方位的感知，加强了乘客与品牌之间的情感共鸣。虽然地铁是一个具有潜力的营销场所，但是只有当话题叙事内容本身与地铁这个场所相契合时，才能够产生足够的营销影响力。

（三）线上线下形成闭环打造品牌形象

社交媒体时代，品牌主需要将社交媒体平台形成的传播影响力与线下平台提供的体验式营销环境相结合，形成线上线下平台的闭环联动，这样有助于品牌达到话题营销效果。同时，传统的大众传播媒介在品牌话题营销过程中发挥的议程设置、制造话题、扩散话题的作用也不容小觑。品牌主需要根据线上线下平台的渠道特性关注两方面的同步协作，将品牌自身和媒体资源进行整合，达到营销资源互补、两者相辅相成的目的，用多样的话题叙事方

---

① 陈刚：《户外广告的价值》，《广告人》2007 年第 2 期。

式打造立体的品牌形象，加强品牌与消费者之间的关系。

　　2014年，OLAY开展了一次以"逆龄"为叙事主题的话题营销传播活动。首先，OLAY在其官方微博发布了一条"今天是2004……"的"错误"内容引发网民对叙事文本的热议。随后，官方微博又紧接着发布了一条以"如果有逆龄奇迹……"的逆龄体叙事内容，以此拉开了这场话题营销传播的序幕。为了扩大活动的影响力，除了在社交媒体上利用文字、图片的形式进行话题扩散外，OLAY为了炒热话题内容，拍摄了3段关于爱情、亲情、梦想的视频，从不同的角度阐释了"如果有逆龄奇迹"的主题，并将3段视频投到及视频网站和其他社交媒体，实现了病毒式传播效果。此外，为了在微信朋友圈平台扩大话题内容的影响力，营销方还研发了与叙事文本具有相关性的H5游戏，在游戏中获得的"社交货币"可以作为优惠券到线下实体店消费。这个H5游戏一方面以具有趣味性的叙事手段加深了消费者对话题内容的实际感受，另一方面可以激励消费者参与话题营销的活动。除了借助社交媒体平台以外，在线下传播平台，OLAY选择与传统媒体合作，在《南方都市报》买下巨幅广告位庆祝高圆圆25岁生日快乐，当日实际上是高圆圆的35岁生日，这10岁的年龄差又一次体现"逆龄"的主题。除了与报纸合作，OLAY还选择在地铁站里投放地铁灯箱广告，在地铁灯箱广告上利用一直在对时间进行倒数的表针和颜色闪亮的表盘强化"逆龄"的话题，以生动的叙事吸引过往乘客的注意。

四　品牌话题营销传播的策略创新

（一）嵌入分享基因

　　品牌主除了通过线上线下渠道对营销信息进行传播外，还可以借助消费者对营销活动的关注，激发消费者主动传播，形成口碑效应。消费者的分享与点赞、评论不同，被分享出去的内容往往拥有更多点赞的数量。但是，点赞、评论数量多的内容却不一定会被用户分享。

"分享基因"建立在品牌和消费者之间的某种联系上，这种联系必须能够满足消费者的某种生理或心理需求。首先，话题叙事文本要与消费者的生活具有接近性，使消费者在参与话题内容的讨论时有内容可说，可以与他人产生人际互动，吸引消费者与品牌共同丰富话题内容。再者，情感是消费者在进行内容分享时的巨大驱动力，品牌可以利用大数据技术，对目标消费者进行精准的用户画像，了解目标用户的消费习惯与"痛点"，将话题叙事文本与消费者的"痛点"相结合，激励消费者自发地参与内容创作，并自主地分享出去以提升个人形象。最后，品牌主可以利用多种传播平台，将话题内容传递给消费者，让消费者在获取信息的同时产生愉悦感。当消费者产生愉悦感时，会更乐意将获取的话题信息分享出去。

"分享基因"建立在简洁的信息参与路径上。消费者数字化的生活方式凸显信息消费行为快节奏的特点。在这种快节奏的生活中，简洁的路径更易激发消费者参与信息内容的创造与分享。品牌主在进行话题营销的平台选择时，要降低消费者参与营销活动的门槛，提供简洁的路径将内容分享出去。品牌主可以在官方微博、官方微信或者垂直网站、视频网站上发布话题内容，这些不同的线上平台之间可以便捷地一键分享。除了线上平台以外，在线下平台进行活动推广时，要善用二维码技术，连接线上线下平台，简化消费者参与话题活动的路径。

（二）明星效应持续发酵

当品牌主试图快速地扩大话题营销活动的范围，可以借助明星的名人效应来实现。这里的明星不单是指演员、歌手、运动员，也指在某个领域里具有影响力的人，即意见领袖。社交媒体催生了一批基于网络平台的关键意见领袖（Key Opinion Leader，KOL），这些意见领袖与实际生活中的意见领袖具有类似的特质，他们通常拥有某个专门领域的知识，处于社交网络的中心，是网络社区中积极的信息传播者，是虚拟社区中思想和观点的自发提供者，为社区讨论设置议程，提供视角，并影响社区成员的舆论导向和态度行为。①

社交媒体成员间具有弱连带关系，个人参与弱连带的社交媒体数量越多，个人获取和传递信息的渠道也就越多。为了在社交媒体这种弱连带平台推动品牌话题信息的扩散，品牌主必须在话题营销活动中重视粉丝的关系结构，发挥弱连带的作用，延伸信息的传播路径，加大信息的扩散。②

从社会关系的角度来看，经济活动是嵌入到社会关系当中的。③ 社交媒体中的意见领袖在社交媒体上的信息发布具有实时性特点，消费者与他们的沟通行为更容易发生。因此，品牌主要善于培养意见领袖和加强与意见领袖的联系，在策划品牌的话题营销传播活动时，借用消费者对关键意见领袖的信任以及意见领袖本身的社会影响力，扩大营销活动的影响范围。

（三）确定最佳话题发布时间

品牌主在社交媒体上进行话题营销活动的叙事内容发布时，需要充分了解目标消费群体的线上活跃时间，使信息发布的时间与消费者的信息消费作息规律相契合，实现传播效果的最优化。

以微博平台为例，研究发现，微博用户在周一、周二时由于刚刚结束假期，工作压力比较大，心理处于紧张时期，所以用户对品牌微博发布的内容反映比较冷淡。周三、周四进入心理稳定期，用户对于品牌官方微博发布的内容的反馈积极性提高，但是品牌主对这两天的利用率并不高。周五到周日，用户处于活跃时期，更有兴趣参与内容的讨论，每天下班后的 18 点至 23 点是用户的活跃时间段。④ 以杜蕾斯的官方微博 2017 年 10 月 1 日至 2018

---

① 王秀丽：《网络社区意见领袖影响机制研究——以社会化问答社区"知乎"为例》，《国际新闻界》2014 年第 9 期。

② 刘晓燕、郑维雄：《企业社交媒体营销传播的效果分析——以微博扩散网络为例》，《新闻与传播研究》2015 年第 2 期。

③ Mark Granovetter, "Economic action and social structure: The problem of embeddedness," *American Journal of Sociology*, 91, 3 (1985): 481–510.

④ SocialBeta：《数据：新浪微博企业微博发布时间规律研究》，2011 年 6 月 10 日，http://socialbeta.com/t/weibo-post-time-study.html，最后访问日期：2019 年 5 月 10 日。

年 1 月 31 日期间发布的原创微博作为分析对象，笔者通过对其发布的时间以及获得的回复数、点赞量、转发次数做了统计分析，并从中挑选出回复数量在 500 条以上的微博，对其发布信息的时间进行整理。得出的结论是：在这个时间段内，杜蕾斯官方微博原创内容为 501 条，其中回复数量在 500 条以上的微博数量为 85 条，85 条微博的发布时间均集中于 9：00～24：00，将这 15 个小时以 3 个小时作为时间段分成 5 组，整理得出这 85 条微博发布于 9：00～11：59 的为 7 条，12：00～14：59 的为 3 条，15：00～17：59 的为 6 条，18：00～20：59 的为 6 条，21：00～24：00 的为 63 条。综上数据可以看出，社交媒体的信息发布时间也存在黄金时期，12：00～14：59 为消费者的午休时段，微博用户的活跃度较低；而 21：00～24：00 为晚间休闲时间，微博用户活跃度较高，与杜蕾斯官方微博的互动数量较多。

（四）品牌跨界合作

跨界营销不仅可以实现合作方的资源互补，也可以形成话题效应，引发社会关注和热议。从资源整合的角度来看，跨界的企业或者品牌在进行合作时，各自需要跳出原有的营销惯性思维，以发散式、立体式的思维方式将两者的品牌资源进行整合，使得两者的联合可以直击消费者"痛点"，发挥各自的价值最优化。从消费者的角度来看，跨界合作并不是简单的产品或服务功能性上的互补，而是要通讨不同行业之间的合作主动地创造消费需求，提升消费者的用户体验和获得感。

电影《捉妖记 2》定档 2018 年贺岁档，电影中知名 IP 胡巴因其可爱的形象深受不同年龄层消费者的喜爱。麦当劳为了给其新年推出的产品造势，与《捉妖记 2》跨界合作，开启了一场以"妖你团圆，更有滋味"为主题的话题营销传播活动。从线上渠道来看，2018 年 1 月 24 日发布微信朋友圈广告——"妖界开了一家麦当劳"，讲述了胡巴找妈妈的故事，因其内容的趣味性，在社交媒体上引起消费者广泛讨论，激发了消费者对于产品的好奇心，吸引他们进入线下实体店亲身体验。在线下渠道，麦当劳除了推出"幸胡堡"和"团圆堡"两个新产品以外，许多实体店铺还化身为清水镇妖

界餐厅，吸引消费者拍照，并将拍摄内容上传至社交媒体。除此之外，如果在麦当劳内选择堂食，商家提供的餐盘纸上印满了各式各样的胡巴，消费者可以将自己数得的胡巴数量回复到麦当劳品牌微信公众号以获得妖界的新年祝福，实现了线上线下联动炒热话题内容的效果。

电影《捉妖记2》与麦当劳属于两个不同的行业，都拥有大量忠实消费者群体。两个品牌跨界合作实现了餐饮品牌与影视剧 IP 的完美结合。在社交媒体上，双方共同对此次话题活动进行了宣传，并用妖界新年祝福、免费餐券作为奖励机制，鼓励网民参与线上线下的话题内容共创中，扩大了话题营销传播活动的影响力。

媒体篇

中国互联网电视媒体产业发展与创新*

廖秉宜　江晓庆**

摘　要：　当前，我国有线电视用户规模持续减少，而互联网电视用户规模则呈现快速上升态势。互联网电视作为一种新的电视业态，正在深刻改变中国电视产业的竞争格局。本文基于产业经济学的视角，重点分析了中国互联网电视媒体产业组织与产业政策的现状和问题，并提出了产业创新的对策建议，即：提供优质的互联网电视节目内容；创新互联网电视媒体产业的技术手段；拓展互联网电视媒体产业的增值业务；调整互联网电视媒体产业的商业模式；强化政府规制与提供政策支持结合。

---

　*　本文为国家社会科学基金一般项目"中国互联网广告监管制度研究"（16BXW087）的阶段性成果。

**　廖秉宜，博士，武汉大学媒体发展研究中心研究员，武汉大学新闻与传播学院副教授，武汉大学珞珈青年学者；江晓庆，武汉大学新闻与传播学院硕士研究生。

互联网电视，英文名为"Over The Top TV"（简称 OTT TV），是指依靠互联网为传输介质，以互联网电视一体机或者具备上网功能的电视机顶盒为终端，向用户提供视频点播、互联网内容以及其他服务的电视媒介。简而言之，互联网电视通过互联网提供视频及其他应用服务，接收终端是可以上网的电视机或者电视盒子加电视机。国内 OTT 行业权威第三方大数据公司勾正数据发布的《携手共进 OTT 正当时》报告显示，"2018 年 1 季度，智能电视行业持续快速发展，激活量不断增长至 11%，并且智能电视的活跃度已经超越全部电视"。① 根据 eMarketer 的预测，"到 2019 年之前，将有超 2/5 的中国数字视频观众将使用 OTT 服务"。② 互联网电视作为目前电视产业中最为突出的部分，其发展现状和前景值得关注。本文基于产业经济学的视角，重点研究中国互联网电视媒体产业组织与产业政策的现状和问题，并提出产业创新的对策建议。

一　中国互联网电视媒体产业组织分析

"在产业组织理论的 SCP 模式中，市场结构决定了市场行为和市场绩效，而市场行为和市场绩效也会对市场结构产生影响。"③ 尽管存在着三者的相互作用，市场结构在整个产业组织中占据主导地位。在互联网电视媒体产业中，市场结构也是最为关键的一环。

（一）互联网电视媒体产业的市场结构

在产业组织理论中，产业的市场结构是指企业市场关系的特征和方式，包括卖方之间的关系、买方之间的关系、买卖双方的关系以及市场内已有的

---

① 勾正数据：《携手共进 OTT 正当时》，2018 年 4 月 27 日，http：//otv.lmtw.com/data/2018-04-27/155413.html，最后访问日期：2019 年 5 月 10 日。
② eMarketer：《2018 年 2.29 亿中国人收看 OTT 视频》，2018 年 2 月 23 日，http：//www.199it.com/archives/679304.html，最后访问日期：2019 年 5 月 10 日。
③ 王俊豪：《现代产业经济学》，浙江人民出版社，2005，第 17 页。

买卖双方与正在或可能进入市场的买卖双方之间的关系。由于国内政策规制的特殊性,我国互联网电视媒体产业链的市场结构也具有中国特色。在内容到达用户的过程中,我国互联网电视媒体产业链需要经历"内容提供商、内容服务牌照商、集成业务牌照商、网络运营商、输出终端、用户"6个环节的运作(见图1)。

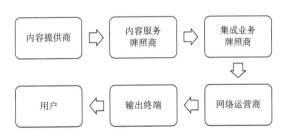

图1 中国互联网电视媒体产业链构成

目前我国对互联网电视的管控仍旧是通过颁发牌照进行的,所以拥有互联网电视的牌照方成为产业中最为关键的一环。7家集成业务牌照商分别是:中国网络电视台、上海文广新闻传媒集团(百视通BesTV)、杭州华数传媒、南方传媒、湖南电视台、中央人民广播电台(央广银河)、中国国际广播电台。这7家集成业务牌照商相当于被赋予了垄断经营地位。而内容服务牌照商除上述7家之外还包括北京广播电视台、江苏广播电视台、山东广播电视台、云南广播电视台、城市联合电视台、湖北广播电视台以及中国电影网在内的总共14家。

根据国家广播电视总局的政策要求,到达用户的互联网电视内容必须由其指定的7家集成播控牌照商的审核和管控。内容服务牌照商负责互联网电视内容的采集、组织、审核和播出,属于互联网电视的内容组织和输出方。正因为这一特殊性,我国的互联网电视媒体产业呈现出和欧美国家迥然不同的"哑铃式结构",即两头大中间小。互联网电视媒体产业链的上游部分是内容端,累积了大量的内容提供商(包括传统的广播电视机构以及互联网视频网站或者影视公司)。由于内容提供商的来源和种类繁多,互联网电视可以获得极为丰富和数量可观的内容资源。互联网电视媒体产业链的下游部分则为输出终端，这一端是和用户最为接近的一个环节，市场竞争激烈，各式各样的品牌争相推出互联网电视一体机、智能电视、机顶盒以及最新发展的其他类型电视等产品。2017 年乐视的断崖式下跌为暴风和小米提供了一个强势补位的机会，原本的一强之下多家混战的市场格局转变为小米和暴风的两强争霸。尽管原本的行业巨头乐视崩盘对这一环节的格局产生了重大影响，总体数量上仍然十分庞杂。而处于产业链中间环节的牌照商数量十分有限且已经明确不会扩展，数量少却把控着整个产业链的集成播控。因此，我国互联网电视媒体产业的"哑铃式结构"已然定型且较为稳定。

（二）互联网电视媒体产业的市场行为

在产业组织理论中，市场行为是指企业为达到利润最大化的目的或者实现其既定目标，在充分考虑市场供求关系以及其他企业关系的基础上所采取的各种决策行为，市场行为一般可以分为价格行为、非价格行为、组织调整行为等。由于互联网电视媒体产业链的组成具有特殊性，对于该产业的市场行为分析可以依据产业链的不同环节进行探究。

1. 内容提供商的市场行为

随着市场经济的不断发展，加之互联网用户的不断攀升，内容资源的价格水涨船高。中国互联网络信息中心（CNNIC）发布的第 42 次《中国互联网络发展状况统计报告》显示，"截至 2018 年 6 月 30 日，我国网民规模达 8.02 亿，互联网普及率为 57.7%"。且"网民使用电视上网的比例达 29.7%，较 2017 年末提升了 1.5 个百分点"。[1] 说明互联网电视的使用率还是有所上升的。市场需求会刺激供给，这也为互联网电视内容的价格上涨提供了动力。以电视剧采购价格为例，2012 年由花儿影视公司制作的爆款电视剧《甄嬛传》卖给乐视的价格仅为 30 万元/集，同一时间的电视台采购

---

[1] 中国互联网络信息中心：《中国互联网络发展状况统计报告》，2018 年 8 月 20 日，http://www.cnnic.net.cn/hlwfzyj/hlwxzbg/hlwtjbg/201808/P020180820630889299840.pdf，最后访问日期：2018 年 11 月 1 日。

需要 190 万元/集，价格差距悬殊。到了 2015 年，同样由花儿影视制作的电视剧《芈月传》尽管反响略逊《甄嬛传》一筹，却在网络版权方面卖出了 500 万元/集的天价，比电视台采购的 300 万元/集价格还要高出 200 万元。而 2017 年，慈文传媒公司公布其制作的电视剧《凉生，我们可不可以不忧伤》甚至卖出了 1000 万元/集的超级天价，上海聚力传媒技术有限公司（PPTV）的这一采购可谓具有里程碑意义，这是电视剧单集价格首次突破千万大关。1000 万元/集的价格也是同时采购的湖南电视台 480 万元/集的两倍多。纵向来看，对比 2012 年的《甄嬛传》，《凉生，我们可不可以不忧伤》价格翻了近 35 倍。且不论内容质量如何，互联网电视媒体产业的内容端价格疯涨已经是不争的事实。

2. 内容服务牌照商和集成业务牌照商的市场行为

内容服务牌照商和集成业务牌照商处于互联网电视媒体产业链的中间位置，这一环节的市场行为主要由 7 家集成业务牌照商、14 家内容服务牌照商合作开展。网络运营商主要是中国电信、中国移动和中国联通 3 家，他们向用户提供宽带上网服务，而用户需要的话可以购买例如百视通 BesTV 的电视服务，大部分普通节目只需要缴纳基础服务费即可观看，部分电影、收费频道以及其他增值业务需要另外付费。这一部分的价格行为较为理智，用户一年的使用费基本在几百元左右且涨幅不大，并不会出现像内容提供商环节的资源价格飙涨的现象。

3. 网络运营商的市场行为

网络运营商是互联网电视媒体产业运作不可或缺的部分，它们为用户提供互联网电视的网络入口。网络运营商这一环节的市场行为主要在于运营商之间以及运营商和有线数字电视之间的用户争夺。

首先，网络运营商为抢占市场份额、争取用户，3 大电信运营商纷纷采取提供免费机顶盒、捆绑搭售手机业务套餐以及价格肉搏战等策略。而除了地位牢固的 3 大电信运营商之外，中国广播电视网络有限公司（简称"中国广电"）在 2016 年获得工信部颁发的《基础电信业务经营许可证》之后也加入了宽带竞争行列，甚至有几十家民营企业也在试点地区展开了宽带接入网市场竞争。

其次，有线数字电视和网络运营商之间也存在激烈的竞争。有线数字电视为了留住用户，在不断丰富自己的节目内容的同时也在寻求转型，希望能获得网络业务经营许可证等经营许可以获得更优质的发展条件和资源，但是《2017 年第四季度中国有线电视行业发展公报》的数据显示，2017 年我国"有线数字电视缴费用户全年流失 930 万户，总量降至 1.53 亿户"，且收视份额下降。与之相反的是，"OTT TV 用户持续快速增长，总量达到 1.1 亿户，收视份额同比增长 7.77%"。由此可见，有线数字电视在和互联网电视的竞争中并没有占到上风。有线数字电视缴费之后只能收看电视的单一服务与 3 大网络运营商提供的"宽带+手机+电视"三重服务相比显然十分缺乏吸引力。

4. 输出终端的市场行为

作为互联网电视媒体产业中离用户最近的部分，这一环节的产品包括互联网电视一体机、互联网电视机顶盒以及无屏电视等产品，全行业智能终端化进程持续提速。纵观这些年的电视机销售业绩，尽管近几年的销量出现下滑状态，利润减少甚至亏损都十分常见。但是在发展互联网电视的这一浪潮中仍有大波传统电视机品牌不断研发创新，甚至有一些原本是做内容或者做软件的公司也加入到这一竞争行列。例如，暴风科技推出了暴风 TV，而且不断推陈出新，依托 AI 电视和 AI 无屏电视，以图带动人工智能电视产业的升级。电视机的促销战、价格战也是常见的市场行为，在互联网电视一体机或者说智能电视方面，价格从几千元到几万元人民币不等。互联网电视机顶盒一般是几百元的价位。

（三）互联网电视媒体产业的市场绩效

市场绩效是一定的市场结构和市场行为作用下的市场结果，是价格、产量、成本、利润以及技术进步等方面的最终经济成果。市场绩效是包括互联网电视媒体产业企业在内的所有企业所追求的。由于我国的互联网电视媒体产业链比较特殊，对其市场绩效的分析也需要分环节来看，另外由于行业的特殊性，其成本、产量等难以统计，笔者重点分析互联网电视媒体产业链各个部分的收入或用户数量情况。

1. 内容提供商的市场绩效

互联网电视的内容提供商数量庞杂，主要分为两个阵营——传统的广播电视播出机构和广播电视播出机构的合作方。前者的绩效主要以广告收入为主。传统的广播电视播出机构以中央电视台、湖南卫视以及东方卫视等为代表。湖南广播电视台"2017年总收入达到了183.1亿元"[1]，虽然较2016年的187亿元有所减少，但也远远超过其他省级广播电视台。收视率已经跃居第二的东方卫视在全成本核算后是处于亏损状态的，而且其广告收入低于湖南卫视、浙江卫视、江苏卫视。然而广告收入下滑并非东方卫视的独家状态，这四大卫视的广告收入都呈现下滑态势。广播电视全国广告的总收入在2017年也出现了首次下滑。

与传统的广播电视播出机构收入下滑形成鲜明对比的却是广播电视播出机构合作方的收入持续稳定增长的状况。以爱奇艺、腾讯视频为代表的视频网站（乐视因为剧变亏损巨大除外）广告收入增长幅度超过30%。其中爱奇艺在2017年的广告收入增幅达到了44%。这也是因为用户不断向互联网转移。根据中国互联网络信息中心发布的第42次《中国互联网络发展状况统计报告》，截至2018年6月30日，网络视频用户规模达6.09亿，占网民总体人数的76.0%。[2]

2. 内容服务牌照商和集成业务牌照商的市场绩效

由于政策规定，中国互联网电视媒体产业有且只有这7家集成业务牌照商和14家内容服务牌照商，并且不会再颁发牌照，这些牌照商的收入基本上处于较为稳定的态势。从华数集团公布的2017年度业绩快报来看，"年度

---

① 湖南广播电视台办公室：《湖南广播电视台2017-2018年度总结表彰暨工作会议上台长吕焕斌的致辞》，2019年1月30日，http://www.sohu.com/a/292858481_613537，最后访问日期：2019年5月10日。

② 中国互联网络信息中心：《中国互联网络发展状况统计报告》，2018年8月20日，http://www.cnnic.net.cn/hlwfzyj/hlwxzbg/hlwtjbg/201808/P020180820630889299840.pdf，最后访问日期：2018年11月1日。

收入达到 76 亿元"①。既属于内容服务牌照商又是 7 家集成业务牌照商之一的湖南电视台更是达到了 183.1 亿元的年收入。百视通 BesTV 即上海东方明珠披露的 2017 年半年报告显示,"东方明珠上半年实现营业收入 87.97 亿元,较上一年同期增长 11.32%"。②

3. 网络运营商的市场绩效

网络运营商在互联网电视媒体产业链中扮演的角色就是提供上网服务,主要以 3 大国有运营商中国移动、中国电信和中国联通为主,它们通常会与前一环节的牌照商达成合作,一起入户为用户提供互联网电视业务。根据 3 大网络运营商的 2017 年年度报告显示,"中国移动营运收入高达 7405 亿元,增长 4.5%;净利润 1142.79 亿元,增长 5.1%,全年净增家庭宽带客户 3495 万,占新增市场的 75.6%,客户总数突破 1.09 亿。中国电信经营收入 3662 亿元,增长 3.9%,净利润 186.17 亿元,增长 3.3%,有线宽带用户数达到 1.34 亿户,净增 1041 万户,其中光纤宽带(FTTH)用户数达到 1.26 亿户,净增 2018 万户。中国联通营业收入 2748 亿元,增长 0.23%;净利润为 18.28 亿元,增长 192.48%。宽带用户净增 130 万户,达到 7654 万户,宽带用户接入每用户平均收入(ARPU)为人民币 46.3 元;光纤宽带用户占比达到 77.3%,同比提高 6.1 个百分点"。③ 总体来看,中国移动仍然占据绝对优势,远超其他两家,但是中国联通净利润暴增,涨幅巨大,潜力无限。

4. 输出终端的市场绩效

由于 2017 年乐视的断崖式下滑,这一环节的市场主要成为暴风 TV 和小米电视的蛋糕。和乐视电视几乎同一时期发布的小米电视过去几年一直被乐视压制,处于亏损状态,但是在 2017 年销量暴涨,成为互联网电视品牌

① 全景网:《华数集团披露的 2017 年度业绩快报》,2018 年 2 月 2 日,http://data.p5w.net/t1204386442.html,最后访问日期:2018 年 11 月 20 日。
② 同花顺财经:《东方明珠新媒体股份有限公司披露的 2017 年半年报告》,2017 年 8 月 30 日,http://news.10jqka.com.cn/20170829/c11789583.shtml,最后访问日期:2018 年 11 月 20 日。
③ 《中国移动、中国电信、中国联通 2017 年年度报告》,2018 年 3 月 29 日,http://www.sohu.com/a/226662875_350221,最后访问日期:2018 年 11 月 20 日。

中的销量冠军。晚一些进入互联网电视媒体产业的暴风 TV 也已经赶超乐视。根据暴风集团的披露，2017 年度，"暴风集团实现营业收入 19.12 亿元，比上年同期增长 16.07%。暴风 TV 业务营业收入较上年同期增长约 45%"。① 在收入规模扩大的同时，暴风 TV 业务的盈利能力同时得到提升，毛利率亏损收窄，获客成本降低。尽管看上去其他品牌获得了不少的市场份额，但是行业老大的倒台毕竟会给互联网电视行业带来不小的震荡，加之用户向手机、平板电脑等移动终端转移，我国的互联网电视媒体产业在 2017 年迎来了调整期。

二 中国互联网电视媒体产业政策分析

为了获得理想的市场绩效，最重要的就是通过政府的产业组织政策来调整或者直接改善市场结构。主管互联网电视媒体产业的是国家广播电视总局，但由于互联网电视媒体产业链涉及多个环节，所以工信部、中共中央宣传部等部门在产业发展的历程中也充当着政策制定者的角色。互联网电视媒体产业十几年前在我国渐成风潮时期，几大部委的工作各有各的重点，全力推进数字电视业务。这一时期相当于一个"政策空白期"，客观上给互联网电视的发展提供了空间。当时互联网电视的概念由以 TCL 为代表的电视机品牌大力推动，并且在 2006 年联合其他厂商成立了互联网电视联盟，共同推动互联网电视业务的发展。2009 年，国家广播电视总局发布《关于加强以电视机为接收终端的互联网视听节目服务管理有关问题的通知》，以"侵犯著作人合法权益，扰乱互联网视听节目传播秩序"为由叫停了家电厂商的互联网电视业务，互联网电视发展的第一阶段告一段落。

国家广播电视总局对于互联网电视媒体产业的管控是为了能更好地对观众通过电视收看的节目进行内容把关。互联网电视在发展初期出现的智能电

---

① 《暴风集团披露的 2017 年年度报告》，2018 年 4 月 19 日，http://guba.eastmoney.com/news，300431，756073250.html，最后访问日期：2018 年 11 月 20 日。

视机、互联网电视盒子等产品直接绕过了广电系统的集成播控，向用户提供海量的内容。而电视作为媒介内容的输出终端，能够到达的用户群体更为广泛，2009 年，国家广播电视总局决定用颁发牌照的方式对互联网电视媒体产业进行管控。而随着市场的不断变化，对互联网电视媒体产业的政策规定也在不断更新。尤其是 2011 年颁发的 181 号文对互联网电视媒体产业的规范性做了更为严格和清晰的要求。

（一）互联网电视媒体产业政策的回顾与解读

笔者根据国家相关部门下发的通知或规定，对 2007 年以来的中国互联网电视媒体产业政策进行了整理与分析。

2007 年 12 月，国家广播电视总局和信息产业部发布《互联网视听节目服务管理规定》，对从事互联网视听节目服务的机构资质、节目内容、市场规范、违规监管等方面进行了明确的规定。这一规定正式将互联网视听内容纳入政府的监管体系。互联网电视的播出内容有大量来自网络，所以这一规定对互联网电视也起到了规制作用。

2009 年 8 月，国家广播电视总局发布《关于加强以电视机为接收终端的互联网视听节目服务管理有关问题的通知》，确保互联网电视所传播的视听节目内容可管可控。这一通知明确对包括互联网电视媒体产业在内的所有电视机播出内容进行监管，确保其内容受到把关。

2010 年 4 月，国家广播电视总局下发《互联网电视内容服务管理规范》和《互联网电视集成业务管理规范》，明确要求持有"互联网电视内容服务"牌照的机构，必须建有安全、可靠、可管、可控的互联网电视节目服务平台，节目服务平台只能与持有"互联网电视集成业务"牌照机构所建设的互联网电视集成平台相连接，不能与未经国家广播电视总局批准的互联网电视集成平台相连接，不能采取开放式链接。这两则规范明确强调了牌照商的关键角色，所有经由电视输出的互联网内容必须通过牌照商的集成播控。

2011 年 7 月，国家广播电视总局发布《关于严禁通过互联网经机顶盒向电视机终端提供视听节目服务的通知》，针对当时正热门的互联网电视盒子采取措施，规范互联网电视市场。

2011年11月，国家广播电视总局颁发181号文《持有互联网电视牌照机构运营管理要求》，这一文件对互联网电视媒体产业链的各环节进行了明确、具体、清晰的规范，明确了各种类型企业的角色，确定了广电系在互联网电视内容提供方面的垄断地位，赋予了7家集成业务牌照商垄断经营权。

2013年6月，国家版权局、国家互联网信息安全办公室、工业和信息化部及公安部联合开展"2013年打击网络侵权盗版专项治理'剑网行动'"，这一行动对山寨盗版盒子进行了查处和清理。

2014年8月，国家广播电视总局要求百视通牌照旗下所有设备，包括长虹、TCL、康佳等电视厂商以及美如画、海美迪等盒子厂商、互联网投影仪等设备，全面下架所有能连接互联网的应用。这一要求实际上是对互联网电视终端的又一管控，不允许终端自行安装第三方应用以绕开国家广播电视总局管控的行为。

2016年5月，国家广播电视总局出台《专网及定向传播视听节目服务管理规定》（6号令），第一次提出了专网和定向传播的说法，把互联网转网业务和传统广电放在同等地位。

2017年6月，国家广播电视总局印发《关于进一步加强网络视听节目创作播出管理的通知》，对网络视听节目的创作播出提出进一步要求。这一通知主要是为了净化网络视听节目的风气，弘扬社会主义核心价值观。

（二）互联网电视媒体产业政策面临的挑战

1. 广电系统面临挑战

作为电视行业的主管部门，国家广播电视总局理应在互联网电视媒体产业的监管中发挥主导作用，然而随着互联网的不断发展以及智能电视盒子等产品的大量出现，广电系统与电信部门之间围绕传输网络、内容传播、产业监管等方面展开了博弈。首先是互联网的内容产出在不断地蓬勃发展，传统的广电系内容面临挑战。其次在渠道方面，广电系统和电信部门一开始就分别布局了自己的传输网络，但是随着三网融合的步伐越来越快，三网融合的态势渐趋成熟，用户对互联网的依赖远远超越传统电视。互联网电视媒体产业的传输渠道主要依靠互联网已经成为不争的事实。至于用户方面，电视用户不断流向互联网也是必然的趋势，而且互联网电视媒体产业受到的内容监管相比较网络视频产业更为严格。

2. 市场整合难度高

互联网电视市场涉及多个部门与行业，各个部门的利益博弈使得市场整合难度高。互联网电视内容和传统电视内容一样都属于制播分离，市场对内容资源的配置起到至关重要的作用，广电系统和互联网公司在互联网电视市场面前实质上处于平等的位置。然而，广电行业不具备与互联网企业相抗衡的雄厚资本。自2015年以来，我国政府倡导"互联网+"战略，不断加大对互联网行业的政策支持力度。目前形成的互联网电视媒体产业格局是内容提供商、内容服务牌照商、集成业务牌照商由广电行业主导，网络运营商由电信行业主导，输出终端由互联网公司主导。

3. 内容资源同质化

互联网电视媒体产业目前的硬件设备以及技术已经发展到一个比较成熟的阶段，内容资源成为竞争的主要焦点。尽管互联网电视内容提供商不在少数，但和传统广电存在的问题相类似，资源同质化现象严重。用户在选择不同频道的过程中经常遇到不同的台播放的是同一部电视剧的尴尬情况，或者即使是不同的节目，内容也呈现出同质化的趋势。内容资源除了同质化现象严重之外，难以满足年轻受众群体也是一个问题。互联网电视的播出需要经过牌照商的集成播控和严格审核，而网络视频节目的审核则相对宽松，使得一些热门的网络综艺节目或网络剧吸引了大批年轻受众群体从电视转向互联网。

三　中国互联网电视媒体产业创新对策

互联网电视媒体产业的发展由于政策导向性明显，牌照商对内容输出进行把控，看似前后关联的产业链其实也处处充满着竞争，如内容提供商之间的竞争、牌照商之间的竞争、运营商之间的竞争等。互联网电视的产业链环节众多，利益分配较为复杂，但是一味地竞争对于产业的可持续发展并无益处。产业链各环节的企业也开始意识到这一点，并持续加强彼此间的紧密合作，如在资本方面开展紧密合作，形成协同体一起参与市场竞争，产业链整合成为互联网电视媒体产业发展的战略选择。中国互联网电视媒体产业发展与创新可以通过以下路径。

（一）提供优质的互联网电视节目内容

虽然互联网电视在硬件和技术上与传统电视有所差异，但是互联网电视向用户输出的还是节目内容，这与传统电视并无二致。想要提高对用户的吸引力和增强用户黏性，互联网电视媒体产业必须正视一个根本问题——如何提供更多更好的优质内容。互联网电视的内容输出才是留住用户的最根本保障，能够满足用户的需求并且牢牢吸引住用户是互联网电视的努力方向。尽管有部分内容也来自互联网，但是与视频网站相比，互联网电视所提供的内容在丰富性和趣味性上仍旧略逊一筹。互联网电视媒体产业需要在内容创新性上多下功夫，避免同质化，努力提供精品和优质的内容给用户。

（二）创新互联网电视媒体产业的技术手段

技术的创新和进步是促进互联网电视行业向前发展的根本基础和主要动力。互联网电视行业中的从业人员大多为技术开发人员，他们利用技术和大数据分析用户的需求和兴趣点，从技术层面对互联网电视进行升级和创新。无论是直接面向用户的输出终端产品的研发和创新，还是对用户观看节目的推荐以及和用户的点播互动行为都需要依靠技术的力量。

（三）拓展互联网电视媒体产业的增值业务

互联网电视和传统电视的不同还在于它向用户提供的服务不仅仅是收看节目，它改变了之前的服务模式，向用户提供了更多的增值服务，延长了传统电视的服务链。传统电视用户只要一年交一次有线电视费即可收看节目，但服务内容也仅仅限于收看广电系统提供的频道。而互联网电视在提供传统的广电系电视频道之外，还提供个性点播、付费会员、购物、教育等更为多元化的服务。用户在使用互联网电视的过程中可以解决很多事情。延伸互联网的服务链，更加丰富自身的服务内容，无疑会提高互联网电视媒体产业的市场绩效。

（四）调整互联网电视媒体产业的商业模式

互联网电视的商业模式目前而言仍旧以内容付费、会员付费和广告为主。其中，互联网电视广告是最为重要的盈利手段，可以分为开机广告、视频贴片广告和 App 开屏广告。在互联网电视上投放广告的效果明显。尽管手机、平板、电脑等智能终端具备的用户黏性更强，但互联网电视近些年发展出大屏电视、超大屏电视甚至无屏电视都具有不可替代性，毕竟其他手持媒介达不到如此好的效果。在这个基础上，互联网电视的广告价值随着用户的回归得到不断的显现。但是目前的互联网电视广告还存在着大屏广告当成小屏广告售卖、广告形式老套等问题，对于广告方面的调整需要将重心放在开机后内容资源的充分利用上，细化和创新广告形式。此外，将时下流行的直播与互联网电视结合也不失为新的尝试。

（五）强化政府规制与提供政策支持结合

政府监管部门作为互联网电视媒体产业的规则制定者，在出台规范互联网电视市场秩序的法律法规和政策文件的同时，需要制定激励互联网电视媒体产业发展的政策，促进产业合理竞争。例如，出台政策鼓励互联网电视媒体产业各个环节的创新和拓展，避免产业链各环节的厂商之间同质化现象。同质化所带来的各厂商之间的激烈竞争极有可能会演变成为争夺市场份额而进行的恶性竞争。鉴于此，政府监管部门需要高度重视互联网电视市场的内容同质化问题，引导互联网电视媒体产业链上的各个环节特色化发展。此外，相关部门还应给予互联网电视媒体产业更大空间，逐步打破垄断的局面，在良性竞争的环境下引导产业不断向前发展。

中国媒介市场数据失范与治理[*]

廖秉宜[**]

摘　要：　报刊发行量、广播电视视听率、网络点击量等是衡量媒介影
响力的重要指标，是制定媒介广告刊播价格的主要依据，也
是广告主和广告公司确定广告媒介组合策略的重要依据。本
文重点分析中国媒介市场存在的数据失范现象及其对中国传
媒业和广告业发展的深层影响，并提出了中国媒介市场数据
失范的治理对策，即强化对媒介市场数据虚假、数据合谋和
数据垄断问题的法律制定与伦理规范；与第三方媒介数据监
测机构合作，提升媒体的公信力和广告传播的实际效果；构
建政府、行业组织和媒介数据公司共治模式，规范媒介数据
调研市场行为。

　　媒介数据的真实性和科学性问题，是长期困扰媒介产业和广告产业发展
的一个难题。科学的媒介数据不仅对于媒介经营管理者优化媒体内容、制定
合理的广告价格和提升媒体竞争力具有重要的指导价值，而且有助于广告主
和广告公司制定科学的广告媒介投放策略。近年来，中国媒介市场数据失范
现象突出，已经引起政府主管部门、媒介和广告从业者的广泛关注，但目前
相关的学术研究成果比较少见。本文重点分析中国媒介市场数据失范现象的

---

　*　本文为国家社会科学基金一般项目"中国互联网广告监管制度研究"（16BXW087）的阶段性
　　成果。
**　廖秉宜，博士，武汉大学媒体发展研究中心研究员，武汉大学新闻与传播学院副教授，武
　　汉大学珞珈青年学者。

具体表现以及对我国传媒业和广告业的深层影响，并提出中国媒介市场数据失范的治理对策。

一 中国媒介市场的数据失范现象

当前，我国媒介市场的数据失范现象重点表现为三个方面，即媒介数据造假问题、媒介数据合谋问题和媒介数据垄断问题。

（一）媒介数据造假问题

报刊发行量、广播电视视听率、网络点击量等是评价报刊、广播电视和互联网媒介影响力和广告价值的重要指标之一。虚假的报刊发行量、广播电视视听率、网络点击量影响中国媒体行业整体信誉，造成媒介市场数据"信号失灵"，导致媒介市场"劣币驱逐良币"的逆向选择现象发生。以报纸发行量数据造假为例，出于经济利益的考虑，报业经营者虚报发行量主要有以下几种形式：一是以报纸单日最高发行量为宣传发行量，二是以报纸历史最高发行量为宣传发行量，三是以读者数量等同报纸发行量，四是纯粹虚构报纸发行量。以网络媒体点击量造假为例，国内一些专门制造虚假点击量的公司大行其道，例如，《每日经济新闻》2016 年 6 月 9 日发表一篇题为《网络视频点击造假：300 元能买 4000 万点击量》的文章，直指网络视频点击量造假的惊人内幕；《北京晚报》2015 年 11 月 1 日报道《微信公众号刷阅读量作假严重：500 元买 10 万+》等。2018 年 8 月，国内领先的第三方数据技术公司 AdMaster 发布的《中国市场数字广告无效流量白皮书》显示，2018 年上半年无效流量占比为 28.8%，2017 年上半年无效流量占比 29.6%，2016 年上半年无效流量占比 30.4%，虽逐年有小幅下降，但形势依然严峻。网络媒体点击量造假问题已经成为行业内外公开的秘密，成为制约互联网媒体良性健康发展的痼疾。

媒介市场存在的数据造假问题，主要原因有三个方面：一是媒介为了赢得更多广告客户，获取更大经济利益，隐瞒或虚报报刊发行量，提供虚假收视率/收听率，制造虚假点击量；二是政府职能部门和行业自律组织缺乏有效的媒介数据市场规制，相关法律法规的缺失与政府监管和行业自律缺位，导致媒介数据造假问题成为行业内"公开的秘密"；三是缺乏权威的第三方审核评价机构，以报刊发行量为例，在公布发行量方面，报社和期刊社掌握信息公布的主导权。媒介数据造假问题，不利于媒体市场公平竞争，也不利于广告市场良性竞争。虚假的媒介数据会误导广告主和广告公司的决策，加剧广告业无序竞争。

（二）媒介数据合谋问题

媒介数据调研市场上的合谋问题，是媒介虚假数据问题的一种特殊表现，严重影响第三方媒介调研机构的行业声誉。媒介数据合谋问题是媒介市场的一种客观存在，根源在于商业利益的驱动与市场监管的缺失。中视丰德影视版权有限公司董事长王建锋曾在微博上披露某公司可以运作收视造假，这一事件从侧面反映出我国媒介数据市场乱象，即部分媒介数据调研公司在商业利益的驱使下，摒弃基本职业道德和行业规范，提供虚假媒介数据。一些公司和个人以非法手段干扰样本户、窃听和截留数据等。以网络媒体为例，网络媒体产业链包括网络媒体、数字营销传播公司和数字广告代理公司、第三方网络数据监测机构、需求方平台（DSP）、销售方平台（SSP）、数据管理平台（DMP）、广告交易平台（AdX）等，在网络媒体产业链的各个主体都有媒介数据需求，同样也存在媒介数据合谋的风险。

媒介数据合谋现象的出现，主要还是源于对商业利益的追求，随着媒介市场竞争压力不断增加，一些媒介经济收益持续下滑，媒介数据成为"救命稻草"。同时，由于政府监管和行业自律缺失，一些数据商业公司违背职业道德，利用其行业影响力和掌握媒介数据的优势，与媒介合谋，获取不正当收益。

（三）媒介数据垄断问题

在中国媒介数据调研市场，尤其在电视收视率和广播收听率调查领域，央视-索福瑞媒介研究有限公司、央视市场研究股份有限公司和 AC 尼尔森公司占据主导地位。央视-索福瑞媒介研究有限公司、央视市场研究股份有限公司由 WPP 集团控股。1996 年，央视调查咨询中心与法国索福瑞集团（TNS）合作成立合资公司央视—索福瑞媒介研究有限公司（CSM）。2001年，中国国际电视总公司和世界领先的市场研究集团 TNS 合资成立央视市场研究股份有限公司。媒介数据研究公司的成立，为广告媒介的科学化投放提供了数据基础，增强了媒介、广告公司与广告主博弈的话语权。2008 年 9月，WPP 以 11 亿英镑收购全球第三大市场研究公司 TNS，从而控股央视-索福瑞媒介研究有限公司、央视市场研究股份有限公司。TNS 与 AGB 尼尔森的视听率调查业务形成直接竞争关系，由于欧盟的反垄断条款，WPP 退出 AGB 尼尔森，并从尼尔森处得到 SRDS（为媒体购买业务提供数据库的原尼尔森子公司）以及其他小型调研资讯业务。[①] 2016 年 4 月 13 日，央视-索福瑞完成投资人变更，在央视市场研究股份有限公司和索福瑞亚洲太平洋公司的基础上增加了中国国际电视总公司、上海文化广播影视集团有限公司、浙江广播电视发展总公司、芒果传媒有限公司等 12 家法人股东，其中央视市场研究股份有限公司持股 60%，索福瑞亚洲太平洋公司持股 15%，其余12 家股东持有 25% 的股权。在中国收视率市场，央视-索福瑞一家独大的格局从未改变过。

中国媒介数据调研市场的垄断格局，对中国传媒业和广告业发展产生重大影响，主要表现为以下四个方面：一是提高媒介数据购买成本，二是影响媒介节目制作与经营，三是提升广告市场进入壁垒，四是加大媒体信息安全风险。

二 中国媒介市场数据失范的影响

我国媒介市场的数据失范问题，已经严重影响到中国传媒业的权威性和公信力，同时也对媒介数据调研行业与广告业健康发展十分不利。

---

① 李德成：《WPP 与央视-索福瑞反垄断规制的法律分析》，《广告大观》（综合版）2009 年第 2 期。

（一）媒介市场的不公平竞争与逆向选择

逆向选择是信息经济学的一个重要概念，指的是市场交易双方总是处于一种信息不对称状态，交易中的一方会根据商品的平均价格支付费用，这样就使得高出平均价格的高质量商品退出市场，以此类推，最后购买者只能购买到劣质商品，而非优质商品。中国媒介市场同样存在逆向选择现象，即广告主、广告代理公司和媒介之间处于信息不对称状态，广告主、广告代理公司只愿意支付媒介广告费用的平均价格，这样高发行量、高收视率/收听率、高点击量的媒介无法获得高收益，由此无力投入媒介内容再生产，致使媒介内容质量下降，从而导致广告主、广告代理公司只能选择内容质量差的媒介，而非内容质量好的媒介，造成"劣币驱逐良币"现象。

要改变媒介市场的逆向选择现象，必须要建立公开、透明和可信的信息传递机制，减少交易双方的信息不对称。科学的媒介数据是减少甚至消除媒介市场逆向选择的重要途径，当前，我国媒介市场存在的数据失范现象，已经严重影响到媒介数据的可信度，进而导致媒介数据市场信号传递机制的失灵，不利于媒介可持续发展，同时也会进一步加剧媒介市场不公平竞争，一些提供虚假数据的媒介受到广告主和广告代理公司的青睐，进而将提供真实数据的媒介置于不利的竞争境地。长此以往，媒介市场不公平竞争会愈演愈烈，不仅损害广告主和广告代理商的利益，而且最终会损害媒介自身利益。

（二）媒介数据调研行业的公信力遭受质疑

媒介市场存在的数据造假、数据合谋和数据垄断等问题，已经严重影响媒介数据调研行业整体声誉，导致媒介数据调研行业公信力遭到广告主、广告代理商和媒介质疑。媒介数据调研公司，在广告主、广告代理公司和媒介之间起到桥梁和纽带的作用。媒介数据调研公司提供的数据直接影响到广告主、广告代理公司的媒介选择与组合，也会对媒体经营产生重要影响，一些高发行量、高收视率/收听率、高点击量的媒介会受到广告市场的青睐，同时媒介数据也是媒介经营管理者改进内容质量和满足受众需求的重要依据。

由于政府监管和行业自律的缺位，我国媒介数据调研行业发展长期处于一种"野蛮生长"状态。当前，无论是行业内高知名度和影响力的大媒介数据调研公司，还是一些中小媒介数据调研公司，都存在数据调研过程不透明、数据调研方法不科学、数据调研结果不公正等不规范行为。这种状况如果不能及时得到有效改变，势必影响媒介数据调研行业的整体利益。

（三）广告市场的无序竞争与决策风险加大

媒介数据调研行业与广告市场密切相关，广告主和广告代理公司需要权威的媒介数据调研公司提供媒介数据，以此制定科学合理的广告媒介组合投放策略，提高广告传播的效果，虚假媒介数据会损害广告主和广告代理公司的利益。从广告主角度来看，虚假数据导致媒介广告价格高于实际价格，广告主付出高额广告费用无法获得相应投资回报。从广告代理公司角度来看，虚假数据导致广告活动无法达到预期效果，进而影响广告主对广告代理公司的评价，加剧双方之间的不信任，从而导致合作关系破裂。广告主和广告代理公司都需要规范的媒介数据调研市场，需要媒介数据调研公司提供科学、客观和公正的媒介数据，从而为科学的广告决策提供依据。

媒介数据调研市场存在数据造假、数据合谋和数据垄断问题，无疑会加剧广告市场无序竞争，导致广告决策风险加大，不利于我国广告产业的健康发展。就媒体而言，媒介数据调研行业的失范现象，也会使得媒体自身决策风险加大。

三 中国媒介市场数据失范的治理对策

当前，我国政府和行业协会亟需加大对媒介市场数据失范现象的治理力度，为中国传媒业、媒介数据调研行业和广告业发展创造良好的数据环境。

（一）强化对媒介市场数据造假、数据合谋和数据垄断问题的法律制定与伦理规范

媒介市场数据造假、数据合谋和数据垄断问题，已经严重影响媒体发展与广告产业竞争力提升，影响社会诚信体系建设，亟须政府部门和行业组织加强规范。目前，我国法律法规中关于媒介数据真实性的原则性规定主要是《广告法》和《互联网广告管理暂行办法》等。《广告法》第三十六条规定："广告发布者向广告主、广告经营者提供的覆盖率、收视率、点击率、发行量等资料应当真实。"《互联网广告管理暂行办法》第十六条规定："互联网广告活动中，不得利用虚假的统计数据、传播效果或者互联网媒介价值，诱导错误报价，谋取不正当利益或者损害他人利益。"这些法律法规的出台对于规范媒介数据市场有一定的指导作用，但相关法律法规仍需要细化，强化对我国媒介市场中数据虚假问题、数据合谋问题和数据垄断问题的规定，从而为广告业和传媒业创造公平的竞争环境。

当前，我国政府亟须完善《报纸出版管理规定》《期刊出版管理规定》《广播电视条例》《中国互联网管理条例》《广告法》《广告管理条例》《互联网广告管理暂行办法》等相关法律法规，规定报纸、期刊、广播、电视、互联网媒介、媒介数据调研公司等必须提供真实的媒介数据，并对媒介数据合谋和数据垄断行为做出限制，工商行政管理部门、新闻出版和广播电视管理部门、互联网管理部门等需要加大对媒介数据造假、数据合谋和数据垄断问题的监管力度，严厉打击"污染"媒介数据等非法行为，对于查处的违反相关规定的媒体、企业和个人，依法给予处分；构成犯罪的，依法追究其刑事责任。

此外，就规范报刊媒介数据而言，需要由政府主导，建立由政府职能部门、报刊业协会、报刊社、广告协会、专家学者、公众等组成的报刊发行量审核机构；就规范广电媒介数据而言，要鼓励和支持中国本土视听率数据调研公司发展，加强对国际媒介数据调研公司在并购活动、不正当竞争以及媒介数据科学性和合法性等方面的规范；就规范网络媒介数据而言，要完善对

网络媒介虚假点击量的法律制定，发挥互联网行业组织作用，强化自律监督；就规范媒介数据调研公司而言，要加强对媒介数据调研和监测公司的法律制定与行业监督，开展媒介数据调研和监测行业声誉评价，建立规范的媒介数据调研市场准入和退出机制。

（二）与第三方媒介数据监测机构合作，提升媒体的公信力和广告传播的实际效果

客观真实的媒介数据对于科学的媒介决策和广告投放决策具有重要的指导价值。媒介市场主体作为"经济人"必然追求自身利益最大化，因而必须从外部加强引导、规范和约束。缺乏权威、公正的媒介数据认证组织和体系，已成为制约我国传媒业和广告业发展的瓶颈之一。[①] 中国目前缺乏制度化的媒介市场数据监测，也缺乏权威的第三方媒介数据监测机构。中国媒介市场数据失范的治理机制建设，除了要完善相关的法律法规之外，还需要整合政府部门、行业组织、媒体机构和互联网企业、广告代理公司、媒介数据调研公司等多方面力量，组建中国媒介数据监测委员会，由行业协会组织牵头，与有影响的第三方媒介数据公司开展战略合作，定期对媒介数据进行监测和评估。例如，定期开展报刊发行量、电视收视率、广播收听率、网站点击量数据监测和稽核，提高媒介数据的真实性和客观性，提升第三方媒介数据监测机构的公信力和权威性。

对于互联网媒体而言，网站点击量与广告投放效果数据是广告主和广告公司衡量媒体影响力和广告效果的重要指标。当前，虚假网站流量和虚假广告点击量严重影响整个互联网媒体行业的信誉，也使得广告主对互联网媒体广告投放尤为谨慎。通过与第三方数据监测机构开展合作，互联网媒体不仅可以提升品牌形象，同时也可以为广告主和广告公司提供更加透明化的数据信息。今日头条副总裁刘思齐就曾表示："今日头条可以为广告主的投放数据监测买单：只要广告主愿意使用第三方来监测它在今日头条的投放效果，

---

① 张骏德、倪祖敏：《建立报刊发行量认证制度势在必行》，《中国记者》2005 年第 7 期。

我们是可以负担这个监测费用的。"① 第三方媒介数据监测机构可以通过提供专业的数据服务，赢得广告主和广告公司的信任。当前，广告主也愈发重视互联网媒体的数据造假问题。2017 年 2 月，宝洁全球宣布，将给数字营销费用加以限制条件：媒介代理机构、广告技术合作伙伴和媒体必须启用第三方可见性测量，以及根除欺诈，并且合同必须具备透明性。2018 年 6 月，联合利华集团在戛纳广告节中宣布一项营销政策：联合利华将永久拒绝与买粉、数据造假的社交媒体红人合作，并优先考虑与打击数据欺诈行为的平台合作。宝洁和联合利华公司的举措受到行业的广泛关注，其产生的示范效应将会推动更多广告主要求互联网媒介确保数据真实性。

（三）构建政府、行业组织和媒介数据调研公司共治模式，规范媒介数据调研市场行为

规范媒介数据调研市场行为，需要构建政府、行业组织和媒介数据调研公司共治模式。

就政府职能部门而言，要与媒介行业组织和数据调研行业组织建立制度化的信息沟通机制，对行业组织反映的媒介数据企业违规行为予以行政规范和法律规范，完善媒介数据行业准入标准与退出机制，优化行业生态。同时，引导本土媒介数据调研公司提升竞争力并开展规范化经营，进而打破国际市场调研公司垄断我国媒介数据市场的格局，推动我国广告业健康发展；就媒介行业组织和数据调研行业组织等而言，要强化自律意识与制度建设，组织开展媒介数据企业声誉评价，激励媒介数据企业提升数据质量和加强道德约束。针对媒介数据调研市场中存在的不规范行为，行业协会可以采取劝诫、警告等形式，或通报相关政府主管部门，予以行政处罚，情况严重者可以让该公司退出市场。通过这种方式，对媒介数据调研市场的企业行为进行有效约束和正确引导，防止媒介数据造假现象发

---

① 阑夕：《今日头条：今年要靠广告挣 60 亿，还要把数据透明化》，http://toutiao.com/a6304201636428742913/，最后访问日期：2019 年 5 月 10 日。

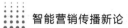

生，从而为媒介数据调研市场营造风清气正的竞争环境，这不仅有利于媒介数据调研市场的健康发展，也有利于传媒业和广告业的公平竞争；就媒介数据监测公司而言，要加强自身经营行为的合法性和合规性，以专业的数据和正当经营赢得企业声誉。

地市级媒体的哲学三问

钟 真*

摘　要：　传播业态正在剧变。"受众"不再"众"多，更不再被动接"受"。因人工智能等新技术的应用，媒体正进行重大变革。处在中国传媒4个层级第三层的地市级传统媒体，在面临前所未有的困局和机遇之际，不禁自问：我是谁？从哪里来？往何处去？本文在试图对此哲学三问做出回答的同时，兼而对因技术驱动和市场激发其势在必为的智能营销传播有所议及。地市媒体在新型传播中与"受众"的关系，因为你已不是你，所以我也不再是我。地市媒体必须自新，必须为信息服务而携智能出发，必须借助"数字化、网络化、智能化"，走出自我，成为用户知音，开辟传播新境。

传播业态正在剧变。一场前所未有的传统媒体大变局正在发生。新技术浪潮呈席卷之势，正快速引领、催化、涂抹或改写现实与历史。

——报纸自费读者数量急剧下降，电台听友不断流失，电视台举办活动开始花钱请观众；城市乡村，几乎所有男女老幼都成为智能手机用户，而不再甘为媒体"受众"；地市媒体今天忙着办新媒体培训班，隔天又召开媒体融合动员大会，昨天才成立全媒体中心，后天又要忙着集团化改革；上午经营办公会通报本月"两微一端"粉丝数据，下午编委会组织学习央媒"中央厨房"建设经验；人事部那儿，几位骨干编辑、记者辞职报告刚被盖章

---

　*　钟真，汉江师范学院文学院兼职教师，十堰市广播电视台总编辑助理，大数据办主任。

放行，编辑部这儿，一则"苹果与谷歌正在人工智能领域展开角逐"的新闻正被刷屏……

处于传媒4个层级第三层级的地市级传统媒体（以下统称"地市媒体"），确非春江水暖"压后"知，实在是因为茫然无措而迟疑：我是谁？我因何来？我向何处去？——这些起始而又终极的哲学之问，萦绕于地市媒体人心间。

一 我是谁？——你已不是你，我还能是我？

长期以来，基本是一家报社、一家广播电视台的地市媒体，在长达40多年的改革开放时代，因搭乘发展大船而与时俱进，却没有因除旧革新而脱胎换骨。外无同类竞争，内无改革动力，只有少许社会责任压力推进。在近几年传媒市场竞争形势危机"突然显现"之前，他们过惯了体制与市场两宜、春水对温蛙无害的安逸无忧的日子。

直到今天，似乎是一夜之间，凭借移动互联网和人工智能等技术革新之力，民间文化传媒机构和无数新媒体、自媒体，如万箭齐射，遮蔽于江天；如千帆竞发，惊浮于江面；一会儿是微博、微信来瓜分天下，一会儿是今日头条、抖音、快手来抢人掠地；一会儿又是网红、大V来摧城拔寨……地市媒体是从广告收入连续断崖式下落才开始真正惊醒而弹跳的，是多次从相关会议上听领导拿着手机痛陈网络舆情时才真正反省自问的。

——读者呢？

——听众呢？

——观众呢？

——我们的受众呢？

——怎么回事啊!？

2019年2月11日，春节过后上班首日，笔者所在广播电视台召开中层干部大会，台上的台长说："春节期间在电视机前看过本台新闻联播的请举手！"台下70多名干部竟无一人举手！直到询问通过两微一端了解本台节目的人数时，才有人陆续举手。

在会后的闲聊中，有同事用职工食堂说事：原来我们台就像食物匮乏时的单位食堂，食堂做什么饭，都分食个精光；后来丰衣足食，街头饭店、酒店林立，职工食堂饭菜丰盛，还开始搞自助餐了，起先也是红火了一阵。但是，这两年，食堂菜品式样更多了，餐厅环境更好了，单位还发送饭卡，为什么生意大不如前了呢？笔者回答：因为隔壁单位食堂菜品质量更好，选择性更大，还因为城市饮食娱乐交通更便利，大家吃饭时间差异化选择更多样，尤其是年轻职工喜欢坐在有空调的办公室里点叫外卖，还有几家公司一到饭点就电话微信"精准""特色"推送，还有支付宝非现金支付，还有一些女同事喜欢只刷卡买回食材回家自己加工等。如今的食客再不是你有什么饭他吃什么饭，而是他吃什么饭，你得做什么饭了！

选择的多样性正改变既有的观念与习惯。移动通信、无限联网、智能服务、信息交互，已经广泛深刻地影响人们的生活日常。传播更无例外。正如购物活动由门店销售进化为超市选购，再由超市选购进化为现在的网络订购、网络推销推送一样，传播活动也由我传你受，进化到我传我也受、你受你也传，你中有我、我中有你，以致你我不分的阶段。

在传播活动因技术革新和观念嬗变而大步进化的时候，固守旧念陈习，抱残守缺，拒绝自我否定，逃避学习自新，犹如慈禧乘车不许司机置座于前的段子，只能徒增后人耻笑。

当媒体还把自己信息产品的送达对象视为"受众"时，它就还自觉不自觉地以"传者"固有姿态，以"引领""导向"的固有思维模式，把移动互联网时代的交互多向传播行为，惯性实践成我传你受的单向活动。时过境迁，今夕已非往昔，技术打破了壁垒。新技术之光跨越门槛，登堂入室，给"受众"崭新的自由与解放。移动互联网使每个人联结着世界，也使世界呈现给每个人多样选择的路径和方向。随身携带的电子产品、与人形影不离的移动智能手机，让"人的延伸"① 得以跨越信息传播的传统垄断，而进

---

① 〔加拿大〕马歇尔·麦克卢汉：《理解媒介——论人的延伸》，何道宽译，商务印书馆，2000，第22页。

入不断刷新的新媒体时代。在这个"不断刷新的新媒体时代"进行时里，过去传播行为中被"受众"的"你"已不再是你，而传统传播行为中"主导"的"我"也不再是现在的我。在传播学关系中，你已然不是从前的你，我还是原来的我吗？

地市媒体人，从来没有像今天这样"冷清"地看见自己臃肿笨拙而又骨瘦筋疲的形容。臃肿的是机制，可用来立即强筋壮骨的是技术。冷静清楚的自省，则首先是清晰地明确：接受媒体信息产品的是媒体的"用户"而非媒体的"受众"。树立这一新的传播理念，才是媒体人在新媒体、融媒体、全媒体传播新时代的清醒自我定位。传播如同营销，讲究对目标、目的的精准定位。而营销传播目标、目的的定位前置条件，首先是营销传播者自己的定位。这正如射击，无论是卧射、立射还是移动射，射击者定位后才是对目标的瞄准。因此，当且只有当地市媒体冷静清楚地明确"我是谁"，也就是精准确立了自我定位，即："我"不是传统意义上的那个"传统媒体"，"我"确信"是"为"用户"提供内容的"服务方"。于此，地市媒体才可以如鱼入水般"融"汇于以人工智能技术为依托的智能营销传播中。

二　因何而来？——今是往日果，又作来日因

黎巴嫩诗人纪伯伦有一句话在中国电视界流传甚广。他说："我们已经走得太远，以至于忘记了为什么而出发。"[1]　其实，诗人的话被央视原《东方时空》《生活空间》主创人之一陈虻，在20世纪中国电视发展最红火的90年代重读和引用，这本身就颇有意味。电视台是几大传统媒体中最年轻的一员，那时候国内互联网初建，新媒体未生，电视传播风头正劲，电视台最具影响力，最是志得意满，最容易傲视群雄而睥睨天下，当此际，由最自省、最有理想、最富有创新精神的一群电视人警醒所有媒体和媒体人"记得初心"，其善大焉，其陈重焉，其意深焉！

---

[1]　〔黎巴嫩〕卡里·纪伯伦：《先知》，林志豪译，天津教育出版社，2007，第87页。

医生为救死扶伤、药疾疗患、安慰病痛而存在；记者为集散信息、传播新闻、瞭望社会而出发。如果医院背弃了医生的初心，只为逐利而运营，它将不再是医院而最终失去医生，失去患者；如果媒体忘记记者为什么出发，不擅集散信息，不能忠实地传播新闻，那么它的传播终将无法传播，也必然丧失传播力、影响力，最终失去用户和记者，失去舆论传播市场和大众媒介地位。

我国地市级传统媒体的存在，有我国"四级办台"① 等历史与现实、前世与今生的各种因缘际会。政策、体制，国情、市情诸错综复杂的因素这里暂且不论，我们仅就地市媒体的历史传播业绩和现实社会功效来看，其存在和发展都是应该被尊重和被鼓舞的。1983 年后的近 20 年，我国大陆仅电视媒体数量就以每年平均 134.7%的速度增长，到 2011 年，全国电视综合人口覆盖率提高到 97.82%，中国迅速成为位居世界前列的电视大国。② 这其中处于"四级办台"基层的地市县媒体功不可没。我国地市媒体今天的人财物存量，是中国大陆 293 个地级城市③近 70 年来特别是改革开放 40 年来持续快速发展信息传播业的成果。600~700 家官方媒体（以每市 2+家计）的自在状况和融合图新态势，犹如密布各地的中小型飞机场之于航空业强国的意义，是我国可能争先于世界的新型智能营销传播业壮阔大发展的先声前因。

回过头来再看这些地市媒体当年为什么出发。

——从政治层面看，正如习近平总书记所指出的，"党的新闻舆论工作是党的一项重要工作，是治国理政，定国安邦的大事"，"在革命建设改革各个历史时期，新闻舆论战线与党和人民同呼吸、与时代共进步，积极宣传党的主张、深入反映群众呼声、主动开展决策调研，发挥了十分重要的作用"。地市级报社和广播电视台正是在地方数十年建设与改革事业中，并将

---

① 1983 年全国广电系统第 11 次工作会议召开，明确"四级办广播、四级办电视、四级混合覆盖"政策。

② 熊波：《新媒体时代中国电视产业发展研究》，博士学位论文，武汉大学，2013，第 12 页。

③ 数据来源：中华人民共和国行政区划统计表，截至 2019 年 1 月。

在未来的改革与发展中,肩负不可替代的宣传党和政府的主张、反映人民心声的责任。

——从社会层面看,地市媒体之于地方城市,犹如大学之于地方城市,犹如三等甲级医院之于地方城市。正是由于有相当传播力和影响力的媒体存在,有大学和三等甲级以上医院的存在,才使得地方中等城市的文化品级得以提升。随着经济的发展,社会的进步,城市文化品级的竞争越来越显现其重要性。而在提升城市文化品级的诸多因素中,城市信息集散速度、规模和质量,新闻传播的时效、范围和品质,社会瞭望的敏感度、维度与深远度等等这些传媒指标,都是最关键的因素。正如客流量决定航空港繁忙度,信息量影响大脑智慧值一样,媒体的存在和成熟与否,关系城市的信息繁荣与城市智慧阈值。

——从技术层面看,地市媒体的兴起、成长与发展壮大,无不得益于技术的引领与支撑。政治与社会需求当然是前提,但是没有技术的不断进步作基础,地市媒体不可能有今天。地市媒体固然因从属现实政治而来,因社会发展需求而来,但它更是因技术的催生、因技术的引领、因技术的相伴和维护以及技术的升级更新换代而来。如前所述,我国地市级广播电视媒体从无到有、从小到大,从广播站到广播电台,从电视差转台、发射台到电视台、有线电视台,再到现在的广播电视台和广播电视传媒集团,广电产品信号从模拟到数字,从标清到高清,再到4K,每一次产品量质的升级迭代和传播能力的延伸壮大,广电媒体人都感恩于视音频制作技术、存储技术和传输技术的引领与支撑。

如今,包括报人在内的地市媒体人,因为智能摄录、智能印制技术和移动通信技术帮助,他们的采编制播、印刷发行,已跟央媒和省媒缩短了距离。因为互联网智能检索和信息存储共享技术的帮助,他们的编辑记者查询资料、引用数据,跟央媒和省媒的同行已无多大区分。因为移动互联网传输技术和人工智能媒介应用技术的助力,传统"覆盖范围"概念被打破,地市媒体传播已然突破地区界限,跟央媒和省媒处于同一起点。技术,特别是人工智能技术,它光辉、平视而伟大。它在消解或拆除门槛的同时,也抹平鸿沟，使央媒和省媒跟地市县级媒体乃至公民的自媒体平等而立。

当中国的央媒、省媒与地市和县级媒体乃至公民个人媒体，都因移动互联网和智能传播技术而平等站立的时候，欧美国家的"巨无霸"型媒体还能继续一统天下吗？

——从业者层面看，毫无疑问，为城乡人民群众提供社会生活必需的信息集散和新闻传播服务，从中也获取自身的社会存在和发展。地市媒体记者离街道村庄更近，与社区院落更亲，他们在"讲述老百姓自己的故事"（央视原《生活空间》宣传语），传播社区"常人新闻"上得地理人情之厚。所谓"常人新闻"，就是为社区大爷、大妈、妇女、小孩等平常人所喜闻乐见的社会新闻、生活趣闻等。因为这些新闻关涉平常百姓的生活、劳作与学习，有助于他们的健康、娱乐或见闻，有助于他们消磨或消解日常生活的诸多不确定性，所以这些新闻和这些新闻的传播者以"接近性"贴近了社区，受到了欢迎。其实，所谓"新闻的接近性"，讲的就是地理人情。媒体的新闻传播是否"传播"，能否得到用户认可，就看你是不是为用户提供了切实有益的服务。近几年许多地市媒体的交通广播，经济效益一枝独秀，其原因就在于为特定的"路上"用户服务得力，社会效益凸显。现在城市交通拥堵问题严重，十堰市广播电视台交通音乐广播充分发挥自身优势，与城市交通管理部门联手，在交管指挥中心开设直播间，利用车载广播和微信，在上下班时段多频次高密度播报"实时路况信息"，并在早中晚时段开设《与你同行》《我的音乐我的车》《下班万岁》等节目，加强对在路途上的司机与乘客的新闻传播服务和音乐陪伴服务、娱乐信息服务，消除用户的不确定性，纾解用户的不稳定情绪，得到听友（用户）、交警（用户）、城市管理者（用户）和广告主（用户）的充分认可，从而实现两个效益双丰收，一个只有 19 人的非主力平台，年广告收入 5 年增长 500 万元，2018 年突破千万元。

在多数媒体经营下滑的情况下，交通广播创收尚能逆势上扬，这固然与城市道路拥堵有关，但更与媒体的见义而为、顺势作为有关。这一现象再次证明两个道理：第一，需要服务的用户就在那儿，你的服务是他需要的，他就是你的用户；有用户就可能有市场；媒体的传播市场也在那儿，你的传播适应人们的需求，你就有市场。第二，近身贴心地为身边用户提供所需所求的传播服务，是地市媒体的职责所在，也是其业者的安身立命之本。

地市媒体人当初为什么出发？大家所为何来？回望历史的隧道，微而言之，我们为左邻右舍所需"包打听"而来；面对深厚的现实，立足所在的地市，中观而言，我们作为党和政府与人民群众之间桥梁而在；展望无尽的未来，放眼巨变的世界，宏观大言，我们为参与中华大合唱，在地球村讲述中国故事而来。

三 所向何方？——走出自家藩篱，步入他样新境

中共中央总书记习近平同志 2013 年 8 月 19 日在全国宣传思想工作会议上的讲话称："宣传思想工作一定要把围绕中心、服务大局作为基本职责，胸怀大局、把握大势、着眼大事，找准工作切入点和着力点，做到因势而谋、应势而动、顺势而为。"那么，当下，从科技改变业态的角度看，什么是地市媒体转型发展该"因"、该"应"、和当"顺"之势呢？

2018 年 9 月 17 日，世界人工智能大会在上海召开，习近平所致贺信说："新一代人工智能正在全球范围内蓬勃兴起，为经济社会发展注入了新动能，正在深刻改变人们的生产生活方式。"此前，2018 年 4 月 22 日，习近平在致首届数字中国建设峰会的贺信也指出："当今世界，信息技术创新日新月异，数字化、网络化、智能化深入发展，在推动经济社会发展、促进国家治理体系和治理能力现代化、满足人民日益增长的美好生活需要方面发挥着越来越重要的作用。"人工智能已然"深刻改变人们的生产生活方式"，它当然也正"深刻改变"着与人们生产生活息息相关的传媒和传媒业态。

除了政界领袖的洞见，关于人工智能在传媒业的应用，关于智能传播如

何改变着传播，关于"智能营销传播"等传播新概念、传播新模式的著述和讨论，学界、业界已有很多，而网络媒体呈现的先知先见更是多矣。本文不准备逐一加以引述，只在这里陈述一个日常人人可以见证的事实：当下，在广场、在车站、在地铁车厢里、在公交大巴上、在礼堂会场上、在家庭饭桌上，到处都是埋首盯着手机的人们。作为物的手机，它起先是人根据无线通信技术而制造出的用于远距离无线移动通信的工具，后来人又赋予其智能技术，使它不仅是通信工具，而且还具有计算、传输、看影、听音、拍摄、录音、写作、查询、收支、储存、导航、提醒、游戏、购物等不胜枚举的功能。所有这些类人化的智慧功能，都是人的技术使然，又终归成为人智慧与能力的延伸。机的背后是技术，技术的背后是人。人提升技术，技术赋予机以智能，而智能的机和机的智能又不断延伸着人。人与手机形影不离的世相，正是一个磅礴大势的缩影，更是当下这个伟大的新传播时代的象征。面对这个世相缩影，我们看到一个真相：显示在手机屏上的五彩缤纷，是无数崭新传播的竞争与聚集。这个崭新传播就是以"数字化、网络化、智能化"为技术关键词的智能化传播，或称"智化传播"。我们还应该意识到：盯着万花筒似的手机屏幕的那双眼睛，其注意力就是传播的有限资源。所有那些聚集并竞争于屏的传播者，无不奋力以智获。于是，仅从一个"人与手机"的世相情态里，我们已经听闻人类前所未有的智能营销传播季节的隆隆雷声。

于是，在部分央媒和省媒的恢宏布局中，在众多地市媒体躁动不安时，在无数新媒体众声喧腾间，一个以"数字化、网络化、智能化"科技驱动的智能营销传播大"势"业已形成。这个连接一切用户、传导数据并集合运算大数据用于精准传播、智能传媒加传播营销智能化的大"势"，就是地市媒体当此之际为谋而"因"之势、为动而"应"之势、所"顺"而为之势。

具体说来，为谋而"因"，就是基于"如此这般"的考虑。地市媒体现今正在进行的与新媒体融合、往全媒体迈进、集团化改革等工作，都应该基于对传媒业即将展开的智能营销传播的考虑，基于对人工智能和5G等新技术应用于传播将引发何等传媒变革、何样传播新局的思虑。

地市媒体首先不必临此大"势"而悲观。对弱势媒体而言这不是最坏的时代,对强势媒体而言这未必是最好的时代。不错,人工智能引入、5G已经到来,新技术涂抹了传播行业原有界限,打破了原有的规则与格局。在人人都可以是记者,记者彷徨的时候,在人人都可以传播,传统媒体着急的时候,这正是危机与希望齐飞、沉沦与崛起共振的大洗牌、大变局时刻。城市道路拥堵,管理者在电子数字技术驱动下必然要加强其智能化管理,如此这般,终使交通智能管理必须配套智能化信息集散,成其为"势"。广电媒体"因"此"势"而谋交通广播之事,获得社会与经济效益双丰收。交通拥堵不光是管理问题,还有道路建设问题,下一步人工智能、5G等新技术广泛应用,必然使各行各业的建设与管理出现更多新的信息需求之"势",这些"用户需求"之"势",正是地市媒体大有可为之事业。

思想与行动都响应时代之召唤,就是"应"势而动。这是因科技驱动而加速的时代,这是人工智能时代,这是5G时代,或者直接说,今年和未来数年就是智能营销传播时代。

人人手持智能手机或通过其他移动端口自觉不自觉地介入传播,已使当今传播成为泛化的传播。现在人工智能和5G技术又必将广泛介入传播,这将使传播无处不在,无人不能。因此把当下时代定义为"智能传播时代"应无异议。那么"营销"两字为什么嵌入其中呢?因为,跟人们在物质匮乏时购物"没得选"和物质丰富时"无从选"的苦恼相仿佛,在泛化的传播环境里,由于冗余信息太多,噪声喧哗太甚,还由于人们注意力稀缺,反而使用户生出信息选择困难的苦恼。解除用户苦恼的举动就是一种"应势而动"。所以传统媒体将其传播营销技能融入智能传播中,利用数据传导和大数据运算技术,了解用户、熟悉用户,与之建立互信互知关系(这也是渠道),从而帮助用户剔除冗余信息,投其所好、投其所需地"推送"信息和新闻给用户,这就是智能营销传播的精准传播方案。

"应"势而动,就是"响应"大势,"适应"用户,"应声"而行动。

地市媒体响应大势，势在必应。当下应势，就是要适应用户，并为适应用户而展开切实有效的行动，认真细致的行动，和不折不扣的行动。既要思想上坚持"媒体为用户服务"的意念，认同"贴心为街道社区、村庄农院的百姓提供、筛选和推送衣食住行娱、艺学康体游等各种实用信息"方向，更要行动上紧盯用户手机、智能穿戴物等所有客户端，心里惦记着他们的所思所想，并实际上促其所思得，送其所想要，把所有在文章方案中对用户的"适应"落到真金白银处，如此才算应势应声而动。目前，应势应声而动的媒体为粘合用户，已引入大数据、云计算和人工智能等技术，集纳用户数据，以用于智能化算法从而适应用户。其本质就是已不满足于现在与用户的一般性互动交流，意欲借科技之力，促成"互为一体"的传播服务与用户关系实现。而在这样的情势下，有的地市媒体还没有应势应声而动：地市媒体现在的两微一端都有与用户的互动区设置，但是仔细一瞧，真正与用户及时互动的并不多，有的干脆对用户的问题置若罔闻，不理不应。这就是既不把别人当用户，又没把自己当新媒体了。不把用户当用户，就难免在新的传播形势下，与传播对象渐行渐远，以致坐以待毙寂无声了。

只有真正认清形势，才能真正认清自己；只有真正认清自己，才好真正认清形势。地市媒体绝对不能再视用户为"受众"，面对所有人皆持传播之器，皆有传播之能，面对所有人已有传播之念，已有传播之行，面对科技还在引领，科技还在创新，面对强媒正在图强，新媒还在图新，地市媒体必须猛醒：勇于自我批评，才好超越自新！大数据计算、人工智能、5G……这么多新词，那么多炫目的新科技，扑面而来，已铺展无穷的可能，已照亮无边的路途。融媒于新兴媒体，融媒于新型传播，融合于市场，融汇于地球村的信息传播海洋。唯走出自我藩篱，才有别样的心境，才会步入他人的心灵。唯有成为用户的知音，才拥有传播的新境。如果数据注定是计算的食粮，那么承载传媒之船的必是信息的海洋。你，是沉沦？还是乘风破浪？

伦理篇

广告智能传播的信息伦理*

李名亮**

摘　要： 广告智能传播产生了新的广告伦理风险，对此风险的讨论，
需要从现代广告"社会伦理"批判框架延伸至大数据时代的
"信息伦理"分析框架。大数据作为广告产业的核心资源及
传播运作的基础要素，可能产生个人信息保护、数据资源共
享保密难以平衡、大数据"杀熟"与数据造假偏差等信息伦
理风险；广告信息化产品存有商业属性不透明、伦理责任主
体混沌、广告自动创意缺乏人文沟通能力等伦理问题；而广
告智能传播与信息化环境相互影响，表现在对人文伦理与价
值观挑战、信息鸿沟的扩大、数据和算法引发歧视和偏见等
方面。

---

　*　本文为国家社会科学基金项目"多元理性比较视阈下的网络交往与引导研究"（18BXW107）
的阶段性成果。
　**　李名亮，博士，上海师范大学影视传媒学院教授、硕士生导师。

一 问题的提出

大数据与人工智能正与社会生活各个领域深度结合，其发展的不确定性给人类带来新挑战，尤其是伦理问题，引发了各国政府、学界和业界的广泛关注。如 2016 年 10 月，美国将理解和应对人工智能带来的伦理、法律和社会影响纳入《美国人工智能研究和发展战略规划》；2017 年 1 月，全球人工智能企业领导人和人工智能专家共计 2000 多人，共同签署了旨在规约人工智能伦理和价值观的《阿西洛马人工智能原则》等。[①] 2017 年 7 月 8 日，中国国务院也印发了《新一代人工智能发展规划》（下文称《规划》）。[②] 广告产业与其他文化创意产业一起，正在迎接智能化趋势。或者说，以大数据、算法和计算能力作为支撑的人工智能，也必然会渗透、影响和改变广告产业，为其带来更大的发展空间。北京大学陈刚教授将人工智能在广告产业的应用分为两个阶段：第一阶段是消费者研究和媒介接触的数据化优化，在程序化购买（DSP）、实时竞价（RTB）、数据分析管理（DMP）、广告交易平台（ADX）等技术应用的推动下，用户触达愈加精准，"消费者研究、市场调查、效果评估等也都在数据化的过程中得以优化"[③]。第二阶段是以内容大数据为核心的应用，意味着人工智能真正全面进入广告业。智能数据的应用与处理，逐渐从深度挖掘用户信息、用户画像、构建用户社交图谱，延伸到对内容的数据化运营，包括规模化、个性化和即时性的内容生产与创造、个性化自动化分发、数据的反馈与积累、程序化创意叙事的技术等。

两个阶段的应用渗透，推动着广告传播向"智能化"传播模式转型。"广告的智能传播"，是指人工智能思维、技术不断渗透、融入现代广告传播运作各环节，逐渐嬗变为"广告+智能"的新兴广告传播形态。具体表现

---

① 《阿西洛马人工智能原则》，《智能机器人》2017 年第 1 期。

② 《国务院关于印发新一代人工智能发展规划的通知》，国发〔2017〕35 号，2017 年 7 月 8 日。

③ 陈刚：《跟上数字技术的步伐》，《广告研究》2017 年第 2 期。

形态上，有"信息即刻劫持、智能搜索引擎、视频直播弹幕、人脸识别、广告内容生成、追踪摄像头定位、跨屏融屏展现，音视频场景、高速移动终端，语言互动、个性化推荐和智能程序化"[①] 等广告新形式。

目前，广告业还处于弱人工智能应用阶段，"还需要从技术观念、机器学习升级和数据场景平台的搭建上进一步深入与升级"。[②] 但在实现强/超人工智能之前，就不得不考量其应用带来的伦理问题，最终是要研究超级人工智能体自主地做出恰当的伦理抉择。现代广告一直在承受社会对其运作规范的指责和人文价值影响的哲理批判，网络营销广告又被施加了更进一步的规范伦理批评，如隐私权侵入、信息干扰、商业属性不明等。对传统时代的广告工具，或数字时代由人操作的数据画像、计算机辅助创意设计制作工具，我们是不需要对其做出价值判断与道德决策的。但是，当人机协同的广告运作时代到来，或者将来人工智能有了更全面的拟人性时，广告人必须把对自身伦理道德选择和拷问的结果，写成一行行的代码，融入广告人工智能的精准投放或自主创意的行动中，并让人工智能自己做选择。此时，广告人一贯秉持的商业伦理，一贯在其广告作品中表达与维持的道德品质如何存在？会受到哪些挑战？谁来为某则广告的伦理失范行为负责？

2017 年的《规划》在"保障措施"中明确提出："开展人工智能行为科学和伦理等问题研究，建立伦理道德多层次判断结构及人机协作的伦理框架。制定人工智能产品研发设计人员的道德规范和行为守则……"[③] "从业道德标准若无法针对及深入该专业之特性，则必难希冀任何成效。"[④] 广告产业领域也亟待建构适应人工智能传播趋势的伦理框架。否则，也就谈不上解决其价值体系的实践可操作性问题。本文将现代广告社会伦理的批判框架延伸至大数据时代的信息伦理分析框架，并结合人工智能伦理与传播伦理研

---

① 曾静平、刘爽：《智能广告的潜进、阵痛与嬗变》，《浙江传媒学院学报》2018 年第 6 期。
② 刘珊、黄升民：《人工智能·营销传播："数算力"时代的到来》，《现代传播（中国传媒大学学报）》2019 年第 1 期。
③ 《国务院关于印发新一代人工智能发展规划的通知》，国发〔2017〕35 号，2017 年 7 月 8 日。
④ 刘美琪：《广告从业人员专业道德认知研究》，《广告学研究》1994 年第 3 期。

究的相关研究成果，体系化地分析广告智能传播中出现的一些信息伦理现象。新的时代，广告伦理研究需要深入、延展和变革。《规划》的有关主张需要切实落实至智能广告传播领域，希望本文能起到开拓与引领作用。

二 从社会伦理到智能传播的信息伦理

（一）运作规范与人文价值：广告规范伦理的批判与建构

广告伦理问题因运作规范要求，以及作品信息蕴含的文化价值观的影响力而自然出现。广告伦理，"或称广告存在于社会应该遵循的道德与规则，必然与市场伦理、媒介伦理有着密不可分、无法割裂的关系"。[①] 从产业链各环节的关系而言，广告伦理是信任关系的基础；从广告的社会生态关系而言，广告伦理也是广告专业化的必要条件。

回溯中西广告伦理研究的百年历史，公共领域的"伦理批判"与产业领域的"伦理建构"两个方向，一直在相依相生、并行不悖地延展。虽然中西广告产业发展有先有后，伦理研究的范畴、方法有所差异，但广告伦理讨论的基本方向、演进路径与批判观点大体是殊途同归的。

20世纪初至90年代，考察到广告活动对社会伦理的机制性影响，西方公共领域的广告伦理讨论逐步广泛和深入。主要是借鉴规范伦理学的义务论、目的论和美德论等，着重展开对广告的规范性批判研究。后期才有少量应用伦理学的理论借鉴。广告伦理批判先后出现的关键词，大体可从两个方向来解读：一是先前的商业性运作规范伦理争议，如欺骗虚假、误导、不当暗示与诱使、遗漏必要条件、诉求无证等；二是越来越深入的人文美德的价值伦理批判，如激发贪婪和自私、鼓励私利追逐、歧视偏见与破坏社会道德和合作精神、消解权威、怀疑传统智慧、不遵守规则、增加愤世嫉俗情绪、促成了对理想生活的刻板印象等。[②] 虽然一些广告辩护者在"广告是社会经

---

① 程士安、章燕：《广告伦理研究体系的构建基础》，《新闻大学》2008年第4期。
② 康瑾：《西方广告伦理实践及理论研究的演进》，《现代传播（中国传媒大学学报）》2018年第8期。

济发展的需要"基础上，努力运用诸如"购者自慎主义""功利主义""契约权利理论""道德义务理论"为广告提供伦理支持。① 但这些支持的声音，仍不敌批判者们的哲理反思。20 世纪 90 年代中期，批判者们似乎已达成共识，即将广告视为文化工业的一个组成部分，一并对其伦理效用加以尖锐批判。哲理批判的关键词开始集中于"广告是虚假需求的创造者；商品拜物教的缔造者；消费异化的始作俑者；在传统伦理规范的解构中扮演了不光彩的角色"等。② 20 世纪初在"专业化"动机的驱动下，广告从业者开始建立行业协会，通过发布伦理守则等行动，争取广告行业的道德合法性。

在中国，恢复广告市场的早期，也大多是围绕真实性这一核心问题。至 20 世纪 90 年代早期，不再笼统对广告的违德失德现象做简单铺陈，而是一方面在职业道德的框架内，运用多维研究视角，专注于探讨广告传播某一环节的伦理问题。③ 另一方面，承继西方对广告的哲学批判传统。20 世纪 90 年代早期至 21 世纪初几年，试图建构广告伦理道德规范，成为研究者和管理者共同的一个目标。如程士安、章燕将广告社会存在的必然性和合理性、规范伦理与美德伦理这 3 个方面作为广告伦理研究体系的构建基础。④

20 世纪 90 年代中期数字技术、网络社交媒体在广告中应用，广告人获得了精准营销、消费者互动、关系建构等权力和能力。同时，消费者的能动性也被激发。加之"数字营销广告的基础技术和主要策略本身就包含重要的伦理争议"。⑤ 广告主与消费者之间原有平衡关系被打破，因此引发了许多新的伦理冲突。最突出的是虚假与色情广告、欺诈点击、隐私侵犯、社交利用和商业属性不透明（强迫式广告与隐性广告）等问题。在这种背景下，西方的数字广告效果研究开始将伦理作为研究核心问题之一，传统广告伦理问题在广告效果研究中背景化、边缘化的情况被改变。

---

① 戴丽娜：《广告伦理：批判 VS 辩护》，《新闻爱好者》2010 年第 4 期。
② 戴丽娜：《广告伦理：批判 VS 辩护》，《新闻爱好者》2010 年第 4 期。
③ 李闻：《广告伦理研究的历史嬗变》，《云梦学刊》2015 年第 3 期。
④ 程士安、章燕：《广告伦理研究体系的构建基础》，《新闻大学》2008 年第 4 期。
⑤ 康瑾：《西方广告伦理实践及理论研究的演进》，《现代传播（中国传媒大学学报）》2018 年第 8 期。

（二）人工智能传播伦理研究

近几年，人工智能技术伦理问题的相关研究著述已非常活跃。学者们一般就人权伦理问题、责任伦理问题、道德地位伦理问题和环境伦理问题4个方面，提出从技术层面、制度层面、人类自身层面规范人工智能的发展。[①]

国内直接研究广告智能传播伦理的文章比较少见。在原生广告的消费者伦理感知框架内有少量实证研究，如康瑾的深度访谈；[②] 李明文、柏茹慧对消费者感知的问卷调查等。[③] 成果少见的原因，可能与广告被纳入人工智能传播的研究范畴有关。但实际上，国内人工智能传播理论也尚处在探索阶段。仅有少数传播学者已意识到智能传播伦理研究的意义，从不同角度展开了初步探究。许根宏将人工智能传播依据、伦理主体的确立，作为规范或法治化的基础。[④] 陈昌凤认为，"未来可能会出现逐利性对信息自由传播等基本准则的破坏、新的信息沟产生等"。[⑤] 他也发出了关于价值观问题的拷问，如人工智能缺乏过滤系统，可能"习得人类的偏见"，"价值观赋予的黑箱化"等。[⑥] 刘伟提出人机融合终将是智能传播的主要方向；智能传播伦理研究的前景与趋势，"更要考虑交互主体—人类的思维与认知方式，让机器与人类各司其职，互相促进"。[⑦] 董秀成从受众的心理分析入手，探讨新的传播伦理失范现象。[⑧]

---

① 陈静如：《人工智能技术的伦理问题及其对策研究》，《学理论》2018年第12期。

② 康瑾、钱莉莉：《原生广告消费者伦理感知的扎根理论》，《湖北民族学院学报》（哲学社会科学版）2018年第4期。

③ 李明文、柏茹慧：《原生广告伦理问题及其解决路径》，《中南民族大学学报》（人文社会科学版）2019年第1期。

④ 许根宏：《人工智能传播规制基础：伦理依据与伦理主体的确立》，《学术界》2018年第12期。

⑤ 胡曙光、陈昌凤：《观念与规范：人工智能时代媒介伦理困境及其引导研究》，《中国出版》2019年第2期。

⑥ 陈昌凤：《媒介伦理新挑战：智能化传播中的价值观赋予》，《新闻前哨》2018年第12期。

⑦ 刘伟：《智能传播时代的人机融合思考》，《学术前沿》2018年第12期。

⑧ 董秀成：《受众心理视域下的智能传播伦理研究》，《浙江传媒学院学报》2018年第12期。

（三）信息伦理与广告智能传播信息伦理

信息伦理，也可称"信息道德"，是指涉及信息开发、信息传播、信息管理和利用等方面的伦理要求、伦理准则与伦理规约①，以及在此基础上形成的新型的伦理关系。如果说人工智能伦理学是计算机伦理学的自然延伸的话，那么20世纪90年代开始直接使用的"信息伦理"这个术语，意味着随着信息社会来临，信息伦理学冲破了计算机伦理学的束缚，将研究对象更加明确地确定为信息领域的伦理问题。拉斐尔·卡普罗（Rafael Capurro）认为，新的信息技术提出了对伦理学的挑战，在虚拟现实中存在着对传统的伦理关系的威胁。而他2000年后的系列成果，极大地促生了信息伦理学。②中国人民大学哲学院法伦理学专家曹刚教授在接受央视网的专访时也建议，中国"应该尽快地提出、论证信息伦理的有关道德准则"。③

广告本质上是一种社会信息传播活动。现代广告伦理采取的社会伦理批判取向，无论是运作规范还是人文价值，针对的即是"广告信息在设计、制作与传播过程中的道德规范问题"。④ 这种广告伦理的指涉对象，实质即是"信息的社会伦理"。"信息伦理"概念在20世纪90年代中期伴随信息社会的逐渐明朗才确定。在当代信息社会，广告传播信息活动有了和以往不同的质量、结构性的变化，广告传播领域借人工智能应用的东风引入此概念，也是正当其时。业界精英对伦理问题的认知，仍处在传统数字营销广告时代，也说明引入这个概念的必要性。⑤ 而广告领域支持此概念的变化特征还表现在以下几个方面。

一是广告产业链各环节的运作过程，虽然也存在市场、消费者等各类数

---

① 裴宁欣：《人工智能发展中的科技伦理与法律规制》，《轻工科技》2019年第2期。

② Rafael Capurro, "Ethical challenges of the information society in the 21st century," *International Information & Library Review*, 32（2000）: 257-276.

③ 《以社会公共利益为标准　个人信息应作为基本人权予以保护——专访中国人民大学哲学院法伦理学家曹刚》，http://news.cntv.cn/special/wmzzdls/gerenxinxi/caogang/index.shtml.

④ 程士安、章燕：《广告伦理研究体系的构建基础》，《新闻大学》2008年第4期。

⑤ 胡振宇：《国内数字营销伦理乱象探因与治理研究》，《当代传播》2018年第5期。

据的流通问题，但广告运作主要是围绕广告内容（作品）的生产、媒体到达与效果而展开。但对于信息、大数据与算法优化支撑的智能广告，信息、数据成为广告机构的核心资源，并在产业链运作过程中进行分配流通与计算优化，广告内容只是数据计算优化的一个重要部分。

二是智能策略与创意，将以往人类依托知识、思想主观表达的想法、文字与广告表现，转为依托用户数据并经过标签化的标准化物料。

三是伦理问题最终研究的是人的道德问题，理应以人为主要研究对象。但在广告智能体逐渐具有"拟主体性"的时候，广告伦理的指涉对象可能要复杂得多。

总之，人工智能的广告介入，不仅是对产业运作形态、产业链生态带来一个革命性变革，也必然给广告产业生态带来一个新的信息伦理局面。广告伦理的内涵，无论是运作规范还是价值伦理，均已无力解释正在深刻变化中的广告智能传播的现实伦理问题。从传统的社会伦理内涵深入至"信息伦理"内涵，既是对信息传播本体研究倾向的回归，也是社会伦理内涵伴随现代广告发展的自然延伸和深入，同时也具有内涵变革的革命性。

本文对广告智能传播已出现或将来可能出现的伦理问题的梳理，依循弗洛里迪的四维分析维度而展开。《信息伦理学》①的作者弗洛里迪认为，在直觉上，具体的人工智能个体，能够为自己获取某些信息（作为一种资源的信息）以产生某些其他信息（作为一种产品的信息），在此过程中，它影响它的信息化环境（作为目标的信息）。它是面对信息伦理学的多重问题时做出的初步定向，被称为"资源（Resource）、产品（Product）、目标（Target）模型"，简称"RPT模型"。这个模型构成了信息伦理的3个维度，也指示了维度发展的3个阶段，即信息资源伦理、信息化产品伦理、信息化环境伦理。同时，弗洛里迪还举例提出，当讨论具体的事件时，以上3个维度的关注点必须联系起来判断，即他所谓的第四个阶段——"宏观伦理学"，关注前述3个维度之间的联系、变化与互动。

---

① 〔英〕卢恰诺·弗洛里迪：《信息伦理学》，薛平译，上海译文出版社，2018，第76页。

三 广告智能传播的信息资源伦理

信息资源伦理有关信息或数据的保密性、可靠性、质量以及用法等问题。2017 年 12 月 8 日，中共中央政治局就实施国家大数据战略进行第二次集体学习。习近平总书记主持学习并发表了讲话，特别强调了数据安全、数据隐私、数据确权、数据版权、数据治理政策储备和治理规则等与数据伦理相关的问题。人工智能对广告业带来颠覆和重构性的改变，首要即是大数据的搜集和处理，实现了对需求深度的探知和满足。数据开始成为广告业的核心资源，策划创意人才资源与媒介版面资源已退隐幕后，数据环境也成为广告传播人工智能深入发展的基础环境。

目前的数字广告行业已形成了新的产业链条，包括广告客户（包括代理）、广告发布商（第三方网站和应用程序）、独立广告交易平台和数字广告网络提供商（指谷歌等超级平台）等，各环节主体多元，分工明确，共同编织起数字广告网络。围绕大数据的利用与运行，各主体之间形成亦敌亦友的复杂关系：既是一致行动人，又是数据共享的利益冲突者——在数据分享时很可能顾不上对用户隐私的保护。同时，借助技术膨胀的贪欲，大数据与算法的偏差也在支配着他们。

（一）个人信息保护

随着个人数据商业化处理的泛滥，个人信息被滥用成为社会信息伦理危机的一个突出问题，也是大数据广告必然会面对的主要伦理拷问。互联网、大数据和人工智能的三者叠加，使个人信息的收集变得极为容易，公众隐私权受到重大威胁。

与个人信息密切相关的商业性网络企业，无论是 Google、BAT 这类互联网巨头，或是微博、SNS 社交网站和 LBS（基于位置的服务网站）等社会化网站，或者广告交易平台等，大数据不仅直接与其经营运作相连，也是其增值服务的重要来源。一些企业和个人搜索、收集与不当利用个人信息数据的动机也就更为强烈。

相比较于一般的个人身份与地址,大数据结合可寻址技术、物联网技术等所能挖掘的个人数据,已深入至个人生活、工作、消费的各类场景状态,甚至能预测用户个体的预期行为。广告业出现的一些事件,已引发公众对大数据技术在商业领域应用中的伦理思考。[1] 如 Facebook 因擅用用户数据,受到严厉审查。不仅如此,它还使用人工智能预测,并向广告商售卖用户预期行为。Facebook 的商业模式,以及它对待用户数据的方式,引爆了公众和社会对数据隐私的极大担忧。Target 通过数据挖掘的方法,确定顾客怀孕,并寄送给一位少女孕妇商业优惠券,此举引发公愤。

当手机用户在安卓手机上浏览网页新闻时,他们会遭到 10 数家不同数字广告平台的数据追踪,大多平台的数据追踪行为不为用户所知。美国联邦贸易委员会曾以欺诈罪名起诉了免费独立应用程序 Brightest Flashlight Free 的开发者,因为这款应用程序一直在暗地里追踪用户的精确地理位置信息,并将这些数据打包卖给了第三方机构,其中包括网络广告市场的各方参与者。对此,《算法的陷阱:超级平台、算法垄断与场景欺骗》的作者扎拉奇认为,开发者得到了 Google 有意无意的纵容和保护,因为这款软件在 Goolge Play 上傲视群雄。[2] 现如今,这种隐秘的数据追踪被越来越多地用于一些不正当用途——散播恶意软件、窃取个人或商业机密、损坏财产、盗用他人身份等。

目前,各国均在加强针对个人信息保护的法律法规的制定。而西方基于消费者伦理感知和伦理推断的相关研究,也以针对"隐私伦理冲突途径与机制"和"消费者有关隐私的心理反应如何影响广告效果的实证研究"两方面的成果最为丰富。[3]

---

[1] Kord Davis & Doug Patterson, "Ethics of big data," *O'Reilly Media*, 23 (2012): 60-61.

[2] 〔英〕阿里尔·扎拉奇、〔美〕莫里斯·E. 斯图克:《算法的陷阱:超级平台、算法垄断与场景欺骗》,余潇译,中信出版集团,2018,第230页。

[3] 康瑾:《西方广告伦理实践及理论研究的演进》,《现代传播(中国传媒大学学报)》2018年第8期。

（二）数据资源共享与保密的平衡

随着人工智能功能属性向人性化逐步迈进，数据共享、个体数据专有是其中最重要的两项权利。理想状态而言，数据的使用模式，应该是人工智能数据资源的共享。具体到广告产业，共享是指产业链上各主体及其开发的人工智能，既拥有数据所有权，如媒介平台的用户与场景入口数据、广告主的市场消费数据、用户数据、智能交易平台的交易数据等；也拥有对产业链上其他主体和人工智能产生数据的共享权利。如此，才能实现最高的广告效率和成本节约，带来人工智能福利的最大化。

"未来智能传播的最优存在形态，可能不是个别的传播平台，而是系统网络性的平台；更有可能是横跨各不同人机环境系统的综合联动体系，并且该体系还会不断地自主优化升级。"[1] 这个体系才能最终帮助实现广告数据共享的目标，即是要实现受众融合式场景接口。数据、技术、场的多维融合，实现数据跟随场景同步变动。而广告主依托此场景化营销，可以建立交互体验类消费关系。实践证明，现阶段的智能技术还很难为这一融合设想的实现提供支持，场景营销依然处在期待匹配消费人群的预设中。数据"孤岛"、割裂平台或生态未完全放开所持数据等限制因素，均影响着大数据智能化的进一步深入发展。

数据共享也一定会受到主观共享意愿缺乏及数据权利保障的双重约束。就当前发展而言，广告产业上主体与其人工智能在履行数据共享权的同时，会与其他法律主体的共享权利存在相当明显的利益冲突。

一是数据已成为重要的企业资源和利益来源，甚至是垄断地位与市场支配特权的保障。某互联网巨头企业的首席科学家曾坦承，大公司的产品常常不是为了直接收入，而是为了用户的数据而做。在某一个产品上收集的数据，会用于在另一个产品上获利。互联网超级平台与产业链上其他主体之间的那层亦敌亦友的关系也会引发危机。"在牢牢掌握核心平台后，互联网巨

---

① 刘伟：《智能传播时代的人机融合思考》，《学术前沿》2018 年第 12 期。

头俨然有了支配用户个人数据的权力，他们将决定谁能称霸市场。"① 如谷歌的 DoubleClick 数字广告管理平台，通过为广告发布商提供全面的广告收入引擎，以及向广告客户和代理机构提供完整的广告购买工作流程，进而将这个平台打造成一个覆盖全球市场的移动广告平台。超级平台型广告提供商掌握着锁定潜在客户的技术以及庞大的用户数据库。广告网络布局越大，提供商手中的筹码和资源越多，进而就可以更好地监测用户网络活动并追踪他们的个人信息数据。

二是数据资源包含一定的商业机密和用户、合作方隐私，社会大众与商业组织对数据权利的保障性十分重视。目前，还很难想象 BAT 三者之间能够共享其用户与应用场景入口数据，也很难想象某个企业将其用户、市场与相关合作者的数据合盘向其竞争品牌托出。为了权利保障，企业一定会向政府寻求权利的保障，以此做到对人工智能数据共享的限制。

人工智能广告的广泛应用，在过程中对数据分析结果十分依赖。当数据共享被限制时，数据垄断、数据"孤岛"与暗箱操作形成，人工智能的广告应用则缺乏足够大量、全面的数据支撑。企业在广告宣传中，大数据的应用受到约束，更受到一定的风险影响，人工智能广告的精准高效功能难以充分实现。因此，如何针对广告人工智能的数据资源共享权利、个体数据专有与利益分配等实现"中道的平衡"，目前来看，还是一个难解的问题。

（三）大数据"杀熟"与技术的贪欲

大数据"杀熟"即是大数据被滥用于进行电子商务的价格歧视。企业通过追踪消费者个人身份、购物历史、上网行为等数据、设立会员制度等，实现合理推测消费者保留价格的目的，甚至直接采取"杀熟"定价。如泰特斯的碟片对新顾客的报价为 22.74 美元，而对老顾客的报价为 26.24 美元。同样的服务和产品，以不同价格卖给用户，本质上迎合了网络商业公司

---

① 〔英〕阿里尔·扎拉奇、〔美〕莫里斯·E. 斯图克：《算法的陷阱：超级平台、算法垄断与场景欺骗》，余潇译，中信出版集团，2018，第 235 页。

利润最大化的终极目标。网络平台正是借助"大数据"人工智能的科技力量，悄无声息地侵蚀"消费者剩余"。

（四）数据造假与偏差

从数据本身来说，数据资源共享的难题，以及数据样本的偏差等，均会导致"以偏概全"的问题。广告产业链上主体多元，同一环节多元机构的并存，使得数据来源更易不清不明，则隐含了侵权风险。而被污染的数据则会导致信息内容的污染。从数据利用来说，数据解读由于算法的不同会带来偏差，也存在解读的随意性与简单化。[①]

数据造假是个人主观的自律问题，在伦理判断上更为严重。数据使用者受其自身价值导向和利益驱动，或仅将数据与算法作为利益博弈的手段，此时就会存在数据的误用与滥用。行为失范的客户方、数字营销公司、交易平台等机构或个人，作为广告伦理问题的失责方，有时过分追逐"自利"，以各自利益需求为行事规范，逾越了基本的"诚信"自律。目前，程序化广告背后的造假方式"主要有流量作弊、广告不可见与广告不匹配三大类"。[②]2016 年 3 月，因为数量惊人的劣质广告和虚假的广告流量，Facebook 正式宣布放弃 Atlas DSP 项目。

而作为约束的他律方面，目前行业规范和标准的制定跟不上数字广告产业的发展，更谈不上人工智能广告标准。国内数字广告链上缺失第三方监测机构，数据无以审核监督，真实数据无从确认。结果是"各家公司各说各话、自吹自擂，客户无从确认各种数据及效果的真实性，KPI 值很多时候凭主观经验设定，目标与结果均建立在对数据的想象空间里"。[③] 2017 年，宝洁重新审计公司签订的所有媒介购买合同，要求其广告合作环节各方必须启

① 彭兰：《假象、算法囚徒与权利让渡：数据与算法时代的新风险》，《西北师范大学学报》2018 年第 5 期。

② 鞠宏磊、李欢：《程序化购买广告造假问题的主要类型及影响》，《编辑之友》2019 年第 1 期。

③ 胡振宇：《国内数字营销伦理乱象探因与治理研究》，《当代传播》2018 年第 5 期。

用第三方测量广告效果。

无论是个人隐私被侵犯，数据造假偏差，或是大数据"杀熟"，均是人在"技术的贪欲"支配下的信息与数据滥用。算法的黑箱属性，使得广告产业链上，消费者、信息技术弱势企业与互联网平台、人工智能广告企业之间存在的信息鸿沟更为严重，处于弱势地位。智能营销与智能广告的问题，背后是信息数据资源伦理的准备不足。广泛共享的大数据，需要健康平衡的数字化生态，不能让数据规则落后于人工智能广告火热发展的现实。

四　信息化产品伦理

信息化产品伦理指产生于各种相关语境的道德问题。这些语境包括职责、责任、诽谤罪立法、见证、剽窃、广告、传播、错误信息、造谣、欺骗。核心在三个方面：一是生产信息化产品过程中，以及产品本身所蕴含信息（包括各种符码）等所表现出规范伦理问题；二是伦理主体的职责和责任；三是对广告人工智能而言，还涉及一个核心，谁才是伦理主体？或者说谁应该为这些规范伦理问题负责。

（一）内容社交利用、原生广告与商业属性不透明

从广告的形态而言，即所谓的隐性广告、原生广告等带来的伦理困境。

广告向媒体内容、新闻以及网络社交、生活场景等各领域的隐秘、全面性地渗透。传统媒介广告或网络页面、链接广告等，受众一眼即知其商业叫卖属性，隐性植入式商品信息尚无法无孔不入。但智能技术对品牌信息的无缝渗透，对个体生活状态的精准推荐和精准把握，以及黑箱化的操作，使得广告的商业目的更为隐蔽、广告的真实性更难验证。广告已深度融入内容与信息流中，令受众震惊。内容、新闻等与广告边界的模糊，既影响了媒介内容的品质，新闻的真实客观性；也在潜意识层面操控消费者，引发消费者购买决策的失当。

原生广告主要体现为与互联网深度融合的信息流、付费搜索、推荐工

具、促销列表、广告内的原生单元、定制单元等。"因其能够无缝融入媒体平台、优化用户体验，提高用户旅程，增强营销效果而备受商家青睐。"①原生广告对消费者个人信息与网络行为进行深度挖掘，造成了对消费者隐私权的侵犯，更主要的是隐形化欺瞒。表面上，消费者借助数字化、互动性拥有选择权，但由于原生广告的大量充斥，却陷入了信息选择的盲区，并由此导致或隐或显的伦理风险与问题。

这种将广告内容风格设计自然地嵌入互联网页面，以及融入用户体验的"去广告化"状态，导致了广告内容的隐形化和"原生化"，从而大大降低了消费者对广告的识别度。这实际上是对消费者的欺瞒，侵害了消费者的知情权。

（二）广告自动创意与人文情感沟通的可能性

人工智能参与广告策略创意表现的生产，依托其大数据、计算能力和算法不断优化，以及 24 小时待命的工作状态、超强的时效性，还有丰富的基础资源，可以实现大规模、高效率的广告内容生产与融媒体平台分发。如Facebook 的 AI 系统在 30 亿人的照片库中可以进行快速识别与锁定。谷歌提出了新广告管理工具"Auto Ads"，这个系统工具的广告投放，可以通过机器学习的方式实现，并能做到自我优化。

天猫网站投放的大量网络广告作品，均出自人工智能"鲁班"之手。虽然目前"鲁班"还只能进行可控的元素合成，但未来它可能通过深度学习进行创作，从而生出具有"创意点"的作品。Saatchi LA 利用超级机器人"沃森"，完成了丰田 Mirai 的广告文案写作 100 条。2016 年 6 月，日本举办了人工智能创意总监 AI-CDβ 与人类创意总监 Mitsuru Kuramoto 的比赛，评出的结果是 46% 比 54%，似乎实力相当。如此看来，广告产业在受益于人工智能的同时，广告人似乎也在面临被取代的冲击。

---

① 李明文、柏茹慧：《原生广告伦理问题及其解决——基于消费者感知的实证分析》，《中南民族大学学报》2019 年第 1 期。

如果把拥有"心智"的 AI 作为主体进行透析，可以发现，人工智能的广告策略创意，确实有助于提高广告人的效率、节约成本，也有助于激发创意和自主创新。但目前看来，这种创意运作仍处于基于大数据的自动化水平，离真正的智能化路程遥远。谷歌的"Auto Ads"系统的解决方案，还依赖于高成本的有监督的深度学习，依赖于人类对于计算底层架构的设计。而人工智能创意总监 AI-CDβ 的创作，需要创意机构麦肯（McCann）组织项目团队，事先解构、分析和标记大量的电视广告，并给出一定的逻辑算法。人工智能再基于大数据进行运算，才能给一些产品和信息做出针对性的创意广告指导。

所谓高效率的实质，仍是人工智能时代的工业化生产。提高广告生产效率的同时，也带来广告传播规范伦理的一种挑战。即使到了超智能时代，我们仍可能心存疑问，人工智能能够真正实现品牌与消费者和社会公众的沟通吗？

从商业语境而言，人工智能创作的机器工具理性，追求实现受众目标精准、信息真实、要素齐全、信息对人对场景的理性对应等目标。但这是信息的精准发布和适配，远谈不上人之间的心灵沟通。这种精准适配，没有全局的审视和策划，更难以根据环境的变化而做出高语境的反应。正如许正林教授所言，"无论是用户数据主导还是内容数据主导，真正引领新时代广告服务核心竞争力的，依旧是对海量数据的分析、管理与反馈，以及建立在大数据之上的数字营销整体策划方案与系列服务工具"。[①]

而自动化创意，有可能形成相对固化的机械思维模式，缺乏个性化的创意产出，尤其是同类竞品的创意。同时，对于广告策划创意阶层而言，人工智能的过度使用可能会降低他们参与广告活动的广度与深度，继而带来策略创意水平、认知水平，审美水平的下降，广告的内容品质与沟通功能真正难以实现。

---

① 许正林、赵琳：《2017 年中国广告学术研究的八大视点》，《广告大观》（理论版）2017 年第 12 期。

自动化创意可以是基于受众喜好"元素的可视化组合"的呈现，但人工智能创造的意义与美感，只是速算，是人为的伪交流和伪艺术，很难具有真正的创意。作品表面上掺杂的人类感情，仍是依赖于算法数据和算法生成，无法真正满足与消费者的情感、人文价值追求等的沟通。这是因为，满足与迎合人的情感需求、人文内涵修养、价值观追求和时代风尚等，是品牌沟通的高层次需要。而人的价值理性丰富而模糊，很难转化为精确的系统和算法设计。因此，也就很难被人工智能创作所理解。

人机协同才是人工智能发展的趋势所在。在广告创意方面，也一定是"人工智能与人类智慧的结合。一方面流水线一样的人工智能化广告占据大量市场，另一方面设计师们的创意性、前瞻性、内涵表达将成为核心竞争力"。①

（三）智能广告信息伦理主体与责任

由于人工智能的算法复杂性特质，人工智能正在从根基上挑战我们伦理观念中对行为和主体的预设。现代广告代理制的"广告主—代理公司—媒介"三者分明的主体界限，保证了广告伦理的行为责任主体。广告主拥有最终审定权，对自己的广告信息负责。代理公司和媒介行使自身的广告策划创意和媒介投放专业义务，对自己的专业性能力和专业规范伦理负责。数字广告正在消解代理制度，广告责任主体开始混浊难分。现在，当人工智能作为一个具有"拟主体性"的智能体，进入广告领域，伦理的主体划分也就更为艰难。

人工智能学家引入了智能体（Agents，又称"智能主体"）的概念来定义人工智能，这是因为人工智能是一种"拟主体"，即"人工智能及智能自动系统能根据人的设计自动地感知或认知环境（包括人）并执行某些行动，还可能具备一定的人机交互功能，甚至可以与人对话，常常被看作具有一定

---

① 汪毅毅：《技术与内涵的一致性——广告设计人工智能文化内涵彰显的可能性》，《湖北函授大学学报》2018年第10期。

自主性和交互性的实体"。①

　　人工智能具备某种拟主体性，但"至少是现在，人工智能还没有伦理的概念"。② 虽然具有完全的道德意识，还有很长的路要走，但它们的行为仍可以看作是与主体伦理行为类似的"拟伦理"行为。但是，人工智能自主道德意识和自我进化的发展趋势，决定了我们最终要考量人机协同下的广告伦理责任问题，甚或要提前研究人工智能自主决策下的伦理责任问题。

　　在广告智能产业领域，将人的主导作用纳入"可计算的伦理"的思想和方法，必将付诸实践。只能通过代码转换，才能将广告人的伦理变成程序化的拟主体伦理。广告人与企业所倡导的价值取向与伦理规范，通过代码编写，得以嵌入各种智能体中，使其遵守道德规范并自主伦理抉择能力。而要让算法遵循善法的原则，包括 3 个重要的伦理尺度：人工智能自身嵌入的道德，人工智能自主的行为道德，人类在拓展人工智能过程中进行的道德建构。

五　信息化环境伦理

　　信息化环境伦理关注信息环境安全、破坏、盗版、公开软件源、言论自由、书报审查、信息过滤以及内容控制。广告智能传播运作的伦理表现与其社会人文等环境因素是相互影响、相互反馈和促进的关系。广告智能传播信息化环境伦理的根本保障，是国家相关的法律、法规制度。中国已发布一系列规范，但这种保障可能针对规范伦理现象才更有约束力。除制度的基本保障之外，广告智能传播的伦理与其信息化环境的相互影响，主要存在以下关系。

（一）对人文伦理与价值观的挑战

　　文化创意产业是人类独有和自豪的领域。目前，不仅是在广告领域，人工智能也正在加速进入以精神生产为核心的文化创意领域，如文学创作、新

---

①　段伟文：《人工智能的道德代码与伦理嵌入》，《光明日报》2017 年第 9 期。
②　刘伟：《智能传播时代的人机融合思考》，《学术前沿》2018 年第 12 期。

闻智能写稿、演艺、绘画等领域。在与广告创意有关的领域，"鲁班"每秒产出不重样的商品海报，达到 8000 张。谷歌的 Auto Draw、Adobe Sensei 的抠图美工等，开启了人工智能的创意设计时代。在此趋势下，如何把人工智能控制在文化安全的范围内，确保智能机器人遵守社会责任、充分理解和尊重人类创意？正如霍金所言，"尽管人工智能的短期影响取决于控制它的人，但长期影响却取决于它究竟能否被控制"。[1] 人工智能悲观论的代表休伯特·德雷福斯基于海德格尔与维特根斯坦的观点，得出"当前人类面临的风险不是超智能机器的出现，而是低智能人的出现"的结论。[2] 需要沟通与满足人们精神需要的广告行业，是文化创意产业的重要部分，更应发挥与彰显自身的智慧。

不可否认，非人类的广告内容生产模式的过度使用，人工智能冰冷的代码，以及技术人员重技术效率、轻人情人伦的思维，将在广告产业内外带来一系列的社会性问题。除了产业链结构改变带来的对就业冲击、信息鸿沟、著作权法中的定性等问题外，还可能带来人文价值观与主流价值管控难题。其难题产生的机制在于以下几点。

一是广告主、互联网巨头或交易商在资本与利益的驱使下，可能会过度追求经济效益最大化，进而忽略广告产品的内容品质与文化价值选择。

二是人工智能会习得人类的偏见等。人工智能对已有广告作品隐含信息和意义表达的深度学习，是没有能力进行价值判断的。对广告符码输入与意义生成、输出之间的关系，以及其中的算法机制，编程人员难以预知。也就是说，对伦理不当的信息，如歧视偏见、色情暴力等，人工智能并不具备内容过滤系统，价值观赋予系统是黑箱化的。如 2017 年微软为其人工智能 TAY 设了一个推特账号，上线一天就形成了一系列粗鄙的价值观。而为了稳妥起见，预先和事后的广告信息审查往往采用"宁可错杀一千"的"自我约束"算法机制，加之算法的循环强化，可能使广告创意走向单调和固化。

---

[1] 解学芳：《人工智能时代的文化创意产业智能化创新：范式与边界》，《同济大学学报》（社会科学版）2019 年第 2 期。

[2] 陈静：《科技与伦理走向融合——论人工智能技术的人与文化》，《学术界》2019 年第 9 期。

三是数据和算法导致的偏差。技术人员与创意人员无法快速有效地与之对抗。此时，"如何让人工智能习得人类社会的是非好坏的常识和价值判断标准，变得尤为重要"。[①]

人工智能研究最核心的问题在于关乎人类尊严和价值的方面。[②] 目前，数据分析工具的开发和利用，存在着片面强调数据的工具理性的隐患。此外，还有着"唯数据论"和"数据独裁"的风险。[③] 广告是社会价值生成和传播的主要机制之一。因此，在广告产业的智能化传播运作中，如何打开价值观赋予的黑匣子？如何通过积极的算法干预和介入，尽可能消除认知偏差？引导正确的价值观，将会是未来广告智能化发展需要关注的重点问题。

（二）信息鸿沟的扩大

随着广告智能技术的广泛应用，产业链上产生的信息鸿沟可能会扩大。人工智能的应用正在加剧广告产业链的失衡，改变行业结构和运作模式，也带来信息鸿沟。广告创意的重复性工作将越来越多地被人工智能所代替，会导致大量低端的设计阶层失业。

同时，广告产业链中，那些垄断型应用平台、媒体平台，属于易获得数据的机构和人群，通常在产业链中掌握特权。而那些创造和运用智能技术的机构和从业人群，如垄断性媒体平台、技术革新快的需求方平台（DSP）等及其中的技术型、高智力型员工受益更多。相反，遭受技术冲击的人群，如传统的策划创意人员、媒介计划购买人员等，可能由于技术透明度不高，不同群体之间的信息权力不平等，以及技术知识的差异等，很难跟上技术进步的节奏。这一群体如不能很快地接受技术的洗礼，可能会承担更多的代价。

---

① Mark Hansen et al., "Artificial intelligence: Practice and implications for journalism," Paper Represented at the Policy Exchange Forum, Columbia Journalism School, June 2017, pp. 1-21.

② 《阿西洛马人工智能原则》，《智能机器人》2017 年第 1 期。

③ 胡曙光、陈昌凤：《观念与规范：人工智能时代媒介伦理困境及其引导研究》，《中国出版》2019 年第 2 期。

信息智能推荐下，不同阶层人群消费分级和固化更为明显，进而产生信息鸿沟。不同出身的人所获取的信息差异，可能比现实世界的差异还大，因此可能更早就形成截然不同的视野、格局和能力，从而加剧而不是减少阶层的固化。

（三）数据和算法对中立性的破坏

算法是技术编程，数据表面也是客观的。表面上客观的数据和理性的算法，也可以产生非中立性的结果。事实上，数据和算法导致的歧视往往更难发现，也更难消除。数据和算法对中立性的破坏，可能来自多方面的原因。

一是广告业的大数据多直接与不同机构的利益相关，数据和算法某种程度上只是一种利益工具，采集数据或设计算法的相关人员蓄意为之。

二是广告人工智能的设计者也不具有多样性。AI Now institute 联席主管 M. Meredith Whittaker 一针见血地指出，在打造影响其他人群的工具上，AI 领域缺乏多样性、过于"白人直男癌"了。即便是 Facebook 和 Google 这样的大公司，也只有大约 10% 的女性 AI 研究人员，而有色人种更只占其中的一小部分。此时，需要通过数据的民主、机构和设计者的多样性来减少其存在的偏见。

三是原始数据本身就存在偏见，因此该数据驱动的算法结果也会有偏见。即便数据是人类社会客观中立的记录，如果人类社会本身就存在偏见、歧视和不公平，那么相关数据自然也会带入我们社会的不公。我们人类已有沉淀在语言记录中的隐含的偏见，既包括一些无伤大雅的偏见，也包括比较严重的歧视，如性别、种族、同性恋等；普林斯顿大学 Caliskan 等人使用常见的纯统计机器学习模型，在万维网的标准文本语料库上进行训练，发现计算机可以"学会"这些偏见，甚至有些我们人类自己都没有注意到的潜在的歧视，计算机也能通过机器学习捕捉到。

四是设计算法和学习过程中的技术偏向，也可能导致偏差甚至歧视的结果。如标签设置与算法推荐导致歧视。线下店家的消费用户收入歧视是我们所不能容忍的，但大数据和算法带来的类似偏见则更为隐蔽。虽然算法推荐的初衷是提高某用户的点击率，但事实上，价格敏感度之类标签的设置与算法的推荐和循环强化，事实上会形成同类商品对低收入消费者的歧视。另外，技术偏向导致认知的偏差，还包括"不确定性证据易导致不确定的行动；无法解读的数据导致失据和不透明；误导性数据易导致认知偏见"。[1]

（四）具体事件的宏观伦理分析方法

广告是商业经济属性与人文社会属性的复合体，"个人—组织—产业—社会"之间的关系尤为复杂，商业利益与社会利益难以平衡。因此，当需要就一个人工智能传播具体事件进行信息伦理判断时，按照弗洛里迪宏观信息伦理学的观点，信息伦理的三维度的关注点必须联系起来判断。他的逻辑具体到广告智能体，可以从以下方面来理解[2]。

一是智能广告传播的广告信息能否值得信任，需要有见证，需要有人或机构为此背书，或者说，伦理主体终究还是人和组织；二是广告智能体的责任可能取决于它所掌握的信息（数据资源），但也可能关乎它所发出的信息（广告产品）；三是广告的控制与审查制度，既影响作为信息使用者（数据资源）的智能体，又影响作为信息产生者（产品）的智能体；四是蓄意产生和散布虚假、误导性广告信息，与3个"信息维度"都有关。总之，在做伦理判断时，需要做以下3件事情：（1）合并3个"信息维度"；（2）考虑整个信息循环；（3）以一种与信息相联系的方式分析所有有关实体及其变化、行动与互动。

六　结语

广告传播从传统模式向"智能化传播"模式的转变正在进行中。智能广告是未来，广告也必然影响社会几乎所有行业。广告产业有必要建构一种广告智能传播的信息伦理框架，回归信息传播本体研究倾向，既包容现代广

---

① 陈昌凤：《媒介伦理新挑战：智能化传播中的价值观赋予》，《新闻前哨》2018年第12期。
② 〔英〕卢恰诺·弗洛里迪：《信息伦理学》，薛平译，上海译文出版社，2018，第98页。

告与网络广告的社会伦理，也应对大数据、算法创造的拟主体带来的数据伦理问题。

通过自动化、智能化强化效率与节约，可以提升广告产业乃至全社会的商业经济和文化的繁荣程度。伦理挑战会随着算法的逐渐深入，不断在我们面前展开。因此我们也要思考，如何控制广告人工智能可能带来的伦理风险。

大数据已成为一种资源，随着 5G 时代的即将到来，面向万物互联，大数据的深度利用与广泛共享无法扭转。消除社会公众对大数据被滥用的关注，避免"技术的贪欲"，是人工智能时代不可回避的伦理现实问题。大数据与算法的滥用会给人们带来对隐私自由、全景式监控的担忧。在广告内容、社交的深度创新利用后面，有对商业动机的隐藏。当自动化广告创意普及成为一种工业流程，也"是在逼迫公众承受拟主体智能算法诱导与强制负载价值的风险"。①

广告人工智能在广告产业的创新扩散过程，也是大数据与算法这种机器伦理不断侵入人的主体性伦理的过程。我们也要思考，如何促进广告智能传播，对产业链上各主体和成员而言，能够体现公平、公正和负责任的特点，其传播内容的价值观能够与人类社会价值观保持一致，并在此基础上，促进广告人工智能经济、文化等社会效益的最大化。

---

① 解学芳：《人工智能时代的文化创意产业智能化创新：范式与边界》，《同济大学学报》（社会科学版）2019 年第 2 期。

智能营销传播中的"个性"与"人性"

摘　要：　"智能营销"作为数字技术发展催生出的新概念，近年来在企业、互联网平台以及营销机构的共同实践中经历了快速发展。现阶段智能营销传播的核心是借助用户特征分析描绘用户画像，广泛利用营销工具，试图实现营销传播过程和效果的个性、精准、可度量。本文在梳理智能营销出现的源起、概念和相关研究的基础上，对现阶段智能营销传播领域存在的问题和矛盾进行了探讨和反思。

一　智能营销的源起

近年来，由"智能"引发的营销话题和营销实践层出不穷，某种程度上似乎已成为未来营销发展的必然趋势。例如，有数据显示：我国超过90%的广告主利用人工智能技术投放过广告，在智能营销的具体环节中，广告主进行智慧营销的主要应用环节包括"创意生成"，占比60%，"用户洞察"和"效果分析"的比例均为46.7%。[2] 有观点预测："大部分领袖企业会在未来12~18个月将人工智能整合到营销策略中（57%）。"[3]

---

*　　王昕，博士，中国传媒大学广告学院广告学系副主任、副教授、硕士生导师，首都传媒经济研究基地秘书长；吕梦婷，中国传媒大学广告学院硕士研究生。

②　艾瑞咨询：《2018 年中国 AI+营销应用落地研究报告》，2018 年 9 月 4 日，http：//www.199it.com/archives/767016.html，最后访问日期：2019 年 4 月 20 日。

③　《暗数据营销报告》，2018 年 7 月 4 日，http：//www.199it.com/archives/695333.html，最后访问日期：2019 年 4 月 20 日。

话题火爆的同时，国内互联网头部企业在智能营销领域高调入场。其中，百度近两年连续召开题为"智能营销新时代"的主题大会，阿里从2017年开始举办智能营销平台全国巡讲"乘风大会"，腾讯从2016年开始举办"智慧峰会"。大型互联网公司强势发声的背后，实质上意味着拥有技术、数据、流量的媒体平台已成为现阶段智能营销理念的主要倡导者。

在广告主需求的拉动下，市场上以"智能营销"为卖点的新型营销机构也开始大量出现，其中既有大型互联网企业的新业务拓展，也包括提供专门服务的小型新兴机构。

话题和实践的火爆，激发了全行业对于智能营销起源的反思，笔者认为，从本质上而言，智能营销概念的出现与数字技术的发展密不可分。具体而言，包括营销技术升级和营销需求拉动两个部分。其中，技术升级主要表现为大数据、算法以及人工智能的发展对企业营销传播活动的各个环节的深入影响，即企业营销调研实现了从抽样到全样本的转变，营销传播从单向分发转变为实时互动，营销传播效果的检测和监督有了实现的可能等。营销需求拉动则表现为当前数字技术的发展回应了营销传播中持续追求的效果——实现商业和信息从生产方向消费方快速、准确传递的诉求。①

由此可以看出，关于"智能营销"的讨论和实践发轫于业界，根源于广告传播活动中的根本目标，相关探索也主要集中在智能营销业务的开发和推广领域，具有重应用导向、轻理论建构的特点。其中一个主要的表现，就是关于"智能营销"概念的莫衷一是。

二 "智能营销"的概念

"智能营销"作为一个来自实践的概念，学界尚未形成统一的科学界定。学界在梳理业界关于"智能营销"的定义之后发现现阶段智能营销被定义为一种用技术实现的营销活动自动化现象，意味着机器对人的逐步替

---

① 丁俊杰：《智能营销，新物种？》，《中国广告》2018年第11期。

代，从这个定义来看，似乎"智能"营销已然是传统营销的升级版本，乍看之下很容易引发读者对于未来营销图景的无限畅想。然而，在兴奋之余，我们不应忽视的是，由于定义者的职业身份所限，他们所提出的概念或多或少会受到自身利益的影响，有些则本身就是对某类公司相关业务的高度概括，由此形成的界定也大多限于数字技术与营销活动的简单叠加，是否真正触及了技术逻辑作用下营销的本质变化，还有待观察和商榷。

三　智能营销的相关研究

在概念尚未统一的同时，现阶段智能营销领域的研究也较为纷乱。智能营销的相关研究从研究主体的角度大致包括两类：一类是业界主导，从技术实践角度对营销活动开展的研究；另一类是学界主导，从营销理论角度对技术发展进行的思考。二者各自的特征如下。

（一）业界关于智能营销的研究

业界研究主要围绕以下三个主题：其一论证智能营销的合理性，其二是探讨智能营销追求的目标，其三是探索智能营销的实现路径。

1. 智能营销的合理性

业界研究中倾向于将智能营销视为一种对环境变化的回应。当前市场环境变化迅速，一方面，信息传播从多元化到碎片化再到粉尘化，给营销内容的消费者触达提出挑战；另一方面，人群边界逐渐消失，传统营销中的用户标签难以描绘当前环境下的用户，性别、年龄、职业、收入等属性与当前用户多维行为相比相对粗放。此外，由于变化迅速，业界关注对用户消费链路的全维度分析，试图通过对个体精准追踪预测消费者需求。

2. 智能营销的目标界定

从现有研究成果梳理来看，现阶段业界对于智能营销的目标界定高度一致——都致力于实现对个体的持续追踪和具象锁定。广告商平台提出致力于通过人工智能系统和算法研究对个体进行标签化管理，通过搭载全场景覆盖触达对应用户，最终对用户形成"外科手术式的精准打击"；互联网平台提出通过技术赋能打通平台全场景、用户和广告主，对用户形成"全方位、立体式刻画"，实现"360度全景覆盖"，使营销没有盲点。还有户外媒体提出其营销目标是实现"千楼千面"的实时购买和分发。

3. 智能营销的实现路径

为实现上述智能营销的目标，业界积极开展数据跨平台、跨产品的链接。随着数据的爆发，数据之间的贯通（数据的广度）、基于营销和数据的场景融合（数据的深度）成为智能营销实现路径的突破点。例如，分众传媒与百度、阿里合作获得搜索数据和电商云数据以支持其"千楼千面"精准效果的实现；小米打破 App 之间的壁垒，以移动终端为整体生态链的中枢，串联生态链上的各种设备和数据，以实现数据更高维度的聚合。百度提出与客户共同启动百度智能营销实验室，将百度人工智能技术重点应用到多模交互搜索等领域，把技术和平台能力开放与品牌合作联手构建人工智能生态体系；腾讯和京东数据对接驱动销售"京腾智慧"实现大数据全面融合；阿里探索集团数据资源的互通，其 Uni ID 通过用统一的标识打通数据"孤岛"，以实现全景数据识别。

综上，目前业界对智能营销的研究成果数量增长显著，较为关注新技术在营销领域的应用价值。然而业界的研究因为与自身业务对接的原因，往往容易限制成果的理论价值，有些文章更像技术、产品、业务的文字介绍或功能说明。

（二）学界研究梳理

学界研究重视技术发展对行业变化的影响，"智能"概念自产生就受到不同研究领域的关注。以下梳理了关于"智能媒体"及"智能营销"的研究特点。

1. "智能媒体"相关研究数量相对较多且研究视角丰富

智能媒体作为当前传媒业所面临的新兴技术环境之一，其相关研究数量相对较多，尤其是自 2017 年开始陡增，从相关研究梳理中我们发现，学界一致认为 2017 年是人工智能的元年，全新的"智能时代"继 PC 互联网时代和移动互联网时代之后开始呈现轮廓。在知网以"智能媒体"为关键字检索出的 617 篇文章中，占比较多的前五个主题分别是："人工智能"（占比 23.4%）、"智能媒体"（占比 8.49%）、"媒体融合"（占比 7.99%）、"智能手机"（占比 7.32%）以及"机器人"（占比 6.99%）。

当前学者在研究中将"智能媒体"视为技术环境传媒业的一个变化，试图探讨这种变化下传媒行业不同领域的机会和挑战。其中，有学者从传播过程的视角研究智能媒体环境中的内容生产与分发；有学者从产业发展角度探析智能媒体在媒体融合中的作用；有学者立足于音视频等具体领域关注技术特性对不同传播方式的影响；也有学者关注"智能媒体"对传媒教育和人才培养的改变。丰富的视角一方面是因为技术具有较大的影响力，另外在某种程度上也反映出已有新闻传播研究领域相对比较广泛。

2. "智能营销"相关研究经历了一个从无到有、由浅入深的过程

学界关于智能营销的研究最早始于 2010 年且整体数量相对较少。由于最初智能技术发展尚处于萌芽阶段，研究中无论是对技术，还是对技术作用于营销的应用都仍然停留在猜想层面。此后，随着技术不断发展，人工智能从构想逐步变为现实，技术在营销传播中的作用也逐渐凸显。近年来学界关于智能营销的研究开始有所增加，但总量仍然相对较少。2016 年到 2017 年关于智能营销的研究停留在对技术影响下的表象分析，有学者认为智能营销是数字营销发展中的新趋势，其表现是数字营销特征的强化。2018 年到 2019 年有学者从更为宏观的视角研究智能营销。学者丁俊杰从技术和行业特点出发，探讨了智能营销的出现、价值以及未来。学者刘珊在研究中提出"数算力"的概念，指出其是技术走向营销产业的连接点。纵观学界"智能营销"研究的发展，经历了从无到有，由浅入深的过程，这体现了其作为一个发端于实践的新兴事物，学界对其的研究也经历了一个从猜想到观察再到整体思考的过程。

四　智能营销传播的现存问题

如果以"个性化""精准"和"可量度"3个维度审视当前智能营销传播的实施过程，不难发现其在各个环节上均存在一些问题，具体而言，可以概括为以下3点。

（一）电子痕迹滥用

现阶段智能营销传播的实现不能脱离信息平台对用户电子痕迹的采集和分析。用户使用互联网平台或者互联网产品时，电子痕迹的留存本身就具备一定的强制性，用户在其中的话语权和选择空间较小。虽然在安装、使用新媒体应用之前，往往会有一个隐私说明或数据协议，然而从实际情况来看，此类互联网平台与用户之间的合同存在一定的强制性。一方面，用户为了使用媒体服务，必须以让渡个人隐私数据为代价；另一方面，用户使用单次服务留存的数据被用于多元的挖掘和持续的追踪，而这些延伸用途在协议中往往表述得不甚清晰和明确，导致了新媒体应用中，用户其实必须进行软件使用权与个人信息所有权的被动置换，否则在今天的互联网环境中几乎寸步难行。

（二）数据协议缺乏有效的中止机制

互联网平台上，一旦用户签署了与某一数据平台的数据使用协议，几乎就意味着个人电子痕迹的"永久性"让渡，尤其是对于普通用户而言，中断隐私数据的方法和路径都较为困难，只要继续使用媒体业务，用户个人数据就会源源不断地流向媒体平台，这种近乎"终身制"的数据让渡规则对于消费者而言其实极不公平。很多媒介素养较低的消费者甚至并不清楚自己的隐私数据是如何被采集、分析、加工并进行开发和应用的，就在数据"卖身契"的约束下成为"被个性化"推荐的对象。

（三）用户物化带来的"流量崇拜"

当碎片化的用户电子痕迹被大数据技术进行整合、脱敏以及重新分析匹配的时候，实质上也是消费者个人信息以数据的方式被媒体平台或产品开发商全面占据，并通过数据合作的方式进行深度、多元开发利用。此时用户其实成为媒体平台的产品，个人隐私数据成为平台或产品方的独占资源，彻底超出了用户自我的控制范畴。在这种情况下，如果这些数据用于社会管理或公共服务，其实不会引起太大的社会关注，然而在当前的智能营销传播中，作为主体参与的互联网平台和媒体产品大多为以逐利为目标的商业公司，一旦缺乏对平台的约束和监管，数据安全、消费者权利等原本合法的权益势必难以得到保障，用户在使用各种新兴互联网产品的同时，在不经意间沦为了互联网公司的用于二次售卖的商品和资源，从而导致用户"物化"现象的出现。今天互联网领域普遍将规模化用户定义为"流量"，将控制用户行为称为"流量引导"，进而完全以流量规模来判断媒体平台价值的"流量崇拜"倾向，从某种意义上来说，其实就是用户物化的典型代表。

上述提及的 3 个问题造成的负面影响，在今天的营销传播实践中屡见不鲜。例如，2019 年"3·15"晚会曾专门播出了对于新媒体信息服务引发的相关社会问题进行的采访和曝光。内容的"探针盒子""智能机器人"等新型装置，其实都是现阶段智能营销传播中炙手可热的技术优势，也是技术类营销公司实现所谓"外科手术式精准打击"[①] 的必备能力。然而，当我们视"用户"为"流量"，视"沟通"为"打击"的时候，我们可以通过"撞库"计算形成用户数据的定向匹配，也可以借助 AI 模拟技术实现信息的定向推送，这一切的努力，看上去非常合理，因为它们都指向了互联网技术演进过程中对"精准"的持续追求。然而，满足了这一切是否就意味着这一切就是智能营销传播所追求的真正目标？当受众以看不见的代价被动换取了大量的商业信息，换来的一定是自己生活品质的提高吗？

---

① 路宏：《猎豹移动：智能营销，应趣而生》，《声屏世界·广告人》2017 年第 11 期。

五 基于"个性"与"人性"视角的智能营销反思

对于上文所提问题答案的探究，应当着眼于营销传播的本质。首先，营销作为企业的本质属性，蕴含着丰富内容，贯穿着企业从产品生产到品牌构建的方方面面。营销传播只是其中的一个具体表现和关键手段。因此，我们首先应当明确，智能营销传播应当为整体的企业营销活动服务，而不应当独立于企业的营销目标，过度强调与新技术和新理念的生硬绑定。

其次，如果说营销的目标是发现需求并满足需求，那么营销传播中的消费者体验，其实也是应当被重视并满足的重要需求，很难想象一个被物化为精准"打击"对象的消费者，在所谓智能营销传播中能获得何等美好的体验。

因此，笔者曾经在接受《中国科技报》采访时提出，在新媒体环境中，媒体平台倾向于打着"满足个性化"的旗号塑造自身的人性化关怀形象如"你关心的，才是××"，但其实这种表达中忽略了一个重要的矛盾，就是"个性化"并不等于"人性化"。[①] 过度追求个性化传播，也许从某种程度上能够带来精准，但势必难以避免"知识窄化"和"认知局限"，进而造成用户使用体验的大幅降低。这一问题，在其他新媒体应用中表现得已经非常突出，那么在格外注重人性化沟通的智能营销传播中自然应当引起更加充分的重视。具体而言，本研究认为，在当前的智能营销传播中应当重新反思以下 5 对主要矛盾。

（一）个性化沟通和共性生活需求之间的矛盾

首先应当反思的一个重要问题是，我们的生活是否需要那么多所谓的"个性化沟通"？信息时代的一个重要特征，就是碎片化的受众需求被全

---

① 张晶晶：《智媒来临，你准备好了吗？》，《中国科学报》2016 年 12 月 2 日，http：//news. sciencenet. cn/htmlnews/2016/12/362437. shtm，最后访问日期：2019 年 4 月 20 日。

面激活。因此，满足"个性化沟通"的需求就俨然成为营销传播追求精准性的合理化根源。然而回想一下，从人类为抵御严酷的自然环境而选择聚居在一起的时候，作为群居动物的我们天然就具有很多的共性生活需求，包括我们对于信息空间和信息流动的整体需求。从社会心理学角度而言，马斯洛、弗洛伊德等学者对于人类基本需求的分析和抽象，本身也具有极高的共性化特征。如果我们以此为视角，重新思考社会空间中公众的需求，会发现日常生活中，对于日常消费品的共性需求始终占据绝对主导位置，与此相比，需要通过"个性化沟通"才能得到满足的独特需求只不过九牛一毛而已。

（二）即时定向传播和长期效果的沉淀之间的矛盾

营销传播效果是否只需要及时定向？有观点认为，智能营销传播"精准"有助于提升传播时效性，因为这种形式可以实现将广告信息只传递给时下有购买能力且需要最为迫切的受众，表面上降低了营销传播活动成本。然而，笔者认为，这一观点中蕴含着明显的"营销近视症"思维。因为从宏观角度而言，广告根本没有"有用"或"无用"的区别，只有"长期效果"和"短期效果"的差异。只要通过合法公开渠道投放的广告，就肯定能产生一定的传播效果，因为从社会整体发展角度来看，面向公众传播的广告引领并塑造着某一历史阶段中特有的商业消费潮流，千万条五光十色的广告组成了具有鲜明社会质感和商业气息的消费文化氛围，广告的这种社会塑造作用，是共性商业信息与大众传播媒体有机结合所产生的协同效果。不同时代、不同环境的受众，被包裹在广告带来的不同消费潮流之中，并在广告的教化下形成迥然不同的消费观念和行为习惯。在这一过程中，如果说技术定义了不同时期商业活动的服务和产品，那么广告则定义了不同时期商业活动的文化与潮流。那么，为什么会产生广告行业的经典困惑："有一半广告费是浪费的，但不知道是哪一半"呢？笔者认为，其原因在于很多广告主存在过分注重短期销售拉动效应的功利主义广告思维。从企业的个体行为来看，进行广告投放的直接目标是拉动销售，这一点当然无可厚非。然而问题的关键是，品牌追求的究竟是消费者"排山倒海一瞬间"的"激情式"购买，还是"细水长流一万年"的"相濡以沫式"陪伴？如果仅着眼于前者，那就意味着一切针对现阶段不具备购买能力者的广告传播行为都可被视为无效和浪费，长此以往，广告只会距离受众的梦想越来越遥远，成为彻头彻尾的追求短期变现的功利性工具。广告传递新生活知识、指导新生活运动和推动消费文化升级的长期社会效果则将受到严重影响。

（三）大众文化塑造面临个人空间和公共空间的矛盾

营销传播中广告引发的"二次传播"是社会消费文化成型的重要驱力。改革开放的前30年，大众媒体面向公共空间的广告信息传播，围绕着广告创意和主题内容，曾经形成了大量用于"二次传播"的商业、文化话题。从孩子们广为传唱的"广告歌"（燕舞、来福灵），到一代人至今记忆犹新的"广告语"（"牙好胃口就好""没有蛀牙"），广告对于消费文化和生活方式的塑造，是通过设置社会议程、引发广泛关注、灌输关键概念、进行重复传播4个环节得以实现的。其中，公共传播属性是广告文化塑造能力发挥作用的重要基础。而"精准广告"对于个性化沟通的强调，意味着广告正在从公共空间迁移至个人空间，试想一下，如果未来经过大数据分析和匹配，每位不同的受众看到的广告内容都是"千人千面"的，那么广告还能否引起共性话题？随着社会公共空间中"二次传播"的消费文化话题逐渐减少，广告对于社会话题的引导和设置能力必然会随之受到影响。笔者认为，近年来广告专业经常受到质疑的原因之一，就是因为在技术异化的影响下，广告专业机构在社会环境和文化功能层面的价值和意义在逐渐弱化，甚至变得越来越"不专业"，现阶段行业对于"智能""计算""精准""个性化"等概念不求甚解的热炒即是个中代表。

（四）精准和受众隐私之间的矛盾

从当前实践来看，智能营销传播的技术逻辑中，"追求精准"目前势必意味着或多或少地"侵犯隐私"。传统商业信息流动和智能营销传播中商业信息流动的最大区别，在于受众在让渡自身隐私信息时存在主动和被动的意识差异。在传统环境下，广告通过塑造社会文化，潜移默化地在受众心智中植入广告理念和消费愿景。例如，据传劳斯莱斯汽车公司总裁在解释为什么其产品较少改款时曾表示：广告可能会让一位暂时买不起劳斯莱斯汽车的年轻人将之作为人生奋斗目标，而当他有一天拥有了购买能力时，会看到现在的劳斯莱斯还跟他年轻时一模一样，就像这辆车在等他一样。在这一过程中，消费者掌握着信息披露的主动权，当广告促使其产生了对某一品牌足够的好感度和忠诚度，他就会将这一品牌与自己内心的梦想建立联系，从而形成一种强信任关系。在这种情况下，消费者才会主动向商业让渡自身的隐私信息，整个过程中，品牌与受众之间的关系是由浅入深，逐步强化的培养过程。而面对过度强调"精准""个性化"的营销传播过程，受众实质上丧失了对于自身隐私保护的主动权和选择权，如同某位互联网大佬所言："受众愿意通过付出隐私来换取生活便利"，在不知不觉的情况之下，我们已经被动地完成了自身隐私信息的让渡过程，从而为数据挖掘、用户画像、广告信息个性化推荐等后续步骤提供了原料和素材，由于在这一过程中很多受众有技术认知障碍，面对数字技术的"隐私掠夺"毫无防备意识和自我保护能力，因此无论数据是否经过清洗和结构化，当前"智能营销传播"模式成立的基础，都离不开对受众不同程度的"隐私侵犯"。从这一角度而言，现阶段智能营销传播的谋事之基尚不牢固。

（五）算法匹配和既有观念固化与信息期待值之间的矛盾

"精准""个性化"容易导致价值观固化、视角片面。毋庸置疑的是，所谓基于大数据的营销传播活动，在为受众提供定制化信息的同时，也不可避免地限制了我们接触信息的全面性和完整性。掌握"算法霸权"的信息平台，按照一定的内容分类逻辑和筛选匹配原则，为我们提供符合兴趣、爱好和现时需要的各类信息，并坚称这种行为对我们有益。然而笔者却有来自两方面的忧虑：一方面是由视角片面而导致的受众价值观固化。经过数据匹配的推荐技术实质上是在不断固化我们已经成型的价值观念，而对与我们观点相左的观念进行技术过滤和屏蔽，长此以往，信息个体基于全面信息的理性思考将日益稀缺。另一方面是广告和新闻与受众之间的和谐关系必然被打破。由于"精准广告"使得经过数据逻辑筛选的、风格、内容大同小异的内容充斥在个人的信息接触范围之间，表面上看似拉近了广告与受众之间的距离，其实在强调精准匹配的同时，受众在接触广告、新闻信息过程中"不期而遇的美好"感受越来越少，受众与广告之间曾经和谐的关系被打破，受众对于广告的"信息期待"也必将不断降低。

六　结语

时代更迭中，技术潮流的方向和趋势是不可逆转的，笔者也无意螳臂当车，只是希望从业者在追随技术潮流的步伐和方向之时，应保持一份理性和冷静，因为无论现在还是过去，对于目标受众的极致化精准界定从来都不是营销传播活动的最终目标，只是实现塑造品牌、引导消费文化这一宏观目标的有效手段之一。作为理性的研究者和从业者，我们应当避免因为过度神化"精准"带来的短期利益而忽略营销传播活动的根本价值，更应警惕那些热衷于制造各种概念，舍本逐末、盲目异动的所谓"颠覆性"营销传播模式。

智能广告的伦理挑战与规制路径[*]

廖秉宜　李嫣然[**]

摘　要：　本文聚焦智能技术驱动下广告全流程的智能重构，公众权益视角下智能广告伦理挑战，以及基于创新视角的智能广告伦理规制路径这三个维度进行分析。人工智能技术与现代广告不断交织、渗透、潜进，带来了新的机遇和挑战，传统社会和大众传播时代的广告伦理规范无法适应当下的现实要求，适合智能传播时代的新的认知观念和伦理规制作为遗留在行业快速发展外部的基础问题、价值问题，需要更精细的研究和充分的讨论以进行不断的调适。

随着人工智能技术的发展，现代广告的生产工具、生产方式以及生产流程发生了巨大变化。智能技术对广告调查、广告策划、广告创意与表现、广告媒介投放和广告效果评估各环节进行智能化的处理、优化和重塑。在这种结构性的产业变革下，传统的广告伦理实践与研究面临着更加严峻复杂的挑战。机器创意、智能分发、算法推荐、程序化购买等技术带来高效个性化的广告服务，也带来更大的投入产出比。但一道而来的一系列伦理问题，或是互联网时代广告伦理问题的升级和深化，或是智能广告产业新产生的问题，引发学界和业界广泛关注。

人工智能技术在广告传播领域的应用将触点的发掘和利用发挥到极致，

---

* 本文为国家社会科学基金一般项目"中国互联网广告监管制度研究"（16BXW087）的阶段性成果。

** 廖秉宜，博士，武汉大学媒体发展研究中心研究员，武汉大学新闻与传播学院副教授，武汉大学珞珈青年学者；李嫣然，武汉大学新闻与传播学院硕士研究生。

将不同媒体的协同联合上升到"融屏协作"的阶段，将广告制作的高效、广告投放的个性化进阶到智能化、全场景的地步。技术的制度化作用日益彰显其强大的渗透力，传统广告伦理的理论假设也需要在这个新语境下进行反思与更新。机器越自由，就越需要道德准则。① "我们需要重构我们曾经有过的这些制度，或者建立新的制度"。②

一　文献综述

智能革命的到来，社会生产方式的智能化、社会消费方式的个性化和虚拟体验化以及信息传播方式的精准匹配和定制化成为广告产业新的生态环境。③ 预计到 2020 年，全球广告市场几乎所有的增长都将由数字广告提供。数字广告将占据全球所有广告支出的大部分。④ 广告商一直在努力寻找能够在不同的设备上跟踪用户的方法，因为多设备消费者更有价值。他们认为人工智能和机器学习等先进技术（36%）将在 2019 年提供巨大的机遇。⑤ 人工智能在智能创意及营销策略和效果监测、结合场景、内容及取得向用户精准推荐实现满足用户真实需求的高价值信息传递上发挥着重要作用。⑥ 除了广告产品形态以外，广告生产方式、广告产业组织机构、产业价值链结构、人力资源结构都发生了变化，广告的核心要素向技术、大数据和创意水平迁移。

智能广告的相关研究主要集中于广告形态发展研究、广告业务流程变化

① 〔美〕温德尔·瓦拉赫、科林·艾伦：《道德机器：如何让机器人明辨是非》，王小红译，北京大学出版社，2017。
② 〔英〕安东尼·吉登斯：《失控的世界：全球化如何重塑我们的生活》，周红云译，江西人民出版社，2001。
③ 姚曦、李娜：《智能时代的广告产业创新趋势》，《中国社会科学报》2017 年 11 月 16 日，第 3 版。
④ Pub Matic Research，"2019 global digital ad trends," https：//pubmatic.com/reports/2019 - global-digital-ad-trends/.
⑤ IAS，"Industry pulse"，2019，https：//integralads.com/uk/.
⑥ 艾瑞咨询：《2018 年中国人工智能行业研究报告》，2019 年 4 月 9 日，https：//wemedia. ifeng. com/64168280/wemedia. shtml，最后访问日期：2019 年 4 月 20 日。

研究、智能营销研究、广告产业重构研究、广告传播效果研究等。程序化广告、智能搜索引擎广告等智能广告的具体制作流程和伴随的相关问题被讨论，这些新的广告形式不仅丰富了广告内容，也符合现代人的生活习惯和审美差异。①② 人工智能时代广告内容生产与管理的变革主要表现在广告创意生产的机器自主或人机协同、广告作品表现上的叙事自动化和沉浸化，广告内容管理上的内容收集与分析实时化，广告内容存储云端化，广告内容分发个性化。③ 除此之外，人工智能技术部门的兴起和技术人员的前置是广告业务过程智能化重组的重要内容之一。④ AI 技术、大数据技术背景下的营销模式更加精准，但也存在虚假信息带来的信任危机、技术不成熟带来的安全隐患等问题。⑤ 不少学者从宏观角度对广告产业的变革与重构进行了深入探究。广告产业的核心业态的驱动力由智力向技术转变，数据化和智能化对广告产业的核心业态进行重塑，技术成为广告业的核心生产力。⑥ 同时，智能广告产业在组织层面、结构层面、生态层面和规制层面面临着不同的问题，需要在组织优化、智能广告公司差异化发展、完善人才培养机制和完善产业链布局等方面进行提升。⑦ 也有学者认为从表现形态的基点出发探索广告产业智能化进路存在不全面性，并从智能概念的本体、标准及实现方式等方面来探讨广告产业的智能化路径，认为广告产业智能化的实现及实现程度取决于人工智能技术的实现程度和针对广告产业实际问题所取得的边际创新情

① 曾静平、刘爽:《智能广告的潜进、阵痛与嬗变》,《浙江传媒学院学报》2018 年第 3 期。
② 鞠宏磊、李欢:《程序化购买广告造假问题的主要类型及影响》,《编辑之友》2019 年第 1 期。
③ 谭辉煌、张金海:《人工智能时代广告内容生产与管理的变革》,《编辑之友》2019 年第 3 期。
④ 秦雪冰、姜智彬:《人工智能驱动下广告公司的业务流程重组》,《当代传播》2019 年第 2 期。
⑤ 乌韦:《大数据时代移动互联网广告精准营销研究》,硕士学位论文,西南大学,2016,第 67 页。
⑥ 陈刚:《技术成为广告业的核心生产力》,《声屏世界·广告人》2019 年第 Z1 期。
⑦ 廖秉宜:《优化与重构:中国智能广告产业发展研究》,《当代传播》2017 年第 4 期。

况。① 此外，对智能广告的传播效果，消费者购买意愿等的研究也占有较小的比例。② 整体来看，已有研究多聚焦在人工智能技术对广告产业各层次的颠覆与变革上，偏向反思的问题审视和优化路径方面目前无较多的学术关注。

人工智能的伦理问题近年被较多关注，主要集中在宏观层面对于人工智能的伦理问题与对策分析，以及包括出版和版权问题、机器人权利、人机伦理关系、个人隐私问题、智能化传播中的媒介伦理和新闻伦理、伦理规范建设的焦点研究。有学者基于伦理学视角进行人工智能道德主体思考进而提出伦理问题的对应对策，③ 也有学者从历史的角度，介绍了人工智能技术伦理问题的演变及其所面临的和即将可能面临的伦理困境。④ 段伟文从智能体概念出发将人工智能当下及可预见未来的发展程度概括为"有限自主与交互智能体"，进而展开对人工智能的价值校准与伦理调适，提出人工智能与机器人的伦理研究的 4 个进路为面向应用场景的描述性研究、凸显主体责任的责任伦理研究、基于主体权利的权利伦理研究和探讨伦理嵌入的机器伦理研究。⑤ 董秀成则从受众心理角度认为智能传播时代要回归"内容为王"的传媒法则、坚守传播伦理底线；要"以人为本"、重视科技，构建智能传播"人机共生"的和谐局面；要坚守科技伦理，设立人工智能技术运用的禁区。⑥ 由于人工智能引发的风险影响范围广泛，学者陈伟光等提出建立规则体系为基础的人工智能全球治理机制的重要性。⑦ 关于人工智能生成内容是否存在著作权及版权归属问题的争论较多，出版主体的伦理移位、出版流程

---

① 秦雪冰：《智能的概念及实现：人工智能技术在广告产业中的应用》，《广告大观》（理论版）2018 年第 2 期。
② 匡文波、贾一丹：《移动智能广告的传播效果研究》，《现代视听》2018 年第 10 期。
③ 王军：《人工智能的伦理问题：挑战与应对》，《伦理学研究》2018 年第 4 期。
④ 陈晋：《人工智能技术发展的伦理困境研究》，硕士学位论文，吉林大学，2016，第 6 页。
⑤ 段伟文：《人工智能时代的价值审度与伦理调适》，《中国人民大学学报》2017 年第 6 期。
⑥ 董秀成：《受众心理视域下的智能传播伦理研究》，《浙江传媒学院学报》2018 年第 6 期。
⑦ 陈伟光、袁静：《人工智能全球治理：基于治理主体、结构和机制的分析》，《国际观察》2018 年第 4 期。

的伦理失范、编辑问责的伦理失衡是出版伦理面临的主要挑战。①② 张玉洁回溯了机器人权利的历史渊源，分析了机器人权利的基本属性、类型并提出了规避风险的法律监管路径。③ 国外机器人伦理的研究则聚焦在机器人道德地位和机器伦理框架建构的方法论思考，尤其是把伦理准则嵌入智能机器的方法。④ 对于人机关系的伦理思考是未来伦理学需要关注的重点，何怀宏认为，一种思路是优先和集中地考虑规范智能机器的手段和限制其能力，而不是考虑如何设定和培养机器对人类友好的价值判断，即尽量将智能机器的发展限制在专门化、小型化尤其是尽可能的非暴力的范围之内。⑤ 智能连接时代的隐私权问题探讨除被宏观地讨论，也会具体到某个具体情境，比如原生广告。⑥ 人工智能背景下的媒介伦理困境包括逐利性对自由传播的破坏、新的信息沟以及关于人类智能和生命本质问题的拷问，需要进行人本价值观与技术的规范进行合理引导。⑦ 人工智能技术在新闻传播中的伦理研究包括对伦理失范现象的梳理，如数据不法使用，算法偏见带来的传播权、信息自由、信息触达、信息隐私权和数字身份及其保护的问题。⑧ 也存在一些对算法新闻的伦理审视和思考，包括对欧美新闻算法应用的经验启示的研究。专门对人工智能技术进行规范建设的研究很少，此领域的研究着重在几个典型伦理问题的研究和在传媒语境下的研究。目前，国内学界关于智能广告的伦理问题和治理路径的直接研究较少，智能技术伦理更多是被放在宏观的传媒领域或者新闻传播领域。

---

① 王渊、王翔：《论人工智能生成内容的版权法律问题》，《当代传播》2018年第4期。

② 张炯：《人工智能时代的出版伦理博弈及编辑伦理价值观》，《中国编辑》2019年第2期。

③ 张玉洁：《论人工智能时代的机器人权利及其风险规制》，《东方法学》2017年第6期。

④ 苏令银：《当前国外机器人伦理研究综述》，《新疆师范大学学报》（哲学社会科学版）2019年第1期。

⑤ 何怀宏：《人物、人际与人机关系——从伦理角度看人工智能》，《探索与争鸣》2018年第7期。

⑥ 戴世富、赵思宇：《隐性与隐私：原生广告的伦理反思》，《当代传播》2016年第4期。

⑦ 胡曙光、陈昌凤：《观念与规范：人工智能时代媒介伦理困境及其引导》，《中国出版》2019年第2期。

⑧ 赵瑜：《人工智能时代的新闻伦理：行动与治理》，《人民论坛·学术前沿》2018年第12期。

二 智能技术驱动下广告全流程的智能重构

人工智能的本质是算法（函数关系）与大数据（运算对象）的结合，其目标是依据人类预设的规则，以更高效精准的方式解决问题[①]。智能广告可以具有虚拟现实、自动发布、智能匹配等特征，尤以受众识别、发布方式、内容生成和效果监测等方面的智能化特征最为显著。[②] 智能技术融合进广告传播领域的全环节，智能化广告的闭环正在形成和实现。

（一）数据驱动消费者画像描摹

用户在使用互联网时经常在"授权提示"的窗口选择"同意授权"，在"被同意"的情况下，让渡部分基本的隐私以换取更多的便利和高效。用户数字生活的一言一行都被追踪和记录，包括一些敏感的数据也被搜集，用户的行为轨迹和在不同场景的数据提供了真实全面的各项指标信息，包括人口属性、媒体偏好、消费偏好、支付行为、终端属性等，为广告主精准定位目标用户、捕捉合适场景、确定极易诱发用户购买倾向的"关键微时刻"（如一些特别的瞬间或场景，消费者极易被诱发关于某类商品的购买倾向）带来了极大便利。美团点评就推出了"类人群 DNA"模型，通过与品牌的合作，首先根据品牌目标人群寻找精准用户再进行人群划分，然后使用美团点评的数字营销平台分析独占的细分场景和 4 万个不同人群的标签画像，定义用户端真实的消费倾向，最后通过数据的深度挖掘和分析，画出这个用户的消费 DNA，从"找谁买"到真正"懂谁会买"。此外一些智能产品也作为新的触点开发了更多的广告投放空间和数据搜集场景，这些场景可能是客厅、卧室等私密的个人物理空间，通过用户让渡隐私的途径，带来更深层的、更有价值的用户数据，比如产品使

---

① 宋建武、黄淼：《媒体智能化应用：现状、趋势及路径构建》，《新闻与写作》2018 年第 4 期。

② 易龙：《智能广告初论》，《新闻界》2008 年第 4 期。

用、生活习惯等，这些数据资源会为智能广告策划、创意与定向推送带来更大的参考价值和指导意义。

（二）技术渗透营销模型构建与实行

近年来，百度、阿里等互联网巨头紧张推进人工智能相关领域布局，第三方监测公司也开始逐渐将人工智能技术运用到业务运作，甚至一些大型广告公司和大型广告主也协作尝试 AI 营销。另外，部分技术公司凭借其专业优势也在寻求营销链上的参与契机，人工智能在全营销链条上吸引了多主体的尝试与探索。180. ai 自主人工智能研发团队孵化出多款基于 AI 技术的智能营销产品，包括程序化投放平台 TDGo、互动激励广告平台 TapWin，智能大脑 DataSpeak 等。[①] 美团点评提出的全新营销模型 LIIS（Lifestyle-Identify-Interaction-Share）就是精准数据赋能营销创新的例子，通过信息挖掘和洞察消费者的生活习惯、消费观念购买决策和过程、使用场景等信息，分析他们体验与评价的方式和未满足需求，进而指导产品创新与品牌沟通创新。为消费者提供更自然全面新颖的交互历程，激发或满足消费者的隐形需求，并构建产品在场景中的体验，从而为品牌营销制造合适的机会点。智能技术的运用使得营销模型的全流程构建、全环节执行都有数据依据的加持、技术驱动的高效率落实以及反馈信息的快速流动。

（三）机器进击广告创意与生产

自 2017 年以来，以程序化创意（PCP）为代表的智能化内容生产技术迅速发展，解放了行业生产力，释放出强大的内容生产潜力，兼顾了基于市场目标、地域位置、用户特征的个性化和高效率，已经实现图片设计与制作、文案撰写、语音互动等形式的智能化内容生产与管理。2017 年阿里巴巴集团发布了智能设计平台"鲁班"，其原理是通过人工智能算法和大量数

---

① 广告门：《以人工智能赋能广告投放，180. ai 智能营销平台崭露锋芒》，2019 年 4 月 9 日，http：//www. sohu. com/a/238311383_ 117194，最后访问日期：2019 年 4 月 20 日。

据训练，机器学习设计并输出设计能力。2017 年 "双 11" 期间，"鲁班" 依据主题和消费者特征进行 "千人千面" 的个性化广告呈现，产出 1.7 亿数量级的素材。在 2018 年 6 月 "戛纳创意节" 期间，阿里巴巴集团旗下的数字营销公司阿里妈妈推出了 "AI 智能文案"，目前可实现 "高度模拟人写文案、自由定义字数、实时在线样本学习" 3 大功能，可根据商品自动生成文案，且文案品质与人写文案已无二致，生产能力已达到 1 秒 20000 条。通过语音识别、语音合成、语义理解等技术，将人机交互数据应用到移动广告中，形成了语音互动广告。此外，还有将哼唱识别技术、声纹识别技术应用到广告中，创新了广告形式，强化了广告品牌与消费者之间的互动。[1] 于 2012 年成立的 Wochit，最早作为一家短视频制作服务平台，为品牌和个人提供高质量的视频制作服务。智能剪辑不但被应用于新闻媒体、电影等专业领域，也开始渗透进人们的日常生活。未来智能剪辑将在广告视频内容生产里发挥重要作用。毕竟 AI 处理的成本仅为人工处理的千分之三，而视频剪辑的速度则是人工的 40 倍。[2]

（四）技术赋能广告推荐场景化

广告智能推荐包括基于线下场景和线上场景的识别与推荐，主要的表现形式包括追踪定位推送广告、智能视频场景广告和基于 Cookie 智能推理的推送广告。追踪定位推送广告是通过对消费者浏览网页和使用 App 痕迹的深度挖掘与整合分析，结合地理位置信息，推测出消费者的满足点和情感需求，通过合适的媒介，依据消费者的个人特点进行精准推荐。有些情况下还会结合线下的营销行为形成线上线下一体化营销。智能视频场景广告基于视频打点技术、图像识别技术等分析视频内容，识别视频中的画面、对话和品牌进行强相关的广告推送，比如智能视频直播弹幕广告就是其中一种。基于 Cookie 数据智能推理的推送广告分析消费者每一个 Cookie 的数据进行深入

---

[1] 曾静平、刘爽：《智能广告的潜进、阵痛与嬗变》，《浙江传媒学院学报》2018 年第 3 期。

[2] 《以人工智能赋能广告投放，180. ai 智能营销平台崭露锋芒》，2019 年 4 月 9 日，http://www.sohu.com/a/238311383_ 117194，最后访问日期：2019 年 4 月 20 日。

分析，挖掘和洞察消费者的需求进行相应的广告推送。

（五）技术提升广告效果评估精细度

移动互联网时代，日益增长的广告信息监管需求与传统的人力监管方式间的矛盾越来越突出，且虚假违法广告、伦理失范广告、数据造假等现象也给广告监管提出了更高的要求。信息技术的发展不仅实现了大规模内容采制、编辑和投放的自动化低成本运行，而且实现了传播效果的实时反馈，摒弃了拖后腿的专业标准和精英气质。[①] 人工智能技术给广告监测与评估提供了更多的提升空间，通过追踪和智能化处理，提高对智能广告的监管效率，使用自然语言处理技术准确识别客户情绪波动进而对广告效果进行评估和校准，获得包括品牌认知度等在内的更精细的反馈信息，同时大大削减人力成本，对虚假违法广告、有违社会伦理广告、数据造假等失范现象的规制也发挥着积极作用。譬如，谷歌推出了独创的展示广告效果评估指标（View Through Conversion，曝光后转化），即有多少人看到广告，虽然没有点击互动，却在之后一段时间内主动与品牌发生互动，如搜索品牌信息等。[②] 通过将曝光量数据与其他有效的数据进行整合联动，使得广告效果的评估更加真实和有效。

三 公众权益视角下智能广告伦理挑战审视

智能广告面临的伦理挑战，包括智能技术的伦理问题在智能广告领域的具体表现与深化。在市场利益的驱动下，数据规范、算法偏见、用户侵权、出版与版权保护、隐私沟、消费泛滥问题，演变为严重损害公众利益的失范问题。公众在不知情或者防范意识不高的情况下，技术的便利加速助推了伦

---

① 吕新雨等：《生存，还是毁灭——"人工智能时代数字化生存与人类传播的未来"圆桌对话》，《新闻记者》2018 年第 6 期。

② 《看黑科技＋大数据，如何革新智能广告投放模式》，2019 年 4 月 9 日，http：//www.sohu.com/a/117426535_ 505837，最后访问日期：2019 年 4 月 20 日。

理问题的恶化与泛滥。

（一）数据失范

数据失范问题主要包括 3 种类型：一是数据非法获取和过度分析。皮尤研究在 2012 年进行的一项调查发现，66% 的用户不希望网站根据他们的搜索历史向他们提供有针对性的广告。但是一些公司还是在搜集使用这些用户产生的行为数据。据江苏省消费者权益保护委员会曾对市场上用户量较多的 27 款手机 App 进行调查，"手机百度""百度浏览器"两款手机 App 在消费者安装前，未告知其所获取的各种权限和目的，在未取得用户同意的情况下，获取诸如"监听电话、定位、读取短彩信"等各种权限。同时，一些科技公司甚至专门生产窃取数据隐私的产品，2019 年"3·15 晚会"曝光的探针盒子就是以专门搜集附近用户手机号码拨打电话作为主要功能的。除了使用人口统计学信息等进行对用户的精准画像，根据好友间通讯录权限分析获得的联系人的关系网，就可以进而推理出两个人间的微妙联系，而通过手机下载的 App 可以判断用户喜好，或者根据 Wi-fi 名称分析用户经常出现的地方。由于拥有不良信用的朋友则可能会影响银行对自己的信用评分，这些似乎与广告不直接相关的数据被全面地搜集和物尽其用地分析和推理，都是强大的市场逻辑使然。二是流量欺诈和数据造假问题。网络水军混杂在各种网络平台，或为媒体制造有利的数据，或故意抹黑制造负面舆论，这些都严重影响媒介资源选择和广告效果监测的正常决策、运行与评估，同时直接威胁广告生态的建设与维护。据艾媒咨询发布的《2017 年中国微信公众号刷量专题研究报告》，2017 年营运类微信公众号行业刷量行为调查中，86.2% 微信公众号运营者曾有过刷量行为，占比超 8 成，比 2016 年上升 5.6%。"唯流量时代"的数据造假行为已经严重危害相关行业的健康可持续成长。① 三是为实现精准营销而选择的数据交易问题。庞大的用户数据在

---

① 艾媒咨询：《2017 年中国微信公众号刷量专题研究报告》，2019 年 4 月 9 日，http：//www. iimedia. cn/57516. html，最后访问日期：2019 年 4 月 20 日。

暗网进行交易，个人隐私被非法搜集作为肆意出售的商品。保险、理财、房地产中介等行业会根据购买数据对人群进行定向的营销信息推广，主要以推销电话、短信骚扰、垃圾邮件和广告弹窗的形式进行投放。

（二）算法偏见

所谓"算法偏见"（Algorithmic Bias），是指在看似客观中立的算法程序的研发中，其实带有研发人员的偏见、歧视等，或者所采用的数据带有偏见或歧视。[①]"算法偏见存在于算法设计和运行的每一个环节。"[②] 算法模型的设计过程涉及设计者对所要完成任务的理解，对数据的选择和算法效果的规定，其中难免会受个人价值观的影响，个人的主观判断会带来算法的偏见，因此算法会具有人类偏见的局限性。用于训练算法的旧数据如果带有歧视印记，出来的结果也不可避免地带有偏见，结果对系统进行反馈就使得算法偏见得到强化。最终，算法决策不仅仅会将过去的歧视做法代码化，而且会创造自己的现实，形成一个"自我实现的歧视性反馈循环"。[③] 在算法模型应用的环节，自我学习、适应、改进的算法在交互中也会习得人类社会里的既有歧视。依赖算法的广告推荐也几乎都会隐藏着偏见，有时会影响受众的用户体验，甚至对品牌或产品曝光产生抵触等负面心理。在谷歌的广告服务中，男性比女性看到更多高薪招聘广告，这可能和广告市场中固有的歧视现象有关，广告主可能更希望将特定广告投放给特定人群，如男性。[④] 算法偏见是现实社会的映射，无法避免，但是可以进行不断的迭代与优化。

[①] 《人工智能算法偏见的根源在人类》，2019年4月9日，https://www.eet-china.com/news/201803220600.html，最后访问日期：2019年4月20日。

[②] 张超：《作为中介的算法：新闻生产中的算法偏见与应对》，《中国出版》2018年第1期。

[③] 曹建峰：《算法决策兴起：人工智能时代的若干伦理问题及策略》，2019年4月9日，https://mp.weixin.qq.com/s/iG41RkHn0Ymlkx88582fbA，最后访问日期：2019年4月20日。

[④] Samuel Gibbs, "Women less likely to be shown ads for high-paid jobs on Google, study shows," 2015, https://www.theguardian.com/technology/2015/jul/08/women-less-likely-ads-high-paid-jobs-google-study.

（三）用户侵权

数据 "不再仅仅是对客观现象的记录或纷繁无序的数值，而是带着特殊意义和价值"。[①] 部分软件或网站在用户不知情的情况下非法搜集隐私数据进行商业用途，比如数据交易或精准营销，侵犯了用户的隐私权。《南方都市报》记者曾测评过共计 1550 家网站和 App，结果显示，隐私政策合规度高的平台极少，合规度低的则占了绝大多数，超过总数的 80%。[②] 借助人工智能技术更加精准生产隐性呈现的原生广告以互相嵌入的方式和与内容一致的风格模糊了广告信息与非广告信息的边界，大大降低了用户对广告信息的辨别度，实际上侵害了消费者的知情权。

收集或传输个人关于金融、健康等的数据可能造成 "寒蝉效应"，即限制个体的行为选择。部分个体了解应用搜集和分析个人数据，也知晓银行等机构通过获取社交数据进行信用评分类似的信息。这些服务可能会潜在地削弱个人的自主权，从而限制行为选择，有消费者可能不愿意选择这些应用。[③] 因为担心自己数字生活的数据会影响他们的信用，他们的医疗保健、享受福利的权利，或信息可以公开的权利，从而使得个人获取健康信息、财务建议，收集有关不同政党的信息，甚至探索娱乐兴趣等行为不再那么自由。基于这种 "寒蝉效应"，1983 年联邦德国联邦宪法法院（German Federal Constitutional Court）推出了一项新的基本法德国法律体系，即信息自决的权利（Informationelle Selbstbestimmung），并将其加入德国法律体系。法院表示这种 "寒蝉效应" 的情况对个人的自决权和民主社会而言都是危险的。[④]

[①] 黄升民、刘珊：《"大数据" 背景下营销体系的解构与重构》，《现代传播（中国传媒大学学报）》2012 年第 1 期。

[②] AI 星球：《中国人愿意用隐私交换便捷性么？》，2019 年 4 月 9 日，http://mini.eastday.com/mobile/180327192110235.html，最后访问日期：2019 年 4 月 20 日。

[③] Cuijpers, C. and Pekárek, M., "The regulation of location-based services: Challenges to the European Union data protection regime," *Journal of Location Based Services*, 5 (2011): 223-241.

[④] Hornung, G. and Schnabel, G., "Data protection in Germany I: The population census decision and the right to informational self-determination," *Computer Law and Security Report*, 25 (2009): 84-88.

（四）出版与版权保护

另外，由于人工智能进行内容生产时，是基于对已有素材的深度学习、抓取、整合和加工，可能会侵犯他人作品版权。而人工智能创作物具有一定的独创性，无论是侵权的责任主体还是创作物的版权归属主体的确定目前都没有统一定论，人工智能本身、人工智能设计者、人工智能使用者、人工智能所有者这些相关责任主体关于人工智能行为的责任划分需要进一步讨论和厘清。

（五）技术软暴力

技术软暴力问题主要体现在两方面：一是部分弹出式广告干扰用户的正常阅读体验，甚至隐藏关闭按钮或设置虚假关闭按钮，对数字媒介素养较低的用户来说，无疑构成一种技术软暴力，使其处于一种被技术劫持却无能为力的状态。二是原生广告借助人工智能技术完成进一步进化。与内容融为一体的原生广告，虽然比较契合用户所处的场景，在打扰性方面具有一定改善，但是原生广告的普遍存在已经干扰到用户几乎所有的信息消费体验。无论是视频网站上混杂在弹幕里的智能弹幕广告，微信朋友圈里镶嵌在真实朋友圈里的信息流广告；还是微博首页夹杂在关注人动态里的各类推广信息，都是以牺牲用户的信息消费体验为代价。以微信朋友圈为例，原生广告的投放频率从每天 1 条增至 2 条，广告显示界面可以达到手机屏幕的 50% 以上。在赛尔看来，所有的广告都是"软污染"①，因为它们"通过软符号对空间进行势如瘟疫般的侵占"。② 这些被投放原生广告的媒体平台连接着大体量的网络用户，并且以强制性的方式传播广告，使得原本进行正常非广告信息阅读或者虚拟社交的空间逐渐衍变为自发广告"软污染"的源头。

---

① "软污染"：法国哲学家米歇尔·赛尔在《生地法则》一书中对广告进行了毫不留情的批判，他认为污染源自人类占领世界的意愿以及征服世界、扩张领土的欲望，污染可分为滥用物资的硬污染与发送弊端的软污染。所有的广告都存在发送弊端，从而造成软污染。

② 〔法〕米歇尔·赛尔：《生地法则》，邢杰、谭弈珺译，中央编译出版社，2016。

（六）消费泛滥

用户的线上线下数据被全面搜集，个人所有特征被深度剖析，用户变成了在个性化的精心设计并不断优化的营销模型下被裹挟的被动的个体。美团点评的全场景营销覆盖以消费者为中心的生活全场景，跨越地域、跨越行业、跨越线上线下，从本地生活到外地场景，从吃喝玩乐到住宿旅行，从线上数字生活到线下真实生活，基本涵盖了用户生命周期的行为轨迹。这样贯穿用户所有生活场景和生命周期的营销模式让消费者无时无刻不暴露在各种显性或隐性的广告信息中。消费者被置于完全的客体的位置，在日益精进的技术进化的个性化广告和营销闭环里被操纵。不同的媒体屏都充斥着美好的物质生活画面，过度渲染的物质主义让消费文化一再被强化，用户被激起更多的虚假消费欲望，拜倒在铺天盖地的幸福愿景的宣传和虚假符号的贩售下。虽然营销人员认为使用用户数据进行分析进而预测用户需求，创造激发或强化需求的交互环境来满足用户的需求，但是很多人对自身消费需求和消费决策会受外部因素影响这一点，并不是非常清楚。Clarke 和 Wigan 指出行为模式可用于匹配预先确定的类别和将个体细分成微观市场进而操纵他们的行为。[①] 营销人员鼓吹消费者广告的差异化和个性化，这种差异化只是为消费者提供"自由选择的幻觉"，其中产品的配置基于个人数据资料而非个人需求。[②] 同时，用户正常的信息消费体验受到了极大的影响。个体沉浸在追逐不断涌现的消费潮流里，不断满足膨胀的虚假的消费需求，部分年轻群体的价值观也向这一端扭曲，甚至过度提前消费选择网贷而陷入困难境地。"消费主义使人把不必要的虚假消费当作自己生命的核心，人人成为被同化的、不会思考的单向度的人。"[③] 诚然，精准高效的营销是以最大利益为基

[①] Clarke, R. and Wigan, M., "You are where you've been: The privacy implications of location and tracking technologies," *Journal of Location Based Services*, 5（2011）：138–155.

[②] Center for Digital Democracy and U. S. Public Interest Research Group, "Complaint and request for inquiry and injunctive relief concerning unfair and deceptive mobile marketing practices," 2013, www. democraticmedia. org/current_ projects/privacy/analysis/mobile_ marketing.

[③] 〔美〕马尔库塞：《单向度的人》，周红云译，上海译文出版社，2006。

点的必然选择，但是对这种无缝衔接的工具理性的极致践行对消费主义风气的推动和不良价值观的鼓动也需要一定的警惕。

（七）隐私沟

经济地位不同的人，教育水平不同的人，虽然面对同样的网络环境，被搜集信息的概率却有很大差距。经济能力较差的人无力负担更好地保护个人隐私的硬件设备和网络软件。另外，这一群体也更容易被商家的附赠小恩惠的营销活动所打动，在有意识但不重视或者无意识、不知情的情况下"主动"交出自己的个人信息。2019 年 1 月 30 日，Facebook 被曝出每月向 13～25 岁青少年提供最多 20 美元的"补助"，以获取他们的手机使用信息，这样的"补助"已持续 3 年，青少年需要在手机上下载名为"Facebook Research"的应用程序，该应用程序可搜集用户的聊天会话、照片、视频、电子邮件、搜索记录、浏览历史、位置等大量私人信息。这就使得个人隐私处于无保护的自然状态，对这群人的相关数据获取和贩卖现象也更广泛和更严重。如将这些数据进行非法利用，比如电信诈骗等违法犯罪行为，由于数字媒介素养水平较低，这群人在经历个人数据非法交易的同时还可能面临电信敲诈的风险，成为第二重受害者且遭受伤害更甚。基于这些弱点，这一群体也成为不法分子利用数据犯罪的首要目标。"隐私沟"的出现其实是"数字鸿沟"在个人网络隐私领域的外溢和延伸，伴生的潜在危险会对经济地位低下和知识能力薄弱的群体造成多重威胁。

四　基于创新视角的智能广告伦理规制路径

对智能广告伦理问题进行有效治理首先需要寻求最有力的法律规制，同时具体到智能技术本身，在设计与应用层面都亟须相应的伦理规范进行引导。另外，智能广告产业的贡献则集中在从改进和完善质量考核体系，进而削弱数据造假的内在驱动力。而对于提高公众在应对智能技术的伦理问题的意识与能力方面，不仅需要政府推动公众从具备数字素养到数字能力的提升，而且也对公众自身增强数字生活的安全防范意识提出了更高的要求。

（一）完善法律法规的建设与执行

智能广告伦理规范不仅需要企业和平台道德的自律，当前尤其需要法律法规规制的他律。政府相关部门亟须推进对个人信息使用的立法完善，通过法律规制保证用户个人数据安全，解决隐私侵犯问题。目前中国的网络数据监管主要是对数据获取、数据分析和处理以及数据使用和交易环节的监管。虽然自 2015 年以来各种相关立法的颁布进一步完善网络安全和个人信息保护，从犯罪主体、犯罪行为划定、定罪量刑标准、执法工作制度化常态化维度都进行了明确的规定，但是相关法律现状的核心即数据价值观并非明确清楚和一以贯之。在价值观层面，一个核心问题是：如何平衡由来已久的"保护隐私"诉求，和可能开创未来的"数据共享"的关系，如何平衡个人利益和公共利益的关系。[1] GDPR（《通用数据保护条例》）的颁布体现了欧洲宁愿制约发展也要保护个人信息的法制决心。而时任美国总统奥巴马总统办公室 2014 年发布的《大数据：抓住机遇，保护价值》（Big Data：Seizing Opportunities，Preserving Values）则可以被解读为支持数据共享，"未拒绝便视为授权"。相比之下，2018 年 9 月 10 日，《十三届全国人大常委会立法规划》将"个人信息保护法"草案列为第一类项目，即条件相对成熟、任期内可以拟提请审议的法律。这意味着个人信息保护或将迎来专门立法，但 2017 年 3 月颁布的《民法总则》正式版本中，数据信息从知识产权客体中被删除。所以中国法律法规对保护隐私有明确规定，对"数据共享"态度则相对模糊。由于缺乏二者间关系的原则性阐释，进行带来的理解不一致性，会直接影响各地各机关的执法环节。

---

[1] 甲子光年：《同行不同命的数据人：被端的、逍遥的、上市的、蹚雷的》，2019 年 4 月 9 日，https://mp.weixin.qq.com/s/ANnASnnRkIhcXuwyPq2_ ww，最后访问日期：2019 年 4 月 20 日。

中国目前在技术发展和数据隐私保护的法制建设道路上，中国工业与信息化部经过讨论并审议通过了《电信和互联网用户个人信息保护规定》，其中最重要的内容就是对电信和互联网用户个人信息保护工作进行依法监督管理。具体来看，要对个人数据获取与利用、用户知情权满足进行具体规定，对数据交易行为进行严惩。

对于强制性广告信息传播泛滥的现象，相关政府部门需要完善立法并加强执法，保障网络用户的信息选择权，确保广告带有明确的广告标志，用户能自主做出判断且有便利的操作选择是否接受广告信息。目前已有的《互联网广告管理暂行办法》第七条要求，"互联网广告应当具有可识别性，显著标明'广告'，使消费者能够明确其为广告"。第八条中规定："利用互联网发布、发送广告，不得影响用户正常使用网络。在互联网页面以弹出等形式发布的广告，应当显著标明关闭标志，确保一键关闭。"此外从网络用户立场规定"不得以欺骗方式诱使用户点击广告内容"，"未经允许，不得在用户发送的电子邮件中附加广告或者广告链接"。这些规定的落实和实施需要更多的关注与行动。

算法也需要得到有力监管，监管部门和行业组织的标准制定需要涉及代码透明性和决策透明性，同时需要对审批制度进行完善，保证只有通过审批的智能产品才能推向市场。

人工智能创作活动会渐渐成为常态，对人工智能创作物予以版权保护长远来看利大于弊。从促进人工智能领域投资、创新和创作物商业推广的角度出发，人工智能创作物的版权归属于人工智能所有者最为恰当。①

最后，人工智能带来了旧伦理问题的恶化和新伦理问题的出现，但也给规制伦理问题提供了广阔的想象和实践空间，应用人工智能技术进行有效、高效的监管，取代烦琐耗时的部分人力投入环节，譬如人工智能内容审核等，这将是内容监管部门与互联网平台需要解决问题的新方向。

---

① 李宗辉：《人工智能创作物版权保护的正当性及版权归属》，《编辑之友》2018 年第 7 期。

（二）提高智能产品的设计和应用伦理规范

伦理制度层面的建设应当包括人工智能的设计伦理以及人工智能的应用规范伦理。设计伦理旨在从源头上保障人工智能产品的安全性，规范伦理意在保障人工智能产品在应用过程中的安全性。[①] 人工智能设计伦理在设计环节及迭代环节需要相应的伦理准则制约，确保人工智能的设计理念与社会主流价值观保持一致，使其具有遵守伦理道德规范的基本的行为能力，不具有用于作恶的先天性漏洞。规范伦理是对人工智能的应用阶段进行的伦理约束，包括在哪些领域准许使用，如何善用和防止恶用人工智能。由于人工智能不具有道德主体性，人工智能的使用者就必须注重自我伦理责任意识的培养与提升，拓展自身的道德建构以适用于应用人工智能的实践活动，使人工智能更好地造福于人类社会。

同时，为了使人工智能的使用打消公众疑虑或是让错误的源头有迹可循，作为不涉及商业机密的人工智能系统需要保证一定的设计层面的透明性。为解决过错问题同时避免公众困惑，美国电气和电子工程师协会规定：人工智能系统必须在程序层面具有可追责性，证明其为什么以特定方式运作。

（三）优化质量考核体系避免数据造假

现有的大部分质量考核体系多采用媒体端数据，使得数据造假有了更强大的利益推动力，打通企业端和媒体端的数据"孤岛"，让真实有效的数据流通整合，制定更优化可行的质量考核体系，不仅有助于智能广告生态的良序发展，还能释放出更多的行业发展势能。阿里巴巴春季"亲情号"营销活动，充分利用了线下互联网大屏和小屏的媒体曝光数据，在数据采集上通过 AI 和大数据技术与企业数据进行双向碰撞，通过一些数据模型算法量化了媒体投放的真实 ROI（投资回报率），有效防止数据造假。同时，引入第

---

① 王军：《人工智能的伦理问题：挑战与应对》，《伦理学研究》2018 年第 4 期。

三方审计机构进行审查也是保证数据指标真实公正的有效途径。2017 年，Google 将其视频网站 Youtube 的数据交给第三方的数据统计公司 The Media Rating Council 进行审计，Facebook 也承诺会把它的广告数字交给媒体评级委员会（MRC）这个独立的媒体测量审核组织来评估。①

总之，由于数据造假的利益链条的行业、品牌、企业较多，包括使用数据提高在广告主面前话语权的媒体、专门从事数据造假的公司、为媒体投放结果负责的广告代理商和中间商、既是"运动员"又是"裁判员"的第三方监测公司、过分追求效果指标的广告主，他们一味地对利益的追逐助长了数据虚假横行的行业生态。2019 年初，中国广告协会开始筹建互联网广告数据服务平台，该平台会对互联网广告相关标准的制定、标准执行情况的评估评价等领域，为互联网广告标准化工作提供技术支持。同年的"3·15"国际消费者权益日，中国广告协组织 DIF（Decentralized Identity Foundation）联盟成员汇总发布最新版无效流量 GIVT（General Invalid Traffic）数据列表，供行业各方进行互联网广告流量的调查和清理，在"一般无效流量"领域，保护互联网广告上下游企业的权益。因此只有全行业协力配合，才能有效推动解决数据造假的问题。

（四）促进数字素养到数字能力的跨越

联合国教科文组织曾建议，任何时候一种新环境都需要一种新的信息素养。② 而数字化生存的居民就需要数字素养（Digital Literacy）。"数字素养"早在 1994 年由以色列学者阿尔卡来（Yoram Eshet-Alkalai）提出。他认为数字素养应该包括 5 个方面的内容：图片—图像素养、再创造素养、分支素养、信息素养、社会—情感素养。③

---

① 艾瑞咨询：《为了争取信任，全球最大的两个广告平台开放数据做审计》，2017 年 2 月 2 日，http：//news. iresearch. cn/content/2017/02/267053. shtml，最后访问日期：2019 年 4 月 20 日。

② Catts, R. & Lau, J., "Towards information literacy indicators," UNESCO, 2008, p. 5.

③ Eshet-Alkalai Y., "Digital literacy：A conceptual frame-work for survival skills in the digital era," *Journal of Educational Multimedia and Hypermedia*, 13（2004）：93–106.

用户数字素养的提高将对个人隐私保护等方面建立有效的个人屏障。由于数字素养的提升依赖硬件设备支持和多主体构建的资源环境的引导，所以建构全面的资源环境才更有利于民众有效地提升数字素养。2017 年 3 月 1 日，英国政府发布《英国数字战略》，谷歌、BT 等科技公司都承诺帮助数百万英国民众培训数字技能（即通过"数字技能合作伙伴关系"这一项目）。这一项目将联合各大公司、地方政府、地方企业以及公益慈善组织，齐力保证培训项目的一致性。我国的数字素养教育也可以结合我国的实际情况进行参考借鉴。

数字能力则是一种为了工作、休闲和交流，自信和批判地运用信息社会技术的能力，[1] 被欧盟界定为个体终身学习的 8 大关键能力之一。[2] 数字能力相比数字素养等一般能力，指的是高级的能力。由于我国的数字素养教育的发展还处于不均衡和探索的发展阶段，更要明确只进行数字素养教育并不能彻底地帮助民众解决数字生活的难题。

（五）加强个人数字生活安全防范意识

就个人而言，需要提高相关的法律法规意识，重视个人隐私信息保护，同时增强对网络安全问题的认识和防范能力。个体具有资讯自决权，也就是基于自己之想法，所得出个人权限，即基本上由个人自己决定于何时用何种方式在何种范围内公开个人生活事实之权，它包括个人信息知情权、使用权、控制权、安全请求权和获取权。[3] 对于部分链接和消息提高鉴别能力，例如性格测试、投票获奖、帮忙砍价、转发免费送等，这些很有可能是以骗取个人信息为目的的骗局。在网上发布信息时也需要提高安全意识，"技术可能被滥用，但是如果你真的担心自己的隐私的话，那么你所能够做的最有

---

① 王佑镁、杨晓兰、胡玮、王娟：《从数字素养到数字能力：概念流变、构成要素与整合模型》，《远程教育杂志》2013 年第 3 期。

② European Commission，"E-skills for the 21st century：Fostering competitiveness，"Growth and Jobs com，2007.

③ 彭礼堂、饶传平：《网络隐私权的属性：从传统人格权到资讯自决权》，《法学评论》2006 年第 1 期。

效的保护隐私的措施就是在网上发布信息的时候采取谨慎态度"。① 不法分子会盗用网民社交网络生活私照用来做广告，或冒充其身份进行社交诈骗。而朋友圈的一张原图就可以凭借智能手机的照片定位系统找到确切的个人位置信息，这些重要的数字生活安全常识需要进行普及和自我学习。另外，使用智能产品时，警惕其可能变成对自己私密生活空间的监视器和窃听器。三星智能电视通过内置摄像头和麦克风的形式，将有可能从硬件层面造成隐私安全问题。"未来的密探将不再是拿着望远镜和远距镜头照相机的邋遢男人，未来的侦探将是咖啡机、床单和衣服。"② "一台咖啡机如果能像其他家用电器发送有关其本身使用的情况，它极有可能被窥探者用来了解你家在某一天煮了几杯咖啡。当这一有关你家庭生活的细节被与其他细节联系在一起的时候，就可以非常准确地揭示你家中所发生的情况。因此你的咖啡机可能会被用作监视你的工具。"③ 个人很可能在不知情的情况下对除智能手机和智能摄像头以外的其他获取用户隐私的产品缺乏警惕，在感受这些智能产品带来的便利同时，也应该正视这些产品背后可能带来的隐患。

五　结语

人工智能其实是人类社会的镜像，体现的是人类社会的价值理念，所以，它是否是异化的镜像，取决于人类社会自身对发展的反思。④ 智能技术在现代广告产业的穿插与交融，给广告传播活动的一系列流程带来了颠覆性的革新，同样也伴随一些伦理层面的挑战，数据非法获取和使用、算法歧

---

① 〔英〕吉隆·奥哈尔、奈杰尔·沙德博尔特：《咖啡机中的间谍——个人隐私的终结》，毕小青译，生活·读书·新知三联书店，2011。
② 〔英〕奥兰多·费吉斯：《耳语者：斯大林时代苏联的私人生活》，毛俊杰译，广西师范大学出版社，2014。
③ 〔英〕吉隆·奥哈尔、奈杰尔·沙德博尔特：《咖啡机中的间谍——个人隐私的终结》，毕小青译，生活·读书·新知三联书店，2011。
④ 吕新雨等：《生存，还是毁灭——"人工智能时代数字化生存与人类传播的未来"圆桌对话》，《新闻记者》2018年第6期。

视、侵权问题、技术软暴力等成为广告生态健康发展的重要阻碍。利益链条的错综复杂决定了问题的解决需要协同多方的共同努力，而用户个体的防范则是其中保护隐私权的重要力量。我们一方面要对新技术的发展抱有适当的警觉，也不用陷入过于悲观的情绪。技术解决了高成本、慢反馈和散监管的难题，也存在广阔的空间去解决伦理问题，规范行业发展。

图书在版编目（CIP）数据

智能营销传播新论 / 廖秉宜等著. -- 北京：社会
科学文献出版社，2019.7（2023.8 重印）
　　ISBN 978-7-5201-5075-0

　　Ⅰ.①智…　Ⅱ.①廖…　Ⅲ.①网络营销-研究　Ⅳ.
①F713.36

　　中国版本图书馆 CIP 数据核字（2019）第 129305 号

智能营销传播新论

著　　者 / 廖秉宜 等

出 版 人 / 冀祥德
责任编辑 / 张　萍　葛　军
责任印制 / 王京美

出　　版 / 社会科学文献出版社·当代世界出版分社（010）59367004
　　　　　　地址：北京市北三环中路甲 29 号院华龙大厦　邮编：100029
　　　　　　网址：www.ssap.com.cn
发　　行 / 社会科学文献出版社（010）59367028
印　　装 / 北京虎彩文化传播有限公司

规　　格 / 开　本：787mm×1092mm　1/16
　　　　　　印　张：18　字　数：275 千字
版　　次 / 2019 年 7 月第 1 版　2023 年 8 月第 2 次印刷
书　　号 / ISBN 978-7-5201-5075-0
定　　价 / 98.00 元

读者服务电话：4008918866